近現代建築史論

——ゼムパーの被覆／様式からの考察——

川向正人著

中央公論美術出版

近現代建築史論

——ゼムパーの被覆／様式からの考察——

目次

凡例

一．本書で用いたゴットフリート・ゼムパーの草稿・書簡などの文献資料は、チューリヒにあるスイス連邦工科大学（ＥＴＨ）の「ゼムパー資料室（Semper-Archiv）」所蔵のものを用いる。

二．「建築論（後に比較建築論と変更）」あるいは「様式論」の執筆やドレスデン・アカデミーでの講義のためにゼムパーが書き残した各種の手稿を分析するにあたっては、ヘルマンがカタログ化し要点を整理した W. Herrmann, *Gottfried Semper—Theoretischer Nachlass an der ETH Zürich, Katalog und Kommentare*（Basel-Stuttgart, 1981）を参照する。

三．ゼムパーと出版社主フィーヴェークとの間で交わされた書簡については、ＥＴＨの建築史・建築論研究所（Institut für Geschichte und Theorie der Architektur）が一九七四年に主催したシンポジウムの記録である *Gottfried Semper und die Mitte des 19. Jahrhunderts*（Basel-Stuttgart, 1976）, pp. 199–237 に収録された W. Herrmann, *Semper und Eduard Vieweg* を参照する。ただし、同論文は一八五二年までの書簡しか扱っていないので、一八五二年より後の主著『様式』の出版を巡る書簡などについては、W. Herrmann, *Zur Entstehung des "Stil" 1840–1877*（Basel-Stuttgart, 1978）を参照する。

四．ゼムパーの四冊の本、『覚書』（一八三四）、『建築の四要素』（一八五一）、『科学・産業・芸術』（一八五二）、『様式』（一八六〇―六三）については、ＥＴＨやカールスルーエ工科大学などの大学図書館のほかウィーンにあるオーストリア国立図書館で初版本を閲覧し、そのコピーを入手した。

　これらの初版原著を丁寧に読み重要箇所をたびたび引用するという本書のような叙述形態をとると、引用箇所の頁番号を書いただけの注記が続くことになる。本書ではそれを注記とはせずに、本文中、引用文の最後に、括弧して原著の頁番号を書く。たとえば「（五六頁）」とあれば、「そこで読んでいる原著の五六頁からの引用」という意味である。

五．ロンドンにおける連続講義の場合も、その全てではないが、ゼムパー自身の英語による手稿がのこされている。息子ハンスがドイツ語訳し編集して、それを収録した『小論集』（一八八四）ではなく、H・F・マルグレイヴが批判的にかつ原文に忠実に復原編集して RES: Journal of Anthropology and Aesthetics に発表した「ロンドン講義（London lectures）」を考察の対象とする。

六．主要参考文献を、章ごとに本文に出てくる順序に従って整理してリスト化し、さらに、このリストを使って写真・図の出典を明記し、巻末に掲げた。

七．本書は、冒頭の「まえがき」と第一章、第七章、そして最終章となる第十一章と「あとがき」が書き下ろしで、それ以外の章は既刊論文の大幅加筆によって成立している。その初出一覧を巻末に掲げた。

八．主要概念の邦訳に際しては基本的に、以下のように訳語を選び、可能な限り表現の統一を図っている。

① Kunst は「芸術」、Technik は「技術」とする。

② Baukunst は Architektur あるいは architecture と同じく「建築」と訳して、「建築芸術」としない。なお、建築のもつ芸術性について論じる文中に「建築芸術」の表現を使うことがある。

③ Form あるいは form は「形態」と訳し、Formel を「形式」とする。

④ Ur- は「原」と訳し、たとえば Urform は「原形態」とする。関連して、Grund- は「基本」と訳し、たとえば Grundform は「基本形態」とする。

⑤ Ursprung は「根原」、Anfang は「始原」と訳す。ただし文脈によっては、前者を「起源」、後者を「はじまり」と訳す場合もある。

まえがき

近現代建築史の三つの峰《ピーク》――十九世紀、十九世紀末、そして現在

十八世紀後半から現在に至る近現代建築史を描く本書の内容は、三つの峰《ピーク》を有する「近現代建築思想」山脈とでも呼ぶべきものに準《なぞら》えられよう。三つの峰とは「十九世紀」、「十九世紀末」、そして「現在」である。

この山脈を一つにつなぐのは、一つの近現代建築思想であって、最初の峰「十九世紀」で生み出され、現在に至るまで脈々と受け継がれてきた。あえてセンセーショナルな言い方をすれば、その思想には、建築を部分的に変化させるのではなく、現象として見える像の全体を変えてしまうほどの力がある。この場合、「現象として見える像の全体」とはスタイル（様式）に他ならず、ゆえに、それは新様式創生論とも言えるであろう。

「被覆論（Bekleidungstheorie）」と命名されたこの思想を構築したのは、十九世紀ドイツの建築家で建築論者のゴットフリート・ゼムパー（Gottfried Semper, 1803–79）である。彼が二巻の大著『様式』（一八六〇―六三）を書き上げる過程で生み出したのが、この「被覆論」であった。本書の大半は、彼が生涯をかけてこの思想を構築する過程を辿ることに当てられている。そこには、近現代建築に関する重要な概念がいくつも登場するが、そのうち特に重要な二つの概念、「様式」と「被覆」を本書の副題に掲げることにした。両者は強く絡み合って表裏一体となり、ゼムパー思想の中核をなすものである。

ゼムパーがロンドン講義（一八五三）で、ドイツ語 Bekleidung（被覆）を surface（サーフェス）と英訳しているので、本

書では、英語圏の建築と思想を論じる際には、「被覆」と同じ意味で「サーフェス」の語を使うこともある。

本書では、それぞれの峰が何であり、前の峰と次に続く峰がどう繋《つな》がっているかを明確に描き出そうと努めている。「十九世紀」という峰の、向こう側（過去側）に下りていく裾野は十八世紀後半にまで広がっている。その参照部分が必ずしも十分に描き切れていないが、古代美術史家としてのヴィンケルマン（Johann Joachim Winckelmann, 1717–68）、人類史学者としてのヘルダー（Johann Gottfried von Herder, 1744–1803）、自然科学者としてのゲーテ（Johann Wolfgang von Goethe, 1749–1832）らの思想は、ゼムパーの建築思想一つを例にとっても、直接的な影響の跡を確認することができる。そこから本書の場合、「十九世紀」の始まりを一七六〇年頃とし、終りを一九一四年頃とした。そして、この「十九世紀」の峰の最も高いところに立つのがゴットフリート・ゼムパーだと考えている。

次の「十九世紀末」は、一八七〇年代に始まって、一九三〇年頃に終る。ここでは、峰の高みを形づくる者として、まず、十九世紀末ウィーンの二人の建築家オットー・ヴァーグナー（Otto Wagner, 1841–1918）とアドルフ・ロース（Adolf Loos, 1870–1933）をとり上げる。一八七〇年代というのは、ヴァーグナーが建築家として新様式創生に挑戦し始める時期だが、ゼムパーがまだ元気に設計活動を進め、「十九世紀」が高い峰をなしていた。「十九世紀」の建築と都市の精華とも言われるウィーン環状大通り（リンクシュトラーセ）沿いに、美術館・博物館、劇場、国会議事堂、市庁舎、大学、記念教会などが盛期様式で建てられた時期である。ロースがウィーンで活躍し始めるのは、まさに十九世紀から二十世紀への転換期であって、ヴァーグナーとロースは全く異なる手法を採用しながら、ともにゼムパーの被覆論を実践に移すことによって、「近代建築」の新様式を創生する。

「十九世紀末」の終わりをどこに置くか。それを一九三〇年頃と決めるに当たっては、ロース建築の集大成となるミュラー邸（一九二八―三〇）が誕生する年を参照した。同じく、アメリカに移る前にヨーロッパでミース・ファン・デル・ローエ（Ludwig Mies van der Rohe, 1886–1969）が設計したバルセロナ・パヴィリオン（一九二八―二九）とトゥーゲントハート邸（一九二八―三〇）も、被覆／サーフェスに関する考察から外せないであろう。最後に、もう一つ念頭に置いておきたいのは、十九世紀末にヨーロッパと並ぶ建築世界のリーダーとして頭角を現すアメリカでの動きである。たとえば、ルイス・ヘンリー・サリヴァン（Louis Henry Sullivan, 1856–1924）やフランク・ロイド・ライト（Frank Lloyd Wright, 1869–1959）の建築と思想、そして「インターナショナル・スタイル」という新様式の創生を謳うニューヨーク近代美術館での展覧会（一九三二）と同年の『インターナショナル・スタイル――一九二二年以降の建築』の刊行である。(1) これらを一つながりの現象として考察するために、一九三〇年頃までを「十九世紀末」と捉えている。本の副題が示すように、「インターナショナル・スタイル」は一九二二年以降の建築に現われた新しい様式現象であって、ヴォリュームの「サーフェス」全体を、連続する一つの面に仕上げ、様式を現象させるために素材をどう扱うべきかが詳しく論じられている。

しかし、「十九世紀末」の様式論・被覆論が、「サーフェス」を平滑な面にして、そこでは装飾付加を忌避するという――その考察そのものは真摯《しんし》で傾聴すべき内容を数多く含んでいる――「インターナショナル・スタイル」に行き着くことによって、この後の建築界は、おそらく、この展覧会の企画者も想像しなかったであろう危機に直面するようになった。時代や周辺環境や施主などの「条件」が変わっても、どこもかしこも、素材や開口の形態・位置に多少の違いがある程度の、のっぺらぼうの、冷たく無表情な建築が占めるようになったからである。日本では「豆腐に目鼻」と揶揄《やゆ》されるような建築が大量に建てられる。衣服にたとえれば、全体の形態・素材・仕立てのどれもが粗悪で画一的なユニフォームのようなもので、そんなものを内も外も身にまとった建築では、人は喜びも楽しさも感じることができない。周辺環境との呼応もなく、ただ押し黙って、そこにあり続ける。この種の建築は孤立して建ち、自然を破壊し、歴史性や場所性を消し去っていく。社会の眼は当然のことながら厳しくなり、殊に公共施設に対する批判は厳しく容赦ない。「十九世紀」の場合も、一八二〇年代、三〇年代と進んでゼムパーの時代になると、日常生活の場である住宅建築はさておき、公共施設に対しては、人々の眼を楽しませ、心を軽やかに浮き立たせ、知的な雰囲気をもつことが求められるようになっていた。ゼムパーが「記念碑的《モニュメンタル》」な建築の表現を考えたいと言う時、公共建築であっても決して巨大で、重厚で、抑圧的な表現を目指していたわけではなく、むしろ真逆の建築がイメージされていたのである。

インターナショナル・スタイル後の「現在」の状況は、「十九世紀」のゼムパーの時代と酷似している。状況打開のために、もう一度「被覆／サーフェス」を考え直し、特に「テクトニク」の視点を積極的に取り入れる。そのような動きが一九八〇年代から起きて、本書のいう第三の峰、すなわち「現在」の峰が、次第に高く形づくられている。

拙著『境界線上の現代建築―〈トポス〉と〈身体〉の深層へ』（一九九八）は、境界線すなわち本書のいう空間境界としての被覆／サーフェスが現代建築にとっていかに本質的で重要であるかを、多くの実例を挙げて論じるものだった(2)。その表紙に書かれている「境界線（インターフェイス）の活性化にこそ世界変革の鍵がある」という基本理念は本書のものと同じであり、そして、ここにいう活性化の技術（芸術）がテクトニクに他ならない。本書では「現在」に関する論述が少ないが、前出の拙著も含めて、本書が引用する、近年刊行された関連の和書なども参照することをお勧めしたい。

このような全体の筋立のもとに、「十九世紀」の建築と思想の全般的な動向がどのようなものであり、その中でゼムパーがどう主たる概念を立てて被覆論・様式論を練り上げたかを、可能な限り詳しく論じていきたい。

ゴットフリート・ゼムパーは既に生存中から同時代の人々の間でドイツ最大の建築家と見なされており、ドレスデン、チューリヒ及びその周辺、そしてウィーンには各々、彼が生涯をかけて表現を確立したいと望んだ「記念碑的《モニュメンタル》」な建築が複数実現されて、今日も使われ続けている。しかも、ドレスデンの「ゼムパー・オペラ」が典型的な例であるように、それらは市民に親しまれ、彼の名前とともに人口に膾炙《かいしゃ》している。二十世紀になって彼のものよりも後に建てられた美術館・博物館・劇場などが、市民に愛され親しまれることもないままに、数十年で老朽化を理由に改築されたり取り壊されたりしたのとは、対照的である。

だが、彼はもともとハムブルク生まれであって、どの都市の場合も、大学の教授職とか設計依頼を受けて滞在しただけであって、若い時から何度も訪れたパリ、そして近現代史上最大のイベントの一つ、第一回万国博覧会（一八五一）が開催されたロンドンでの数年の滞在も含めて、顧《かえり》みれば、彼の人生は複数の都市を渡り歩くものだった。つまり、彼の人生には、生涯を通じての安定した生活拠点というものがない。彫刻や絵画と比較すると違いが明白になるように、施主との強い信頼関係、さらに言えば土地との強い結びつきの上に、それぞれの建築作品が誕生してくることを考えると、建築家本人に固定された生活拠点がないことは不利のように思われるのだが、彼の生きた「十九世紀」という時代には、そうでもなかったようなのである。というよりも、極限まで突き詰めて考え、実践するという彼固有の思考方法と生き方によって、「十九世紀」のもつ様々な可能性を最大限に引き出し、当時新たに形成されつつあった市民社会にふさわしい建築をつくり出すという、どの国、どの都市にも共通する課題に見事に応えたことで、彼の設計による「記念碑的」建築が、ドレスデンでもチューリヒでもウィーンでも実現したのである。

たまたま、どこかの都市で受け入れられ、使い続けられるのとは根本的に違う。ゼムパーの建築に対しては、どの国の、どの都市にあろうとも、「それが市民社会にふさわしいものになっているか否か」を問うことができる。この問いに関して客観的な判断基準を示すことは二十一世紀の今日においてもなお容易ではないが、十九世紀の市民社会形成期において、まさにその要求に応えることを目指して設計され、現実に複数の国・都市で今日も「市民」に愛されて使い続けられているゼムパーの建築には、問いを解く重要なヒントが潜んでいるように思われる。

十八世紀の後半から、発展する科学と産業の力を利用して育ち、革命によって社会の実権を掌握した「市民」は、それまでの教会や王宮を中心とする都市を解体して、彼らが必要とする国会議事堂・市庁舎・美術館・博物館・劇場・音楽ホール・大学・駅舎・集合住宅などの種々様々な建築類型《ビルディングタイプ》をそなえた近代都市へと再編する。そのためには、どの国の、どの都市の場合も、市民社会の求めに応じられる多様な建築類型と、それを実現する実践美学の確立が求められた。

十九世紀の初めに、市民社会の形成にともなって種々様々な建築類型を早急にかたちにすることが求められるのに対して、それに対応する設計方法を開発したのが、パリの国立理工科学校《エコール・ナショナル・ポリテクニク》の教授ジャン＝ニコラ＝ルイ・デュラン（Jean-Nicolas-Louis Durand, 1760–1834）であった。彼の教えは教科書『建築講義要録』（一八〇二―〇五）によってヨーロッパ中に広がり、十九世紀を通して影響力を保持した。一八三〇年前後は、その影響力がピークに達しており、ゼムパーも一八三四年の著書『覚書』の中で、デュランの教えが安直に実践される風潮を厳しく批判している。建築は単なる生活の入れ物ではなく、働きをもっと言っても機械ではなく、その一本の柱、一枚の壁が石造であっても、いかに軽やかで透明感をもって心地よく人間の身体に接し、それを包み込むべきものであるか。また、パリで学び、イタリアとギリシアの各地に残る古代の名建築を訪ね歩いて、建築のなんたるかを身をもって学んだ彼は、建築がトレーシングペーパーの上に引かれる一本の線から生まれるのではなく、この世界、この大自然の中での人間の様々な営みから生まれ、彫刻や絵画と高度に協働するところから真の「記念碑的」建築へと発展するべきことを確信していた。この意味で、デュランの教えに決定的に欠けているのは美学、それも、認識に留まらずに、様々な現実の条件に応えながら実践するための美学であった。

ゼムパーは若くして、伝統のあるドレスデン・アカデミーの建築教授に採用され、建築教育の改革も果たし、彼の人生は順風満帆だったが、一八四九年五月のドレスデン革命に加わったことによって全てを失い、パリへ、さらにはロンドンへの亡命を余儀なくされる。彼自身が、十九世紀の正真正銘の「闘う市民」だった。彼は時代・社会に何が欠けているかを現状の調査分析を通して明らかにし、新たな提案に結び付けるという卓抜した能力を身に付けていた。だから、革命に加担して亡命者となっても、彼の能力や人間性を理解し支持する有力者が現れ、ロンドンでもチューリヒでも教授職に就くことができた。そして、この亡命生活の間に、形成途上にある市民社会のための建築と文化に関する実に包括的な実践美学としての様式論・被覆論を生み出したのである。

十九世紀末から二十世紀初頭にかけての、ヨーロッパ大陸のみならずアメリカ大陸の多くの建築家にとって、彼の理論書は、インスピレーションと内省の尽きることのない源泉となった。ヘンドリク・ペトルス・ベルラーヘ（Hendrik Petrus Berage, 1856–1934）は「偉大なゼムパー」と呼んで敬意を表し、オットー・ヴァーグナーもアドルフ・ロースも、その実作と思想にゼムパーから想像をはるかに超える影響を受けている。

このように、本論の叙述は「十九世紀」から「十九世紀末」へと進むが、「まえがき」での概要説明はこの程度にして、早速、本論に入りたい。

注記

（1）Henry-Russell Hitchcock & Philip Johnson, *The International Style—Architecture Since 1922* (New York—London, 1932, 1960, 1966). 邦訳は、ヘンリー＝ラッセル・ヒッチコック&フィリップ・ジョンソン『インターナショナル・スタイル』（武澤秀一訳、鹿島出版会、一九七八）がある。

（2）川向正人『境界線上の現代建築——〈トポス〉と〈身体〉の深層へ』（彰国社、一九九八）

第一章　ゼムパー建築論の前史

ゼムパーの初期――一八三〇年前後まで

一八三〇年の「七月革命」の真っただ中にあったパリを離れて南方に向かう若者がいた。同年のロンドン会議でやっとオスマン帝国からの独立が国際的にも承認されたギリシアに渡り、夢にまで見た「自由の国」古代ギリシアとその芸術・建築の姿を自分の眼で確かめたいという願いで、彼の胸は、はちきれんばかりだった。この若者がゴットフリート・ゼムパーである。

だが、このような出発の日を迎えることを、ほんの一年前の彼自身に予想できただろうか。一度は建築の勉強をしたいと入所した、パリのガウ（Franz Christian Gau, 1790–1854）の建築事務所を辞めて、彼にとって将来の職業のもう一つの選択肢だった水理技術者となるためにブレーメンハーフェンに向かったのが二八年一〇月末のことだった。十九世紀前半は産業革命が進行して蒸気船が就航し、それが大型化するのに伴って（やがて「黒船」が日本までやってくる）、欧米のどの都市でも港湾・河川の大改修、それに伴う街区整理が進み、その中心となって活躍する水理技術者は、時代の花形だった。生まれ故郷のハムブルク、実家のあるその近郊のアルトナ（Altona）は、共に活気のある港湾都市だったので、水理技術者の指導のもと急速に進む都市改造を、おそらく彼は幼い時から見ていたのであろう。ゼムパーの中では、建築家と水理技術者がそう離れた存在ではなく、むしろ大規模な現場を統括する水理技術者のほうが未来をつくる仕事のように、彼には思えたのかもしれない。

というのも、後にゼムパーは『建築の四要素』（一八五一）を書いた時に、建築の四つの主たる要素の一つに、基礎となる土盛りあるいは土台を挙げ、それを担う技術として水理技術を挙げているのである。当時の建築論で、柱・壁・屋根・窓などについて論じることはあっても、そこに基礎となる土盛りまで含むのは珍しかった。建築を芸術として捉える立場を崩さなかったゼムパーが、他方で、大胆に建築概念を土木的な新技術の方向に拡大しようとしていたのである。このことには、第五章で『建築の四要素』を論じる際に、もう一度触れたい。

さて話を戻すと、翌年三月には、彼はブレーメンハーフェンの港湾工事現場でボランティアとして働く。だが悪いことに、この現場で右肩のリューマチに罹り、一一月にはアルトナに療養のために戻ることになったのである(1)。

ここで簡単に、ゼムパーの生まれと家庭環境について説明しておこう。

彼の出生地にはハムブルク説とアルトナ説があるが、正しくはハムブルクである。ハムブルクは、中世からハンザ自治都市として認められ自由港として大いに栄え、他方のアルトナもまた、一九三八年に隣接するハムブルク市に編入されたが、当時は独自に良港を有してハムブルクと競うほど活気に溢れた町だった。しかも、アルトナはシュレスウィヒ・ホルシュタイン、すなわちドイツ語を話すデンマーク領に属していたので、両者の競合は激しかった。

ゴットフリート・ゼムパーは、一八〇三年一一月二九日にハムブルクに生まれて、数週間後にアルトナの福音派教会で洗礼を受けた(2)。アルトナにせよハムブルクにせよ、世界各地につながる、どこか古代ギリシアのポリスにも似た、活気に溢れて開明的で自由そのものの空気が、思考の点でも実生活の点でも、彼に大きな影響を及ぼした。急激に変わり続けるヨーロッパ社会にあって、ゼムパーはパリに出て、やがてドレスデンに奉職し、そこで革命に加わったことでパリ、ロンドンと亡命を余儀なくされ、そして最終的にチューリヒに拠点を移していくが、アルトナの家族は、その間ずっと彼を物心両面で支え続ける。

特に、母ヨハンナ・マリー・パープ（Johanna Marie Paap）が、十七世紀にオランダから移住してきたフランス・ユグノー派の家系だったことが大きい。その家系は、一六五一年アルトナに創設した毛織物会社が生産する洗練された刺繡製品・

長靴下・コート・帽子・手袋などでヨーロッパ全体にその名が知られていた。交易にはデンマーク政府の特別な保護も受けていた。後年、様式研究でゼムパーが「織物」に対する造詣の深さを示し、また諸工芸のなかでも彼が「織物」に格別の重みを与えた背景に、この母の家系とそれを受け継いだ彼の一族の生業があったことは否定できないであろう。彼は、上質の織物とそれを生産するための豊かな知識・技術に囲まれて成長したのである。

父、クリスチャン・ゴットフリート・エマヌエル・ゼムパー（Christian Gottfried Emmanuel Semper）は、幼少期にシレジアからハムブルクに移住し、結婚後はこのアルトナの会社経営を担い、傑出した企業家となって、政治の世界にも強い人脈を築いた。この父は、生活・産業・社会・芸術文化のあらゆる領域で啓蒙主義をよく理解して新しい時代を切り開いていった「自由主義的なブルジョア市民」という人間像にぴったり適合する人物だった。長兄カール、姉エリザベート、次兄ヴィルヘルム、そして弟ゲオルクがいたが、ゲオルクはイエナ大学在籍中に水泳事故で死亡する。

町と家庭には恵まれる一方で、一八〇五～一五年の間、彼自身の子ども時代に暗い影を落としたのがナポレオン戦争だった。ハムブルクもアルトナもフランス軍に占領されて、それまで整備されていた都市港湾機能が完全にマヒ状態に陥り、追い打ちをかけるようにチフスが流行して人口が激減した。この間にゼムパーの家族は一八〇六年にアルトナに引っ越して、プリンツェン通り（一九四五年取り壊し）に住んでいた。そこは川を見下ろす断崖の上で、一街区北に旧市庁舎があり、断崖の下に彼らの会社があった。

ゼムパーは、戦争を避ける意味もあって、アルトナの北二五キロのところにある村バルムシュテット（Barmstedt）の教区学校に入学した。彼は生涯を通して類まれな筆まめだったので当時の家族宛の書簡も数多く残っているが、古典文芸に夢中になる少年の姿が読み取れる。一八一九年にはハムブルクに戻って、町で最古の、最も有名なギムナジウムだったヨハネウム（Johanneum）に入学。ここで彼はますますギリシア語とラテン語の文芸にのめり込む。長じて後のゼムパーの建築・工芸に関する著作は、古代ギリシアとローマの文芸に関する博識と語学力を感じさせるが、それは少年期から培われたもので、彼はフランス語も堪能だった。

ギムナジウムでは、数学にも傾倒した。校長ヒップ（Karl Heinrich Hipp）が数学者であって、実際にゼムパーを数学の領域に導いたようである。一八二三年にこの優秀な学生をゲッティンゲン大学に入学させ当時の有名な二人の数学者ガウス（Carl Friedrich Gauss）とチボー（Bernhard Friedrich Thibaut）の下で学ぶように指導したのも、ヒップだった。

だが、ゲッティンゲン大学に入学しても、ただ歴史・文芸、数学、あるいは両親が勧める法律を聴講することでは満たされなかった。どれか一つの学問を学ぶのではなく、それらを統合して現実の社会を動かし創生する職業に就きたいと彼は考えるのだが、では、どの職業かと訊かれても、この当時のゼムパーには、まだ答えられなかった。

彼の師となるガウもまた、既存の学問体系では、これからの人材育成がむずかしいと考えて、パリで設計事務所を営むと同時に、私塾のようなものを開いて若者を教育しようとしていた。だが若いゼムパーには、その場所に身を置きながら創設の意図も価値も理解できなかった。

ところが、健康を害したことで吹っ切れたのか、一八二九年七月初旬、元気を回復したゼムパーは、ロッテルダム、アントワープなどのオランダ諸都市を巡りながら、再びパリのガウ事務所を目指す。この時にガウは快くゼムパーに再入所を認めただけではなく、彼の事務所に出入りする芸術家や知識人たちとの交流の輪に加えた。ガウの導きと時代の先端に立つ人々との交流によって、急速にゼムパーの目が開かれていく。一八三〇年になると、ゼムパーは事務所の設計実務にも加われるようになった。

パリに七月革命が勃発したのは、そんな時だったのである。ガウ事務所に戻って、まだ一年しか経っていなかった。

イタリア、ギリシアへ──古代ポリクロミー調査

革命勃発で、帰郷を勧める両親から、パリを離れ、この機会に地中海世界を旅する了解を得て、九月中旬にはマルセイユへと南下した。そこからイタリアのジェノヴァに向かい、一一月三〇日にローマに入った。

では、何のための地中海旅行、すなわちギリシアに渡っての古代建築調査だったのか。簡単に言えば、古代建築に、とく

に古代ギリシア建築にポリクロミー（多彩装飾）がどのように使われたかを、現地に赴き、実際に個々の古代建築の表面を調査して痕跡を調べ、使われた色彩とその顔料を知り、最終的には、単に装飾を確認するというよりも、色彩をともなって、どう活き活きとした姿で古代のモニュメンタルな建築が小高い丘に聳えていたかを復原考察することであった。

この「活き活きとした建築像」こそが時代の最大のテーマであって、ガウとガウの友人であるイットルフが熱っぽくゼムパーに語り、やがてゼムパーがそれを自らのものとして、様式論、具体的には被覆論を生涯かけて追及するようになるのである。このポリクロミーという時代のテーマについては詳しく述べていくつもりだが、ゼムパーは、これが建築のあり方をそっくり変えてしまうほどの大テーマだということを、一八三〇年頃のパリで学んだのである。建築の姿を活き活きとさせ、ただ美しくさせるだけではなく個性的に、いや、どのようにでも現象させることができるようになるとすれば、人間の生きる環境全体を良い方向に大きく変えられる。彼は、そう確信した。実際に、彼が、若い時に得たポリクロミーの強烈な印象を初期の著作『古代人における彩色された建築・彫刻に関する覚書』（一八三四、以下『覚書』と略記）[3]にまとめ、『建築の四要素』（一八五一）、さらに最終的には「被覆論」を核とする『様式論』（一八六〇―六三）にまで発展させるのを見ると、この時点での彼の確信が、いかほどのものであったかも分かるであろう。

イタリア、シチリア、ギリシアと古代遺跡を巡り、古代のポリクロミーの実態を調査するゼムパーの旅行は、一八三三年の一年という短いものではなかった。[4]一八三二年二月一八日にローマを出て、フランス人グリー（Jules Goury）などと共にイタリア半島を南下して三月初旬にナポリに到着。ここに数週間滞在してポムペイを調査した。五月中旬にはパエストゥムを経てシチリア島に渡りカターニアへ、そして六月にシラクサで遺跡調査をした後はアグリジェント、セリヌンテ、セジェスタ、モンレアーレ、パレルモと調べていった。八月にメッシーナに戻り、ギリシアのサキントス島に渡ったのは九月のことである。ペロポネソス半島の海岸線に沿ってピロスまで行き、ここから内陸部に向かってメッセネ、ミストラ、スパルタ、メガロポリス、フィガーリア、バッサイ、オリンピア、オルコメノス、アルゴス、ミケーネと訪ね、一〇月九日に首都ナフプリオンに到着した。一〇月末にはエピダウロス、エギナ（アイギナ）、ピレウスを回って、一一月中旬にアテネ到着。

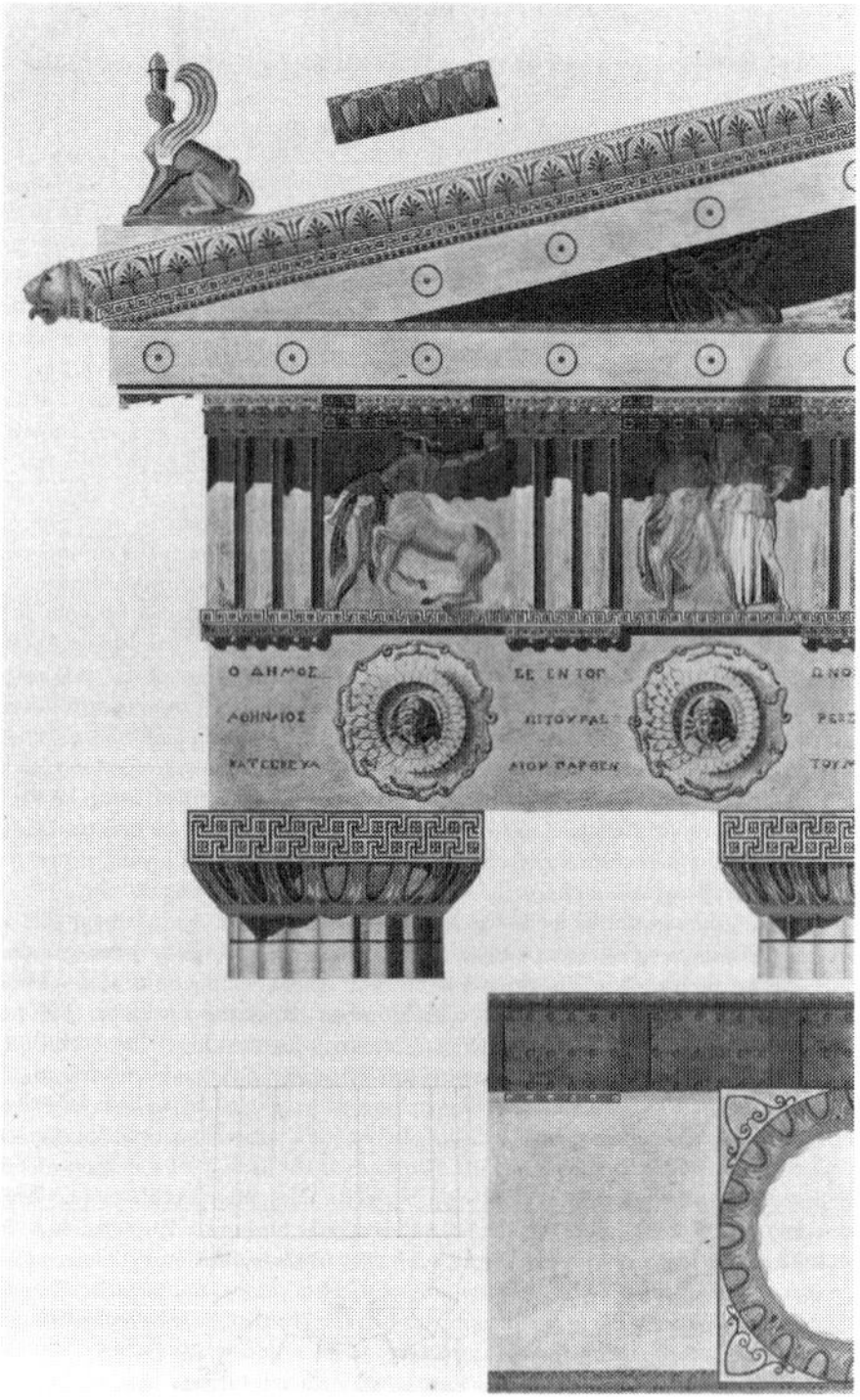

図1–1. ゼムパーによるパルテノン神殿の主要な構成要素の復原図（彩色）、『建築と彫刻における色彩の利用』（ドレスデン、1836）から

アテネには二ヶ月滞在して、プロピライア（前門）、エレクテイオン、風の塔、リュシクラテス記念碑などの実測調査をし、ヘファイストス（テセウス）神殿に関しては詳細にポリクロミーの痕跡調査を行った。

一八三二年四月センパーは、良き同伴者グリーと分かれてナフプリオンに戻り、五月末には帰途につき、七月初旬にイタリア半島のバリに戻った。八月に再びナポリに滞在してポムペイを調査し、一一月初旬にローマに到着した。

一八三三年に入って、ローマのトラヤヌスの円柱についてもポリクロミーの痕跡調査を行い、アテネのアクロポリスの有色復原図を描いた（図1–1）。四月初旬と五月中旬には建築家シェピック（Karl Friedrich Scheppig）と金石学者ケラーマン（Olaf Kellermann）と共にタルクイニアにある古代エトルリア人のネクロポリ（墓地遺跡）を訪れて、内部の美しい壁画のポリクロミーを調査し、模写した。

そして、一八三三年七月中旬にローマを発ち、いよいよドイツへの帰途につく。フィレンツェに三週間滞在し、ボローニャ、コモ、ベルガモ、ヴェローナ、ヴィチェンツァを経てヴェネツィアへ。一〇月初旬から約六週間ミュンヘンに滞在して、レーゲンスブルク、ニュルンベルク、バムベルク、ライプチヒを通って、一二月二二日にベルリン到着。ベルリンではシンケル（Karl Friedrich Schinkel, 1781–1841）に会い、数年かけたポリクロミー調査の成果を見せて、彼の賞賛を受けた。

彼がアルトナに着いたのは、年が変わり一八三四年一月初旬のことだった。帰郷して間もなく、アルトナに近いノイミューレンに商人ドナー（Donner）のために複合的な別荘建築を建てる大きな仕事を得たが、竣工したのは一八三六年である。早速、彼は『覚書』を執筆して、アルトナの出版社から春に刊行した。ゼムパーは、この本をパリにいる師ガウに献じている。

『覚書』出版とドレスデン芸術アカデミー教授就任

ペヴスナーは、イタリア、シチリア、ギリシアの旅行から「二年後」と書いているが、一八三四年五月一七日に彼は、ザクセン王国内務省から、ガウの推薦に基づきドレスデン芸術アカデミーの「建築学部長となる、建築の主任教授」として採用する旨の招聘状を受け取る。一八三三年一一月に前任者が死去して、その後任を決める人事だった。長く、ゼムパーの建築思想へのシンケルの影響が指摘され、この時の推薦者もシンケルだと考えられてきたが、ゼムパーの推薦者はガウであり、シンケルは別の人物を推薦している(5)。

ゼムパーの採用は、ドレスデン芸術アカデミーが、ドイツ語圏ではウィーンと肩を並べる由緒ある芸術アカデミーであること、ゼムパーの若さとこの時点で『覚書』の論文以外には建築に関する業績は全くなかったことを考えると、まさにサプライズ人事であった。しかし、十九世紀前半における芸術・建築におけるさまざまな改革では、一八三〇年代になってもパリが全ての震源地・発信地であって、そこでのガウの活動とそのガウによる推薦が大きく働いたのである。さらには、形骸化しつつあった新古典主義的教義からの離脱に果たすポリクロミーの重要性と、イタリア・シチリア・ギリシアという現地に赴き詳細な調査に基づいてポリクロミーについて論じた『覚書』に感じられる斬新さと先見性が、人事委員会のメンバーの心を動かした。すでにそこには、ドレスデンでのアカデミー改革のプログラムすら読み取ることが可能で、ゼムパーに備わった「改革のリーダー」としての資質も十分に感じられたのである。

ゼムパーは九月二五日にドレスデンに移り、三〇日に仕事を開始した。授業は一〇月に始まったが、すでに建築設計の依頼を受ける忙しさだった。アカデミー内での建築教育の再編も彼に委ねられていたが、それにも一〇月二六日に包括的なプログラムを提示して応え、ガウに倣ってスタジオ制の導入を提案している。

順風満帆。ゼムパーは実際、周囲の期待に十二分に応える活動能力を示していく。

こうして一八三〇年前後に、十八世紀後半から一八〇〇年前後にかけての幾つかの時代の大きな波が重なり合ってゼムパーを時代の前面に押し出すことになった。それは、大学在学中から建築を志し着実に建築家の道を進んでいくウィーン世紀末のオットー・ヴァーグナー（Otto Wagner, 1841–1918）などとは対照的に紆余曲折を重ねた後、一八二九年から三四年の五年ほどで、あっという間に時代の寵児になっていく感じであろうか。そもそも、北ドイツ出身の彼がパリに出たこと、ガウやイットルフとの知己を得て彼らに教えを受けたこと、オスマン帝国の脅威が去ってギリシアに渡航できたこと、折よく名門ドレスデン芸術アカデミーで教授ポストが空席になり、厳しい人物調査なども無事にクリアできたこと、ほとんど偶然に近い幸運に恵まれながら、どの場合にも彼を人脈面や経済面で支援する家族の存在があって、状況がゼムパーに非常に好都合な方向へと回っていった。

そして最終的には、彼自身に備わった容姿端麗で芸術文化に関する豊かな能力、多少向こう見ずなところもある思い切りの良さ、周囲の人間を引き付ける人間的魅力が働いたに違いないのだが、芸術と建築に関する諸改革が進むパリ、そこでの新しい動きに精通する彼の師ガウに対するドレスデンでの評価が、今日われわれが想像するよりも格段に高かったのである。

ガウという建築家

実は、当時のガウも、建築学生のために小さな私塾を開設したばかりだった。ゼムパーは、このドイツ出身の建築家のもとで、やっと居心地の良い学びの場所を見つけたのである。それは、ゲッティンゲンでもミュンヘンでも得られないものだった。自由で、新しい情報が常にもたらされ、何事にも挑戦可能で、周囲に同じ志の仲間が大勢いる。そういう居心地の良さである。
ガウの故郷ケルンを含むライン西岸は、一七九〇年代にフランス革命軍に占領されて、一四年にわたってフランス領となった。その結果、ガウは同級生のイットルフ（Jacques-Ignace Hittorff, 1792–1867）とともにフランス国籍を取得し、一八一〇年にはパリに出て、翌年エコール・デ・ボザールに入学を認められ、一八一四年に卒業した。二人は、中世建築の研究者ボワスレー（Sulpiz Boisserée, 1783–1854）、地理学者フムボルト（Alexander von Humbolt, 1769–1859）などのドイツの著名な知識人とも交流があった。

ガウは、一八一七年にイタリアへ旅行して、ローマで、外交官であり古代史家としても有名だったニーブール（Barthold Georg Niebuhr, 1776–1831）と親しくなる。その博識に好印象をもったニーブールは、エジプトへの途上にあったプロイセン貴族ザック男爵にガウを紹介し、ガウはザックとともにアレクサンドリアを訪れることになった。ここでザックと分かれた後もガウは単独で旅を続けて、エジプト建築の発祥の地と考えられるヌビア（Nubia）、今日の地理で言えば、エジプト南部からスーダン北部にかけての地域を目指した。この旅の成果が『ヌビアの古代遺構』（一八二二―二七）である。[6]ガウは、後に述べる当時のポリクロミー論争に多大な貢献をし、周囲の注目を集めることになった。

だが、本業の建築設計のほうは、一八二〇年代半ばまで小教会の改修とか教会の内部改装が二、三ある程度だった。彼が私塾を開設するのも設計依頼がほとんどなかったことと無関係ではなかったが、ゼムパーにとっては、持ち帰った古代研究の成果を惜しみなく使って学生指導に情熱を傾ける素晴らしい先生であった。

そして、リューマチも癒えてゼムパーが再びパリに出てきた時には、ガウはパリ市の病院・監獄部門担当の建築家に就任しており、ゼムパーは臨時雇いとしてこの仕事を手伝うことになった。ゼムパーは、みずからの将来のみを考えるのではなくて社会的責任を果たすという意味で、建築家という職業をもっと広い視野で考えるようになっていた。様々な交流の輪に加わり、パリ市内の劇場とか植物園（Jardin des Plantes）などに足を運ぶのもこの頃である。ガウの下で習作として描いた建築図面が残っているが、ゼムパーが着実に建築設計の能力を高めていく様子が窺える。たとえば、庭園あずまや、消防署、衛兵所といった小さなプロジェクトから、監獄、精神病院、獣医学校といった規模の大きい、より複雑なプロジェクトまで発展していく。後になるほど、明らかに当時のボザール風と判別できるほどに表現力も増している。

一八二六年一二月から一八二七年一〇月までと一八二九年八月から一八三〇年九月までの正味二年間の滞在でゼムパーは、ガウとの間に単なる師弟関係を超える強い人間関係を培《つちか》い、この人間関係の上にこの後の彼の建築家人生が築かれていく。実際に建築にコミットしたのは一年程度であるにもかかわらず、建築の何たるかを、ゼムパーはガウからどのように学んだのか。

ガウのスタジオでのゼムパーの習作図面を見る限り、場所との関係や建物の目的設定・性格付け・配置構成は、前述のように、明らかにガウがボザールで受けた教育を継承している。ところが、ゼムパー自身は、可能であったにもかかわらず、ボザールで学ぼうとはしていない。

建築家としてのガウの作風が、どうゼムパーに影響を与えたかを判断するのは難しい。というのも、この時点での彼の実作が、あまりに少ないからである。ただ、一八二九年にガウが病院・監獄担当のパリ市建築家に就いたことが、まず現実の課題の解決に向けて専門家の意見を入れながら計画し、そこから設計案をつくり上げるという、まさに近代的な設計アプローチを体験できた点で、ゼムパーの教育に影響を及ぼしたことは疑いない。実際の仕事は、あくまでも管理事務であり設計の前段の内容だったとしても、図面を引く前の調査と分析が建築設計に欠かせないことを理解させたという意味で、その意義は大きい。たとえば、ガウに連れられて訪れた精神病の医者のオフィスでは、最新施設を案内され、さらに国内のみならずヨーロッパ全体の最新の動きも知ることができた。科学的・技術的な進歩が、建築に重大な影響を与える時代に入っていた。

しかしながら、ガウからゼムパーへの影響として最も重要だったのは、思想家・批評家として、建築とは何であり、その建築がどう誕生して、どう発展し、今後どう変わる可能性があるかを教えたことであろう。たとえば古代に着目して、そこでのポリクロミーの存在を知ることが、同時代の建築をどう変える可能性を有しているかを、みずから見聞した実例を挙げてガウはゼムパーに熱を込めて語ったのである。

また、エジプト建築に関するガウの教えは、その歴史に関する定説に挑戦するという研究者・知識人の生き方を示すという意味でも、ゼムパーに決定的な影響を与えた。ゆえに彼は、ガウと同じように現地を踏査して自分の目と体で確かめなければならないという信念から、古代建築の現場へ旅立ったのである。ゼムパーは生涯、ガウのヌビアの本を持ち続け、敬意を表した。

ガウは同時代に対して率直に辛辣《しんらつ》な意見をいう批評家でもあった。しかも、部分的だったり控えめだったりすることはなく、常に「全般的」に批判する点に特徴があった。実際に彼は、当時の建築全般に違和感を抱いていた。書簡や初期の著作から、ゼムパーもまた、当時の社会全般に対して否定的な（言い換えれば、革命的な）感情を抱き続けていたことが分かる。だからこそガウは、ゼムパーをパリの知識人サークルに伴い、できるだけ彼に時代の問題、社会の問題を議論する機会を与えようと努めたのだった。

白い古典古代というイメージ

ガウだけに先見の明があったわけではなく、パリという町全体が、新しい時代を目指し変革へ、変革へと動いていた。当時のエコール・デ・ボザールが社会全般と連動する激しい変化の中にあった。度重なる革命の動きによって、目指すべき社会の理想を視覚化する芸術・建築の役割が国民の間でも十分に理解されるようになって、アカデミーも個々の芸術家たちも、いかに諸芸術が協働してその役割を果たすかを問い、また、それに応えようと試行錯誤を繰り返していた。[7] 一八二〇年代後半になると再び、芸術・建築教育のあり方が根本から問い直されるようになり、議論は次第に一八三〇年の七月革命の勃発を予感させるほどに激化していった。

その動きはアカデミー内部からパリ市内に、そしてフランス国内へと広がり、さらにヨーロッパ全体に波及していった。たとえば、伝統あるドレスデンの芸術アカデミーでも、着任したゼムパーの最初の仕事がそうであったように、教育改革は焦眉の急であって、パリの出来事は対岸の火事ではなかったのである。

一八三〇年頃にはパリが世界の新しい動きの震源地だったが、ヴィンケルマンがザクセン選帝侯のフリードリヒ・アウグスト二世に『ギリシア美術模倣論』(一七五五)を献呈した十八世紀半ばには、ドレスデンが、同書で彼が褒めているように、芸術の新たな動きが湧き起る「芸術家にとってのアテネ」であった(8)。

十九世紀の前半に震源地パリで起きる動きを理解するには、ニコラウス・ペヴスナーが示したように、まず、十八世紀後半にロココから新古典主義へと変化するにともなって、いかにヨーロッパ中で新アカデミーが創設され、また古い伝統あるアカデミーが改編されて、そこに新古典主義者ヴィンケルマンの主張が浸透していったかを知らねばならない。彼は前述の『模倣論』で、ロココに対立する新しい理想として、ギリシア芸術の真髄としての「高貴な単純と静謐な尊厳」を掲げ、さらに非常にわかり易く、その「理想を実現する唯一の方法」としてギリシア作品の模倣を推奨したのである。このように理想と、それに到達するための「模倣」という方法を示した上で、ヴィンケルマンとその一派がさらに具体的な助言としたのが、「素描」の活用である。素描によって輪郭に精通し、その輪郭に高貴な単純さを求めよ、というのが教えの基本であった(9)。

ロココから新古典主義への変化の根底には、十八世紀後半の啓蒙主義・市民革命・産業革命の大きなうねりがあったが、どう社会を変革するにせよ、そこで目指すべき理想を視覚化し具現化して、人々が共有できるようにする芸術の力が必要だった。そのための芸術家を育成するには、相応しい理想と方法を備えたアカデミーが不可欠だということになり次々にアカデミーが創設され、ヴィンケルマンの二冊の名著、前出の『模倣論』とそれに続く『古代美術史』(一七六四)(10)が翻訳され、さらに、彼や彼の友人たちとの連携が積極的に図られたのである。

振り返ると、十八世紀半ば以降、古代ギリシアの「古典的偉大さ」が二度発見された、と言ってよいであろう。エコール・デ・ボザールやガウの私塾・交流サロンで古代ギリシアが熱く議論されたのは、いわば二度目に当たる。一般的にこの時代の人々の間では、そもそも、古代ギリシアと古代ローマが厳密に区別されることはほとんどなかった。とくに建築の場合、この傾向が著しかった。ギリシアの古典的偉大さを讃えつつ、その時に人々の脳裡に浮かぶものが古代ローマの建築遺構であることは、この後も、つまり十九世紀になっても珍しいことではなかった。全般的にはそのような傾向が根強く残っていたものの、建築においても「古典的偉大さ」が明確に古代ギリシアに結び付けられたことが、二度あったのである。

その一度目が、これまで述べてきた一七五〇年代から一七六〇年代にかけての時代である。ヘルクラネウムの考古学的発掘が一七三八年に、ポムペイでは一七四八年に始まった。一七五〇年代初頭にはパエストゥム、シチリア、ギリシアにおける古代ギリシアの遺構の発掘と記録が進んで、古典的理想のモデルとしてはギリシアがローマに優っているという芸術観も生まれた。たとえば、一七六二年に第一巻が刊行されたジェームズ・スチュアートとニコラス・レヴェットの『アテネの古代美術』(11)や、その二年後に出たパエストゥムの神殿に関するデュモン（Gabriel-Pierre-Martin Dumont）の本が、イギリスの建築家と美術愛好家にもたらした驚きについて、ペヴスナーは次のように描いている。

これらの本で、イギリスの建築家と美術愛好家はギリシアのドリス式オーダーの力強さと素朴さをはじめて知った。というのは、十六世紀にオーダーに関する本が出版されてから当時まで、ドリス式として知られ、また使われてきたのはずっと細く変形したもので、今であればフルートがあればローマ式で、なければトスカナ式として知られる種類の柱だったからである。ギリシアのドリス式オーダーは短くずんぐりしていて全く礎盤《ベース》がないということが、パラーディオ派の人びとをひどく驚かした。（略）これがイギリスでギリシア復興の名で知られる最も厳格な時代または種類の古典復興の主モチーフとなった。(12)

さらに、一七五〇年代と六〇年代の著作によってヴィンケルマンが、色彩を排除した純粋な形態美を定義して、実に影響力の大きい、理想の古代像を確立した。ヴィンケルマンは、その軀体が白いほど一層美しいと言う。繊細にプロポーションが決められ、装飾的なレリーフで軽くアクセントが加えられているような、鮮明で穢《けが》れのない白大理石のイメージである。

この説は、明らかに当時のギリシア神殿に関する一般的なイメージ、というよりも、当時の人々の思い描く理想的な美のイメージにぴったりと合致するものだった。当時新しく建設される建築は、いくつかの剝き出しの立体幾何学的なヴォリュームの組み合わせに還元され、なるべく白大理石で建てられて、要所要所が装飾レリーフで強調されたのである。

十九世紀が始まるまでは、考古学的な証拠と文献的研究に支えられて、この新古典主義的なイメージに疑問を差しはさむ者は存在しなかった。そうでない可能性を指し示す部分的物証では、「白い」建築観を決定的に覆《くつがえ》すには至らなかった。ギリシア人は趣味豊かに、ごくわずかな色彩を二次的な建築要素に使うことができたという見方を生んだ程度だった。たとえばウィトルウィウス（Marcus Vitruvius Pollio あるいは Polio、生没年未詳）もまた、著書『建築書 De architectura』において木造神殿のトリグリフに使われた青色に言及していたが（第四書第二章参照）、それも木造で建てられた神殿のみに合致するものと解釈された。

古典的ではない遺構に見出された色彩の痕跡、たとえば、ギリシアのあまり知られていない建築の彩色彫刻・薄肉レリーフ、ミケーネのアトレウスの宝庫の素晴らしい装飾、タルクイニアやウルキにある古代エトルリアの巨大彩色墓室、そしてポムペイの彩色壁画などの発見も、「白の古典古代」説を支持する材料に使われた。つまり、色彩は芸術的に幼い時代や地域、あるいは文化の退廃の兆候を示すものであって、ペリクレス時代のアテネ芸術は、その他の時代や地域とは全く異次元の高みにあり、色は白だった、と主張された。

こうして一八〇〇年までに、一つの古代観ができ上がった。それによれば、色彩は非ギリシアの野蛮人の建築において主要な役割を果たし、初期ギリシア建築でごく限定的に使われ、ペリクレス時代の盛期になると消滅し、ローマ人の下で芸術が没落すると再び甦った、と考えられたのである。

十九世紀最初の三〇年間でのポリクロミーの受容

だが、一八〇〇年直後から考古学の新たな成果が、この見方が正しくないことを示し始めた。イギリスの第七代エルギン伯トーマス・ブルース（Thomas Bruce, 1766–1841）がオスマン帝国駐在のイギリス特命全権大使の職にあった一七九九―一八〇二年にかけて、パルテノン神殿を飾る彫刻装飾やエレクテイオンのカリアティドと円柱などを含む所謂「エルギン大理石」をイギリスに運び去ったことで、世界中から厳しい批判を受けたのもこの頃である。一八〇〇年を過ぎてギリシアに入ったリーク（William Leake）、ウィルキンス（William Wilkins）、ドッドウェル（Edward Dodwell）は、ギリシアの記念建造物に彩色の痕跡があることを発見して、調査の成果を出版した。特にドッドウェルは、最も広範に、そして具体的に彩色について発表し、パルテノンのコーニスにすら青・赤・黄色の彩色が確認できたと強調した。

「多彩色の神殿とか彫刻の理念を受け入れるというのはむずかしい。しかし非常に早い時代、ペリクレスの時代にすら既に、ポリクロミーの技術が広く実践されていたことは確実である(13)」。

一八一〇年代には、また別の調査の波が続いた。コッカレル（C.R.Cockerell）、ハラーシュタイン（Carl Haller von Hallerstein）、シュタッケルベルク（Otto Magnus von Stackelberg）、そしてブレンステッド（Peter Oluf Brøndsted）らである。彼らはポリクロミーの存在に関する結論をさらに強固にし、別の角度からの新たな証拠を付け加えた。

そして、最終的に広範な色彩の利用について美学的に理論化したのは、カトルメール・ド・カンシー（Antoine-Chrysostome Quatremère de Quincy, 1755–1849）である。十八世紀後半の古代観に挑戦する大判の著作『オリンピアのゼウス像――新しい視点から考察した古代彫刻芸術』（一八一五）で彼は、文献に基づく間接的方法で、しかも建築ではなく彫刻を扱うものだったが、オリンピアとアテネの神殿に納められた、金と象牙を用いてフィディアスが制作したゼウスとアテナの巨大彫像を復原した(14)（図1–2）。これらの彫刻作品は、古典的著作、特にパウサニアスによって、古代彫刻の傑作と評されたものだった。

カトルメールは、古代における金と象牙の作品に対する高い評価は、素材のもつ価値とか仮象の生む効果によるのではなく、ギリシア芸術の特質とも言える、ある要素を最大限に使ったことに由来するという論を展開した。つまり、色彩という

図 1-2. カトルメール・ド・カンシーによるパルテノン神殿のフィディアスによるアテナ像の復原図（彩色）、『オリンピアのゼウス像』（1815）所収

要素である。

しかも彼は、金と象牙を用いた彫像の歴史上のモデルとして初期ギリシア時代の素朴な木製の偶像を挙げ、それが顔料で描かれている場合もあれば、別の素材で衣服として覆われている場合もあったと主張した。彫像芸術は金属・象牙・木などの素材を用い、加工されたピースを組み立てて彫刻作品をつくる手法へと展開するが、その場合も、気候や経年変化の影響から素材を保護するために顔料の塗布が続けられた。それには、素材のもつ欠点を補ったり隠したりする他に、巨大な平面の冷たさ・単調さを和らげる意図もあった。こうしてペリクレスの治世までに、色彩はギリシア人の芸術感覚に固有の要素となっていた、というのが彼の理論の骨子であった。

さらに、もう一つ重要な点は、カトルメールがフィディアス作の二つの彫像を復原するに当たって、用いる色彩に、繊細で透明な光沢・輝きを与えることを忘れなかったことである。いわば、高度に繊細な彫刻と絵画の統合である。彼はこの点で、ギリシア芸術とエジプトやローマの、ただ豪華で、けばけばしい色使いとの間に一線を画したのである。

後年、ゼムパーが自らの建築論を立ち上げる際に依拠するのが、このカトルメールの色彩理論だった。彼だけではなく一八二〇年代の考古学者も古代史研究者も建築家も、カトルメールの理論を通して古代を見るようになっていた。

一八一一年、コッカレルはハラーシュタインと一緒に秘密裏にエギナ島で一八体の彫像と多数の破片を発掘して、非合法に運び出した。コッカレルはオークションをうまく操作して大英博物館に運ぶ予定だったのだが、結局それらはバイエルン王ルートヴィヒ一世の手に落ちたのである。だが一方で彼は、これらをギリシア人たちの間で一般的だった絵画と彫刻を統合する実践の証拠だと主張したことで、ポリクロミー論争に一石を投じた。彼は彩色を、ある部分を際立て、また繊細にトーンを変えることによって、効果を一気に高める手段と見なした。生気を失い一本調子になる彫刻に、生き生きと命を吹き込むのは絵画の力である、とも彼は主張した。さらに彼は、気候がこの絵画的手法を使う習慣の要因であることも、次のように示唆したのである。

「大気に晒されている白大理石やほかの石に彩色することは、われわれには非常に奇異に思われる。しかし、われわれの北方の考えや先入観には馴染まない彼らなりの深い考えがあり、それを考慮に入れなければならない。ギリシアでは気候の穏やかさと空気の純粋さが、仕上げによって作品を退化より確実に保護することを促す。そしてこの地では、北方の気候では放棄されて失われた、彫刻と絵画による洗練の手法を、なお受容してきたのである[15]」。

コッカレルの見方は、ミュンヘンの建築家レオ・フォン・クレンツェ（Leo von Klenze, 1784–1864）によって支持された。一八一六年にミュンヘンの彫刻館（一八一六―三一）のコンペに勝ったのがクレンツェである。この彫刻館は、オークションで獲得したエギナ島の大理石彫刻（紀元前五世紀当時の彫刻で、戦闘を主題としたものが多い）を収蔵するためのものである。クレンツェは、彩色された神殿のペディメント彫刻（ローマでデンマークの彫刻家バーデル・トーヴァルセンによって修復された）の背景として、明るい色彩を塗られた漆喰《プラスター》レリーフによる神殿ファサードを提案した。しかも、一八二三―二四年までシチリア島すら訪れたことがなかったにもかかわらず（ギリシアに渡るのは一八三四年）、クレンツェは一八二一年三月にミュンヘンで開催された講演で、ポリクロミーについての独自の考えを打ち出した。彼は、古代の「乾いた、冷たく、硬い」イメージゆえにヴィンケルマンの古代観を非難し、カトルメールやコッカレルによる有色の古代観を支持したのである[16]。

自らギリシアを旅行し、カトルメールの理論を受容した人物に、もう一人、前述のシュタッケルベルク男爵がいる。一八一二年にバッサイのアポロン・エピクリオス神殿（紀元前五世紀後半、建築家イクティノスの設計と伝えられる）の発掘を指揮し、その成果を『バッサイのアポロン神殿』として一八二六年に刊行した際に、彼は、カトルメールの理論を大胆に建築描写に応用した。そこでは、美しく透明感があり輝くような風景と一体となった神殿が描かれている。

「今日でさえも、建築のマスを活気づけるためにすべての南方の人々にとって必要欠くべからざるものだった色彩は、ペリクレス時代の最大の傑作においてもギリシア人によって使われた、ドリス式とイオニア式のいずれの場合も。色彩は、今日でもなおテセウス神殿、パルテノン神殿、アテナ・ポリアス神殿、プロピライアに見ることができる。いずれの場合も、色彩が建物装飾として外観にも使われている。（略）穏やかな気候がこの使用を促し、ドリス神殿は一般に想像される以上に豊かに装飾されていたのではないか[17]」。

ボザールの中でのゼムパー世代の動き

ところが、一八二〇年代後半のボザールで激しい批判の矢面に立たされるのが、他ならぬカトルメールの理想主義的アカデミズム、つまり相も変らぬ新古典主義的な教育だったのである。彼は一八一六―三九年の間、終身書記として芸術アカデミーの教育を圧倒的な力で支配していた。彼の建築論では、最初に来るのは古典的オーダーであって、それをプロポーションに関するガイドラインに従いつつ応用していく。そして次に、大部分が古代ローマ帝国の記念建造物から収集された形態を用い、これもまた、そのままではなく創造的に応用する。その実現例を当時に求めるならば、ヴィニョン（Alexandre-Pierre Vignon, 1763–1828）とユヴェ（Jean-Jacques-Marie Huvé, 1783–1852）によるマドレーヌ教会（一八〇七―四五）を挙げればよいであろう。巨大で、モニュメンタルで、理想主義的であって、厳格な美学に従うものだが、なんと、それを徹底的に批判するのが、一八二〇年代半ばにボザールを卒業してローマ大賞を受賞した秀才たち、デュバン（Félix Duban, 1797–1874）やラブルースト（Henri Labrouste, 1801–75）などであった[18]。ゼムパーと同世代の建築家たちである。

大賞受賞者には、ローマにあるフランス・アカデミーでの五年間の勉学継続という栄誉が与えられた。その間に彼らは、古代ローマの古典建築を実測し、細部をスケッチする。四年生になると古代ローマの古典的な記念建造物を考古学的に復原する。そして五年目になれば、国家的意義を有する現代建築を設計する。その後帰国して、並外れた博識と十二分に耕された芸術的感性を、国を一層輝かせるために発揮することが、彼らに期待されていた。

ところが、一八二〇年代半ばになると、この大賞受賞の学生たちの感性にも明らかに変化が起きていた。たとえば、彼らのイタリア旅行のコースが突然、有名な古代ローマのフォルムからエトルリア、ギリシア植民地、ラティウム、中世、初期ルネサンスなどの無名に近い建造物を巡り歩く方向に変わる。ヴィンケルマンが抱き新古典主義の真髄と見なされてきた「古典的偉大さ」の外にある作品や時代に感動したり熱中したりする動きが生じてきたのである。

カトルメールにはあれほど重要に思えた古典的な美の理想が今や、その神秘的とも言える輝きを失い、代わって、古い時代のさまざまな作品が、どの民族によって、どの場所で、どのような条件のもとに成立したかを、より正確に把握することが求められるようになった。建築も彫刻も、場所や社会のさまざまな条件に応じて、具体的なかたちとして現象したものである。それを、総体的に（個体的に、歴史的に）捉えること自体が重視されるようになった。だから、パエストゥムやシチリア諸都市のギリシア神殿、新たに発見されたエトルリアの墓地遺跡、ポムペイの非古典系の壁画などが、ほとんど一夜のうちに、学生たちの目指すところとなったのである。このような新しい感性を、明らかに同世代のゼムパーも共有していた。

豊かな感性による歴史的な気づきは、四年目、五年目に学生（大賞受賞者）が取り組むプロジェクトの内容にも現れている。大賞受賞者は、もはや古典的偉大さの評価が確立された対象を選ばないばかりか、古典的偉大さそのものに関心を示さなくなった。たとえばラブルーストは、一八二九年の五年目のプロジェクトに、田舎の国境にかかる小さな橋を提出した。一八二八年の四年生のときには、パエストゥムにあるさまざまなギリシア神殿の復原を試みている。これらに彼は部分的に着色してグラフィットを施し、さらに、一般に受け入れられている年代順を、ここでは逆にしている（図1-3）。彼によれば、パエストゥムの繊細にプロポーションが決められた古典的理想に近い神殿は、同じ場所の無名の、いつ建てられたか分

図 1–3. ラブルーストによるパエストゥムにあるポセイドン神殿の復原図、1828 年（後に刊行される）

からないような粗野に細部をつくられた神殿よりも古い。古いものほど古典的理想に近く、新しいものは、その変形である。建築家たちは想定された古典的理想を意図的に、異なる素材・社会状況・ゲニウスロキに応じて変形していった、と彼は言うのである。そのドローイングが一八二九年にパリで展示されたとき、想像力豊かな復原は熱狂的興奮を呼び起こした。重要なのは、ラブルーストの歴史理解のもつ意味を、パリの当時の学生たちが正確に理解していたことである。一つの理想を完璧に模倣する（すなわち、写し取る）ことが重要なのではない。起源まで遡り原型を探り当て、素材・時代・場所の条件に合わせてそれを変形していくことによって、そこに初めて、生き生きとした建築が生まれる。これは、後のゼムパーの建築論の核をなす主張だが、ラブルーストは簡潔に、しかも建築設計で実践して見せたのである。

ボザールの教育に公然と反抗したラブルーストは、学生たちに抵抗運動のリーダーと見なされるようになり、続く夏の政治的動乱の時には、パリの通りをクラスメートの肩に担がれて凱旋行進をした(19)。

イットルフの存在

古代の建築は彩色されていたか否か。このポリクロミー論争も、最初は考古学上や古代学上の問題として始まったものが、芸術アカデミーでは、ヴィンケルマン的伝統に基づく新古典主義的な「白い古典古代」観を攻撃する武器に変わっていった。

しかしながら、前述のように、この論争の口火を切ったのはカトルメール・ド・カンシーその人だった。彼は彫刻家としての教育を受けていたので、一七八〇年代以降、ギリシア彫刻の主たる作品は必ず彩色されていたに違いないと考えて、その証拠を集めていた。論争は、『オリンピアのゼウス像』を出版したことに始まった。ガウやイットルフたちのエジプト、イタリア南部、シチリアに関する調査報告がこれに続いたが、建築家による古代建築の彩色復原は、同時代建築への彩色に関する議論へと発展した。この議論を論争の次元にまで高めた者のうちでも傑出していたのが、前出のラブルーストであり、もう一人が、これから説明する、ガウの親友でもあったイットルフである。

イットルフにローマとシチリアの調査旅行を勧めたのもまた、カトルメールだった。イットルフは、最初は一八二〇年にシチリアを訪れ、再度調査支度を整えて一八二二年九月にパリを発って、一八二三年七月にポムペイとパエストゥムを経由してシチリアに向かった。年末には労働者の一団の助けを借りてアグリジェントで発掘調査を行い、いくつか重要な発見をして、その後、この一団を引き連れてセリヌンテに移動し、同地のアクロポリスで彼は今日「神殿B」として知られる遺構を発掘した。

一八二四年には彼は、フランス・アカデミーに古代建築のポリクロミーを論ずる論文を投稿した。一八二七年にはヴィルヘルム・フォン・ツァントとの共著で『シチリアの古代建築』が出版され、これにも彩色図面が含まれていたことで話題になった。一八三〇年には「ギリシアにおける建築ポリクロミーに関する覚書」を発表し、セリヌンテのエムペドクレス神殿（「神殿B」）のポリクロミー復原を展示して、後にゼムパーが詳しく述べるように、「古代研究者たちの間でセンセーションを巻き起こし、激しい論争を引き起こしたのである[20]」。

ゼムパーのポリクロミー論への影響を考える時に重要なのは、イットルフがポリクロミーに固有の価値を見ていたことである。彼は、彩色を保護素材と捉えて古典古代のアテネよりも現代のパリにより相応しく、さらに建築の形態を際立てる手段として、陽光に恵まれた地中海地方よりも暗い北部ヨーロッパのほうがより効果的だと主張した。彼が完成させたパリのサン・ヴァンサン・ド・ポール教会（一八二四、一八三〇—四六）では、ポリクロミーの利用がいかに生気ある空間を生み出すかを実践してみせている(21)。

さて、これまで、ゼムパーがギリシアまで古代建築の調査に赴き、その成果をまとめて『覚書』を発表し、さらにドレスデンでプロフェッサー・アーキテクトとして活動を始める一八三〇年代半ばまで、彼の周囲で既に進んでいた新古典主義的な芸術観から離脱しようとする動き、そして、新古典主義的芸術観の中核をなす「白い古典古代」観を批判し、本質的で自律的な要素としてポリクロミーを擁護しようとする動きを追ってきた。

なんと、新古典主義を支えていた、ギリシアの古典古代を唯一の理想とする理想主義が、完全に輝きを失っている。唯一の絶対的な価値を保持していたものが、もはや存在しない。それに代わって、どの民族でも、どの時代でも、どんな場所にあっても、しかも記念碑的ではないどの建築あるいは彫刻でも、それが、いかなる条件のもとに成立したかを、より正確に把握することが求められるようになった。建築も彫刻も、場所や社会のさまざまな条件に応じて、具体的なかたちで現象したものである。それを、総体的に（個体的に、歴史的に）捉えること自体が重視されるようになった。理想は、それぞれにあって、それらが現実の条件に対応して個別に現象してくると考えるようになったのである。それぞれに価値を有すると考える点では相対主義であり多元主義でもある。また、作用する条件とそれによる変形を客観的に、正確に、実証的に捉えようと歴史的方法を用いる点では、歴史主義に他ならない。

若者たちは、パエストゥムやシチリア諸都市のギリシア神殿、新たに発見されたエトルリアの墓地遺跡、ポムペイの非古典系の壁画などを目指すようになった。

たとえば陽光の中で草木が示すように、建築も彫刻も、繊細で、透明で、きらきらと輝く。そうなるためには、建築も彫刻も、絵画と可能な限り繊細に統合しなければならない。彫刻・建築の表面になんらかの繊細で深みのある絵画的処理が求められるが、それは、ただ豪華で威圧的で、けばけばしい色使いとは全く違う。このような意味で表面に施される繊細で深みのある絵画的処理としてのポリクロミーが、どの建築・彫刻にも必要だと考えられるようになった。

こうした表面に対する感性も、ゼムパーは同世代の若者たちと共有していた。では、そこから、どう「被覆論」までみずからの理論を構築していったのか。それを、これから追っていくことにしよう。

注記

（1）ＥＴＨのゼムパー資料室には、ゼムパー自身の手による家族・友人などに宛てた夥しい数の書簡類が収蔵されており、それによって事細かにゼムパーの行動・考え・健康状態などを知ることができる。Harry F. Mallgrave, *Gottfried Semper, Architect of the Nineteenth Century*（New Haven & London, 1996）pp.19–20.

（2）Ibid., p.11. ゼムパーの出生地をアルトナとする説もあるが、正確にはハムブルクが正しい。

（3）Gottfried Semper, *Vorläufige Bemerkungen über bemalte Architektur und Plastik bei den Alten*（Altona, 1834）.

（4）ニコラウス・ペヴスナーも、ゼムパーが行った古代研究の広さや深さを必ずしも正しく評価できていない。ゼムパーのイタリア、シチリア、ギリシアの調査研究を「一九三三年の一年」と書いているのは、Nikoraus Pevsner, *Some Architectural Writers of the Nineteenth Century*（Oxford, 1972）p.252. なお邦訳、ニコラウス・ペヴスナー『十九世紀の建築著述家たち』（吉田鋼市訳、中央公論美術出版、二〇一六）が刊行されている。

（5）Ibid.

（6）Franz Christian Gau, *Antiquités de la Nubia, ou monuments inédits des bords du Nil, situés entre la première et la seconde cataracte*（Paris, 1822）.

（7）Hanno-Walter Kruft, *A History of Architectural Theory from Vitruvius to the Present*（New York & London, 1994）, p.277. 同書は最初独語で刊行され（München, 1985）、邦訳にハンノ＝ヴァルター・クルフト『建築論全史Ⅰ、Ⅱ』（竺覚暁訳、中央公論美術出版、二〇〇九―一〇）がある。後者の四三四頁。

（8）Johann Joachim Winckelmann, *Gedanken über die Nachahmung der Griechischen Werke in der Malerei und Bildhauerkunst*（Dresden, 1755）. 邦訳ヴィンケルマン『ギリシア美術模倣論』（澤柳大五郎訳、座右宝刊行会、一九七六）一六頁。

（9）ニコラウス・ペヴスナー『美術アカデミーの歴史』（中森義宗・内藤秀雄訳、中央大学出版部、一九七四）一四八―五七頁。

（10）Johann Joachim Winckelmann, *Geschichte der Kunst des Altertums*（Dresden, 1764）. 邦訳にヨアン・ヨアヒム・ヴィンケルマン『古代美術史』（中山典夫訳、中央公論美術出版、二〇〇一）がある。

（11）James Stuart & Nicholas Revett, *The Antiquities of Athens*, 4 vols（London, 1762–1816）.

(12) ニコラウス・ペヴスナー『新版ヨーロッパ建築序説』(小林文次・山口廣・竹本碧訳、彰国社、一九八九)三〇四—〇五頁。

(13) Edward Dodwell, *A Classical and Topographical Tour through Greece, during the Years 1801, 1805, and 1806*. 2vols (London,1819) pp.342–43.

(14) Antoine-Chrysostome Quatremère de Quincy, *Le Jupiter olympien, ou l'art de la sculpture antique considéré sous un nouveau point de vue* (Paris,1815). カトルメールの建築思想に関しては、白井秀和『カトルメール・ド・カンシーの建築論』(ナカニシヤ出版、1992) を併せて参照。

(15) C.R.Cockerell, "On the Aegina Marbles", in *Journal of Sceince and the Arts* 12 (London,1819) pp.340–41.

(16) Leo von Klenze, *Versuch einer Wiederherstellung des toskanischen Tempels nach seinen historischen und technischen Analogien* (München, 1822) pp.9, 77.

(17) Baron O.M. von Stackelberg, *Der Apollotempel zu Bassae in Arcadien und die daselbst ausgegrabenen Bildwerke* (Rome,1826) p.33.

(18) ロビン・ミドルトン&デイヴィッド・ワトキン『新古典主義・十九世紀建築二』(土居義岳訳、本の友社、二〇〇二) 二七頁。

(19) Harry Francis Mallgrave, *Gottfried Semper, Architect of the Nineteenth Century* (New Haven & London, 1996) p.28. ラブルーストに関しては、ピエール・サディ『建築家アンリ・ラブルースト』(丹羽和彦訳・福田晴虔編、中央公論美術出版、2014) を併せて参照。

(20) Ibid., pp.35–37. Kruft, *A History of Architectural Theory*, pp.278–79.

(21) ミドルトン&ワトキン『新古典主義』一六–二〇頁。

第二章　『覚書』に描かれる表面の美、ポリクロミー

フリードリヒ・ペヒトが、すでに一八七七年の時点で、『覚書』がゼムパーの「芸術的・政治的思想の一つの完全なプログラム」だったと評していたが、クルト・ミルデが近年、「市民階級の生活様式の新たな表現と枠組み」がゼムパーみずからの手によって、ここに初めて描き出されたと指摘している(1)。

では、芸術論が政治的変革のための「プログラム」「枠組み」になるとは、どういう意味なのかを考察しよう。それに続けて、『覚書』ではポリクロミーが、そのような「プログラム」の上に諸芸術（建築・彫刻・絵画）の高度な協働によって生み出される「美、あるいは芸術的質」として捉えられ、しかも具体的かつ鮮烈なイメージで描かれていることを明らかにしていきたい。

十九世紀前半におけるポリクロミー論争の焦点となったのは、突き詰めれば、「白大理石のギリシア神殿」だった。ゼムパーは、ヴィンケルマン以来の新古典主義的美学が奉じる「白の古典古代」像とは真っ向から対立して、同じ白大理石造でも部分ではなく建物全面に彩色（独語 malen; 英語 paint）が施されていたという立場を堅持した。むしろ、ゼムパーから見れば、繊細で輪郭のシャープな彫刻が可能でそれ自体が透明な白大理石こそが、ポリクロミーの素地として最もふさわしいものであった。彼は、白大理石に施されたエナメル質のポリクロミーが生む透明な色の重なりの美（芸術表現）を、彼の時代が学ぶべきものとして、鮮烈なイメージで、感動を込めて描いているのである。

当時のポリクロミー論争を再度見直して、今やヴォルフガング・ヘルマンと並んでゼムパー研究の第一人者であるハリー・フランシス・マルグレイヴは、白大理石神殿への全面彩色説とエナメル説を採用したゼムパーの主張に、学説として低

い評価しか与えていない[2]。だが、ここでは、彼の評価に反論することではなく、ゼムパーのポリクロミー観が「芸術的・政治的プログラム」と「その上に実現された美あるいは芸術的質」という相互に緊密に結びついた二つの視点から揺るぎなく構築されたものであったことを示したい。この特質の上に、この後、彼の様式論・被覆論が構築されていくからである。

一八三四年一月に彼は故郷アルトナの町に帰り、約二ヵ月後にはアルトナの印刷屋に原稿が送られ、四九頁の小冊子として『覚書』が刊行されたのが同年春(序文日付は一八三四年三月一〇日)のことで、「私の師であり友人でもあるガウ氏」への献辞が付けられた。

一八三四年六月一九日付のシンケルからゼムパーに宛てた書簡[3]によれば、ベルリンの彼にも『覚書』を送ったようだが、ゼムパーの考えでは、この小冊子は、近々刊行予定の大判ポリクロミー図版集『建築と彫刻における色彩の利用』の予告あるいは序とする予定であった。内容が、同時代の社会や建築が抱える問題を読者に熱烈にアピールし、それらの改革に向けてのプログラム(綱領)的性格を帯びていたとすれば、この「出版予告」あるいは「序」というものがもつべき性格から来るところも少なくないであろう。その結果として、大判図版集は一八三六年にドレスデンで限定的に見本が刷られ、友人の間で縦覧に供せられて終わったのである[4]。その結果として、『覚書』が、より一般的な意味で、ゼムパーの建築芸術的・政治的な実践のための一つの独立したプログラムとして読まれるようになった。

『覚書』の「プログラム」としての内容

①同時代建築への批判――『必要』への対応の求め

同時代の建築と社会への批判と改革に向けての提言が続くのは、『覚書』でも特にその冒頭に置かれた「序文」である。「序文」は、「同時代の人々に対して、アテネやシチリアの古代神殿風に、あっという間に彼らの建物を塗装せよと強いる」(Ⅴ頁、引用・参照する原書の頁である。以下、同じ)こと、あるいは「有害な模倣熱」を助長することが、この著作の意図ではないと強調するところから始まる。

ゼムパーの見るところ、同時代の建築は真の「必要」を見極めることができず、然るべき実践の方策をもたず、「ほとんど破産状態」に陥っている。フランス革命時に財政問題解決のために発行されたアッシニヤ紙幣に準えて、「必要」の裏付けがないのに「二種類の紙幣を流通させて自己救済を図っている」（Ⅵ頁）と彼は言う。

一つは、デュランがその著書『建築講義要録』[5]（図2−1）で流布させた建築設計法を象徴する格子の線の入った白い紙のことで、「理念の不足を補うかのように流通させ」、パターン・ブックとして建築の平面や立面の構成方法が類型的に示されており、この方法によれば「正方形の格子が描かれた白い紙の上に建物のプランが全く自動的に出来上がる」（Ⅵ頁）。

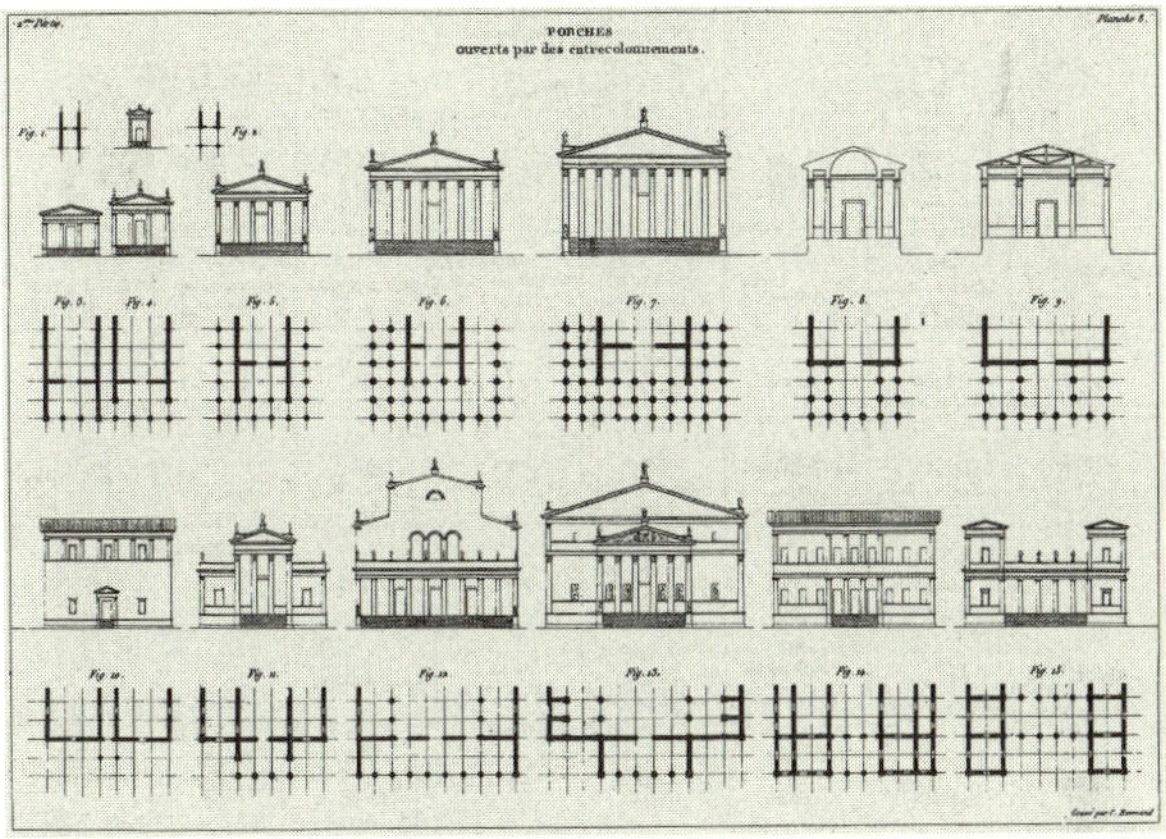

図 2−1. デュラン著『建築講義要録』から、グリッドによる建築モチーフの展開方法の例。ここでは神殿正面あるいはそれをモチーフとする種々の玄関の設計方法を示す

もう一つの「紙幣」は、「トレーシングペーパー」である。「理念がない状態でも」「この魔法の道具を使えば、われわれは古代・中世・近世のどの時代をも完全にマスターした巨匠になれる。だから、若い芸術家たちは世界中を旅行し、あらゆるものを写し取っては貼り付け、それで標本帳を一杯にして、パルテノン風偉人廟、モンレアーレ風バシリカ、ポムペイ風婦人私室、ピッティ風宮殿、ビザンチン風教会、さらにはトルコ趣味の市場建築までも、どんな注文にも即座に応えられると期待に胸をふくらませて帰ってくる」（Ⅶ頁）。

現状では「われわれは、芸術を望めば数値とルールを与えられ、新しいものを望めば古いものを与えられて、われわれの時代の必要とは遠く隔てられている」。この文章以降、ゼムパーは、建築が「われわれの時代の必要」に応えるべきだという方向に論を展開していく。その際にデュランと決定的に異なるのは、その必要に美をもって応えよと主張する点である。

「われわれはこの必要を理解し、必要に美の観点から応えるべきであって、遠い時間と場所の隔たりがもたらす霧がわれわれの眼を曇らせるところにのみ美を見るなどということがあってはならない。われわれが古いガラクタばかりを追い求め、われわれの芸術家たちが過去の苔で生活の糧を得ようと重箱の隅をつついている限り、生産的な芸術生活は期待できない」（Ⅷ頁）。

続くセンテンス、「芸術は必要というただ一人の主のみを知る」（Ⅷ頁）は、後にオットー・ヴァーグナーが引用したことでも有名になった。「生産的な芸術生活」の実現には、主とすべき対象を間違えないことが決定的に重要になる。だからゼムパーは毅然とした調子で、「芸術家の気紛れを追い、権力をもったパトロンに従属するとき、芸術は堕落してしまう」と言う。

ここまで書き進めてきた彼の筆は、「われわれの時代の必要」の内容をより詳しく描く方向に進む。と同時に、その「必要」を直視し実践せよと求めることで、もはや建築の範囲を超えた政治色の強い調子が加わっていく。

②「われわれの時代の必要」の明示―被覆への着目

ゼムパーは、「単なる模倣」を否定し「美と装飾」を積極的に求めることによって、十九世紀初頭のデュランの教えから意識的に遠ざかろうとする。

建築に「美」をもたらし、建築を「芸術」に引き上げなければならないが、それは芸術家個人の恣意やパトロンとなる独裁者の権力が、力づくで実現できることではない。あくまでも民衆生活の「必要」に対応し、そこから自然に美・芸術が誕生してくるのを待たねばならない。その自然な誕生を可能にするためには、様々な拘束から解放された自由な社会状況が不可欠である。

ゆえに、再びゼムパーの主張に耳を傾ければ、民衆の「必要」とは無関係に「独裁的支配者がバビロン、ペルセポリス、あるいはパルミラのような都市を何もない砂漠から建ち上げても、その規則的な街路、広大な広場、堂々とした会堂や宮殿は悲しいほどに空虚で、呪文で呼び出すことも能《あた》わぬ民衆が街に溢れるのを待ち焦がれることになる」。「自由」と「必要」が揃うことであの古代ギリシアに見られるような有機的生命をもった芸術が誕生するのだという考えを、ゼムパーは、これもよく引用されるセンテンスである、「ギリシア芸術の有機的な生命は、そのような独裁者のなせる業ではなくて、必要という土壌の上、自由という太陽の下にのみ開花するものである」という簡潔な表現にまとめている（Ⅷ―Ⅸ頁）。

民衆の「必要」と「自由」について語ったところで、ゼムパーはさらに進み、「われわれの必要」の具体的な内容は何かと自問し、それは「共同体的祭式（Kultus）と国家憲法（Staatsverfassung）」だと答えた上で、「人類が誇り得る時代には常に両者は一つの必要であり、一方が他方のより高度な表現となっていた」（Ⅸ頁）と続ける。祭政一致の古代社会において宗教的熱情が無関心とエゴイズムの殻から個人を解き放ち、関心を国家や全体の安寧へと向かわせた状況を思い描いてか、彼は次のように論を展開する。

「この無関心から離れ、また人間の温かい心は感情の高まりを必要とするがゆえに、国家に対する（感情の高まりを伴った）積極的な関心が芽生えてくる。真の宗教的熱情をもって、われわれは全体の安寧に対する関心を広げつつ、すべての専横を消し去りエゴイズムを制限する新たな教えを得た。かくして、われわれの内部に充溢する宗教的熱狂は（国家・全体に関する）世俗的な状況全体へと向かい、それらを改善するはずである。このような形で、われわれの世紀を特徴づける、あの古代との親密な関係の再生が進んでいる」（Ⅸ頁）。

そして、一層身近な家庭生活における「必要」に言及していく。

「われわれの世紀の関心が、このように普遍的課題に向けられるにつれて、個人の家庭生活も同様に異なった様相を示し始める。近代住居はもはや私的な敵に対する防衛・保護を提供する必要がなくなった。快適さと上品さが今や唯一の必要である。（略）フィレンツェやローマの宮殿建築は、われわれの時代には異質であり、それを縮小しただけの模倣もすべきではない。ビザンチン風教会、ゴシック風の回廊と修道院は、思い付きが生んだ近代廃墟であり、純粋な装飾としてイギリス風庭園にこそふさわしいものである」（Ⅹ頁）。

最後は、先行するイギリスで顕著になっている自然科学と産業の発達がもたらす新たな「われわれの時代の必要」である。

「住まいづくりにおける快適性は、イギリスで最も発達した。イギリスの産業は、家庭のごく些細な生活上の必要を満たすにも努力を惜しまず、多種多様な経済的工夫をこの世に送り出した。自然科学の徹底した探求が重要な発見に結び付き、煉瓦、木、金属、鉄そして特に亜鉛が、切石・大理石に取って代わった」（Ⅹ—Ⅺ頁）。

新しい材料と技術が、日常生活のあらゆる領域に現われてくる。その際に、切石・大理石という伝統的で高貴でもあると受け止められている素材を無思慮に模倣するのを厳しく批判する点では、ゼムパーの姿勢は一貫している。

「（切石・大理石という）最後の二つの素材を模倣し続けることは好ましいことではなく、ましてや、新しい素材に偽りの外観を与えることは避けなければならない。（略）その素材にみずからを語らせ、覆い隠さず、経験と科学によって最もふさわしいと確認された形態とプロポーションを以て、それを現象せしめよ。煉瓦は煉瓦として、木は木として、鉄は鉄として、すべてが各々の静力学的な法則に従って現象すべきである。これが真の単純さというものであり、この上に、われわれは装飾に対する無邪気な好みを自由に展開させることができるのである」（Ⅺ頁）。

ゼムパーの尊重する経験と科学の教えによれば、

「木、鉄、そしてすべての金属が、大気からの浸蝕作用を防ぐための被覆（Überzuge）を必要としている。この必要が、同時に美化（Verschönerung）に貢献するのは、まったく自然なことである。その際に、モノトーンの塗装に代えて、色彩の快い変化が選ばれる。こうして、ポリクロミーが自然で、かつ必要になるのである」（XI頁）。

彼の見るところ、急激な変化ゆえに「イギリスでも必要の高まりの速さに趣味が追い付かず、装飾熱に取り付かれた人々は、ごく数年前から、欠けている部分をルネサンスのロマンティックな時代から借用し始めた」。同時代には、「必要」を剝出しで表現するか、あるいは安置な装飾の模倣でそれに対応するかのいずれしかなく、どこにも真の「美」「芸術」を達成した例がない。だから、このような状況では「われわれの古き師であるギリシア人に、同じような状況で何をしたかを尋ねてみるのが得策であろう」と彼は書く。

以上のように「序文」が展開し、古代ポリクロミーについての著作を刊行する目的と意義がひと通り説明される。

ドレスデン教授招聘と『覚書』

前述のように、『覚書』の「序文」には、「自由」や「国家憲法」など、やがて一八四八年から翌年にかけてウィーン、ベルリン、ドレスデンなどで蜂起する自由主義陣営の思想に特徴的な表現が使われている。また、「序文」の末尾には、「常備軍が国家の骨の髄まで食い荒らし、虚栄と気紛れでしかない膨大な費用を要する記念碑が、本来は公的利用に供せられるべき場所に聳えている」や「公正な意志が働く場合でさえ、民衆の真の必要が、必ずしも最初に取り上げられ満たされるとは限らない」のような文言も現われる。さらに『覚書』の本文でも、古代ギリシアの「美」と「芸術の成熟」を讃えながら、それらの前提として「自由」が不可欠であることを、ゼムパーは念を押すかのように繰り返し強調する。
この『覚書』刊行と、刊行直後の一八三四年五月にゼムパーがドレスデンのアカデミー教授、しかも建築部門の責任者となる教授として招聘されたことの関係を、もう一度考えてみよう。

たとえば、ジョセフ・リクワートは、『覚書』が「扇動的政治思想を数多く含む」ことに言及した上で、その刊行直後でありながらゼムパーのドレスデンへの招聘が実現し得たのは、刊行地アルトナが、当時ドイツ語圏であってもデンマーク王が領有するホルシュタイン公国に属していたためにドイツの検閲の域外にあったからだと述べている。(6) むしろ無関係だったから招聘が実現したというのが、リクワートの見解である。

だが、ミルデを含むドレスデンの研究者たちは一九七九年に開催した展覧会ですでに、まったく反対の結論を導き出していた。そこでは、旧来の「当時のドイツ建築界の大御所的存在であったシンケルの推薦によってゼムパーのドレスデン招聘が決定した」という単純すぎる説明も、当時の公文書・書簡などの史料分析を通してきっぱりと否定された。(7) 彼らの研究は、当時のドレスデン当局が、ゼムパーの人柄・能力・主義主張を十分に調査把握して招聘決定に至ったことを明らかにしている。ゼムパーはこの時点では建築作品らしいものがほとんどなかったわけで、当然『覚書』も審査資料に加えられたと考えられている。ここで、招聘までの背景と過程を簡単に説明すると、以下のようになる。

一八二七年以降美術アカデミーの教授として改革に貢献し、一八三二年からは新設の建築課程の主任教授にも就いていたヨーゼフ・テュルマー（Joseph Thürmer, 1789–1833）の死去にともない、後任捜しが始まった。ドレスデンを首都とするザクセン王国では一八二〇年代後半から大臣リンデナウ（Bernhard August von Lindenau, 1779–1854）を筆頭とする自由主義派が台頭し、産業・貿易・技術・芸術の改革と振興を推進する気運が高まっていた。リンデナウは、一八三四年かち一八四三年まで、ドレスデンの芸術アカデミーと王立美術館・博物館の改革と運営を直接指揮する地位にもあった。このリンデナウを中心とする自由主義的改革派の台頭なくしては、ゼムパーのドレスデン招聘のみならず、教授就任後の新天地における、まさに水を得た魚のような目覚ましい活躍も考えられない。

ドレスデン当局は一八三三年秋、ベルリンのシンケル、パリのガウ、ダルムシュタットのゲオルク・モラー（Georg Moller, 1784–1852）という三人の建築家本人に対して、就任の諾否を問い合せる書簡を送った。ドレスデン国立文書館蔵のシンケルからの返書によれば、プロイセンの枢密建築顧問官として彼は、威厳のある調子で丁重に自分への招聘は辞退し、次善の策として求められていた適任者の推薦に応じて、ゼムパーではなく弟子の若い建築家アウグスト・ゾラー（August Soller, 1805–53）を推薦している。一方、同文書館にはガウの返書も保管されており、それによると、ガウもまた自らの招聘は辞退し、「学問的教養と芸術的精神に満ちた」若者と高く評価してゼムパーを推薦している。ゾラーはドレスデン側が期待する人物像との違いが顕著であったために、早い段階で候補者リストから外された[8]と同時に、経済界の大物を通して、ドイツ連邦の中で交流を深めていた自由都市ハムブルクの議員でもあった実力者クリスチャン・ニコラス・ペーメラー（Christian Nicolas Pehmöller, 1769–1845）にゼムパーの出自・履歴・業績に関する調査報告書の作成を依頼している。同報告書が伝えるゼムパーの人物像に、後任選定の決定権を握っていたアカデミー総長フィッツトゥーム・フォン・エックシュテット伯爵（Graf Vitzthum von Eckstädt, 1770–1837）は、きわめて強い関心を示したという。同じ頃、ペーメラーの友人ヴルステン（Johann Christian Zacharias Wulsten, 1769–1848）にもゼムパーの人物に関する問い合わせが行なわれていた。ヴルステンは、さらに知人を介して一八三四年二月八日にゼムパーを自宅に招いて歓談し、そこで得た、彼の若々しく誠実で魅力的な容姿や人柄から

図 2-2. ゴットフリート・ゼムパー肖像（鉛筆画）、1834 年頃

受けた印象を報告している[9](図2−2)。

このヴルステンの報告でもゼムパーの著作に言及されているが、最終選考の前にゼムパーは『覚書』をドレスデンに送り、それが彼の招聘決定に大きな役割を演じたのである。

ザクセン内務省「ゼムパーのドレスデン招聘に関する指令」(一八三四年五月一七日付)が最終決定を伝える文書である。文書によれば、ザクセン宮廷はゼムパーを「ドレスデン芸術アカデミー教授、そしてその建築課程《スクール》の主任教授」として招聘することを決定し、アカデミー総長がその旨を彼に伝達することになっている。この最終決定は、同総長から内務省に一八三四年三月五日付で提出された後任人事に関する報告に基づくものであって、総長の報告がすでにゼムパーに好意的で彼を高く評価する内容になっていた。報告の中で総長は、その理由を、

「同人(ゼムパー)はそのように長くかつ活動的に、近年最も尊敬される建築家の一人すなわちパリの建築家ガウ氏の下で学び働いたが、そのパリの建築家たちには、「合目的で配慮のいきとどいた快適な空間の利用と構成、ならびにその適切な装飾に関する技量の卓越という本質的成果が認められる(以下、略)」(傍点筆者)[10]

と書いている。その文面から、自由主義者たちにとって改革運動の国際的な中心であったパリが、彼らの眼には今日われわれが想像する以上に鮮やかに、進歩的社会状況を背景に建築においても理想を実現させた手本と映っていたこと、また、引用中傍点で強調したように、そこに簡潔に書かれた理想の建築の内容が、ゼムパーが『覚書』に描いたものと本質的に同じであることも理解できよう。

一八三四年九月二五日、ゼムパーはドレスデンに着任。その間にも芸術アカデミーを含む学校教育の改革が進められており、同月一九日にも大臣リンデナウとアカデミー教授たちを含む会議が開催されていた。着任早々ゼムパーは、「ドレスデン芸術アカデミー建築課程改革案」[11]の提出を求められたのだった。

プログラムを遂行する主体

ゼムパーのドレスデン招聘は、彼が当時の自由主義的改革派の人々と同じ理想・信条を共有していたことが、その最大の理由であった。シンケルの権威が働いたり、みずからの理想・信条を隠したりすることで、実現したのではなかったのである。ドレスデンの自由主義者たちにとって、やっと社会改革が前進し始めたばかりの段階で、改革の行方を左右するこの重要なポストに誰を置くかは死活問題だった。ゼムパーの招聘は、彼の理想・信条がドレスデンの人々の厳しい審査にも堪え得るものであったことを意味している。彼らは『覚書』に、共感できる自由主義的理想・信条を読み取った。しかも、ヴルステンの報告にあるように、ゼムパーの場合、それは十分に身体化されており、何気ない言葉や立居振る舞いにも自然に発露するものとなっていたのである。

ゼムパーの理想・信条が、ドレスデンの改革派のみならず、十九世紀前半のフォーメルツという時代の主役であった産業資本家を中心とするブルジョアジーのものだということは、もはや明らかであろう。しかも彼の場合、その家庭がブルジョアジーの典型といってよいものだった。この階級は、旧来の封建的貴族・地主とは対立しながらその反面で強く同化し、全体として富と文化を備えた支配者層を形成して、その活動は国境を超えて互いに強く結びついていた。この連帯のネットワークが招聘問題に関しても国境を超えてドレスデン、パリ、ハムブルク、あるいはベルリン、ダルムシュタットの間でも実に有効に機能していたことは、前項の分析が示す通りである。迅速に、確かな筋から情報が集められている。近年の研究が注目するのは、産業資本家の息子として生まれたゼムパーが、ごく自然に両親から理想・信条を受け継ぎ、前述の連帯のネットワークを使ってヨーロッパ各地を移動し、それを育み、具体化していったと考えられることである。政治亡命者の身でありながら、パリにいてもロンドンにいても、論文執筆に必要な専門的な情報を入手していた。それは驚くほどの速さと量である。

一八四〇年代に入ると改革運動の前途に暗雲が垂れこめ、それに伴い順風満帆の船出だったゼムパーのドレスデンでの活動も急にさまざまな困難に直面するようになった。一八四三年に改革派の旗頭リンデナウが保守派との確執に疲労困憊して引退したことは、時代の急転回を象徴する出来事だった。

一八四九年五月三日から九日にかけての労働者・職人・小市民たちを中心とするドレスデン蜂起では、ゼムパーは迷わず革命派についた。軍隊の侵攻を阻止すべく街の要所にバリケードが築かれ、その数は一〇〇を超えたと伝えられている。バリケードは、主要な地点では建物一階分の高さまで築かれ、強度も十分で、ゼムパーは専門家としてその建設を指導した。[12]

蜂起の鎮圧によって、ゼムパーの長い亡命生活が始まるが、自分の求める芸術形態は民主的社会なくしては存在し得ないという信念は、亡命期に書かれる『建築の四要素』などの著作でも変わることなく最後まで貫かれている。

美あるいは芸術的質の追求—軽さ・繊細さ・透過性

プログラムと、そこで達成されるべき美あるいは芸術的質の具体的内容とは、そう截然と分離できない。『覚書』の「序文」でも、たとえば「われわれの時代の必要」に関して、プログラムと同時に、具体的にどのようなあり方にゼムパーが美あるいは質を感じるかが語られていた。後者は「有機的な生命」「感情の高まり」「快適さ」「上品さ」をも備えたものである。「その材料にみずからを語らせ、覆い隠さず、経験と科学によって最もふさわしいと確認された形態とプロポーションを以て」あるいは「各々が静力学的な法則に従って」現象するべきで、それが「真の単純さ（wahre Einfachheit）」であり、求める美であった。ここで終わればヴィンケルマン以来の新古典主義美学に留まることになろうが、ゼムパーはさらに進んで、いわば知的操作の加わった、より多元的で複雑だが、軽妙で繊細で透過性の高い美を要求し、それを自ら追求した。彼にとって、ポリクロミーは、新しい時代（「われわれの時代の必要」）にふさわしい美を具体化し象徴するものだったと言えるであろう。

イギリスでは、科学と産業の発達によって鉄が安価で使い易い素材となっていた。しかしながら鉄という素材は、「その重く荷重に耐える性質は、逆に軽く（leicht）、繊細で（zierlich）、透かし彫りのような（durchbrochen）形態にすべきなのに、言葉通り単純素朴に使うと、スタッコ時代の鈍重で、老嬢のようで（altjüngferlich）、生気のないみすぼらしい表現に終わってしまう」（XI頁）。ところが困ったことに、イギリスでも「必要に対応する感受性の高まりが見られるものの、変化が激しくて趣味が歩調を合わせるに至っていない」。同時代にはどこにも真の「美」「芸術」を達成した例がなく、ゼムパーの到達した結論としては、「われわれの古き師であるギリシア人」に学ぼうということになったのである。

「序文」の最後の数頁でも、ゼムパーは、古代でも特に「軽い」「繊細な」例を意識的に選んで言及している。

そして、『覚書』の本文に入ると、彼はまず、正しい古代建築像に到達するには、その場所にみずからの身を置き、調査対象となる建築遺構をじかに観察して、自然・社会環境などとの全体的な関係のなかで把握すべきことを強調する。その場所に身を置き調査対象を全体的関係のなかで捉えるために、ゼムパー自身、イタリアとギリシアで足掛け四年の時間を費やしたのだった。

陽光が明るく輝く地中海沿岸では、その最高の記念建造物である透明度の高い白大理石を使った神殿も、素材は高価で美しいが、そのままでは「氷のような白い幻影（eisgraues Unding）」でしかなく、「本当の美が得られないばかりか、ときには不快感を与える」。その不快感は、「あの（白大理石のミラノ大聖堂の）白さが陽光を強烈に反射して眼を眩ませ、逆に日陰では氷のように冷たく感じさせる」のと同じである。（自然風土という）全体的関係のなかで観察すれば分かるように、ポリクロミーは絶対不可欠であって、それが建築に施されるのは「自然必然性（Naturnotwendigkeit）」（本文一頁）なのである。

彫刻・絵画・建築の総合としてのポリクロミー

精神風土あるいは文化風土から観察すれば、諸芸術の総合としてのポリクロミーという極めて重要な特質も見えてくる。彼が繰り返すように、ギリシアでは、自由のもとで個々の芸術が大いに花開いただけではなく、諸芸術の協働も見事であった。「すべての専横を消し去り、エゴイズムを制限する」精神風土では、芸術家同士もごく自然に協働した。ポリクロミーは、高度に発達した諸芸術がさらに高度に協働した成果だという意味でも、ゼムパーにとって格別に価値あるものであった。

彼の理解によれば、ギリシアの神殿などの記念建造物に施されるポリクロミーでは建築家・彫刻家・画家が連携する際に、建築家が全体を調整し、彫刻家が石を繊細にかつ精確な輪郭で刻み、その上に画家が感性豊かに彩色して、絵画・彫刻・建築が高度に調和した総合芸術作品が誕生したのである。

「訓練された芸術家の眼でじかに観察すれば、ギリシアの記念建造物においては絵画が、彫刻は言うに及ばず建築とも、性格（Charakter）と出来栄え（Ausführung）の点で最高の完璧な調和を達成していることを確信できるはずである。テセウス神殿やパルテノン神殿の彩色のなんという美しさ！」（一九頁）。

とくに最高の記念建造物の場合には、最高の芸術家たちが互いの仕事を引き立て、最も美しいポリクロミーが生み出される。その作品は、もはや言うまでもなく、模倣とか偽りの外観という次元は、優に超越しているのである。

ゼムパーは、ポリクロミーを「色彩被覆（Farbenbekleidung）」（一八頁）とも呼ぶ。このことは、後の被覆論への展開を示唆していて興味深い。実際彼は、「色彩被覆」が建物全体を皮膜のように覆っていたと考えている。以下の一節は、彼が古代ギリシアのポリクロミーを詳細かつ具体的に描いていることで特に注目される。

「ギリシア人は、大理石への彩色に二酸化珪素の溶液を使ったようだ。大理石神殿の表面に残る色彩片は〇・五ミリ厚の硬いガラス質のエナメルのようで、その色彩被覆の厚さと脆さゆえに記念建造物の全体をすっぽり覆わねばならなかった。そうしなければ、顔料は端のところから次々に剝落していったであろう。万一その記念建造物が白く現われる場合には、それも剝出しではなく白色顔料で覆われていたのである」（一九—二〇頁脚注）。

ゼムパーが、最高に美しく希少で高価な白大理石が、ポリクロミーには最適の素材だと考えるのも、前述の「最高の美」

の追求ゆえであって、その理由を次の三項目に整理している。

（一）その硬さと純良さが完璧な細工・仕上げを可能にすること。

（二）多孔質の粗末な石の場合にはスタッコ下地のうえに顔料が塗られたが、大理石は直《じか》に彩色できて、その結果、顔料がさらに輝き、より透明で、より耐久性を増すようになる。現実に、大理石造の記念建造物ほど顔料がよく残っている。

（三）国家の名誉と神への畏敬の念を表すには、白大理石のように、美しさに加えて希少で高価であることが意味をもつ。

『建築の四要素』におけるポリクロミーの叙述

『建築の四要素』では、ゼムパーがこのタイトルに掲げたテーマを論じたのは、六章構成のうちの第五章のみで、あとは専ら『覚書』に対して一八三五年に美術史家クーグラー（Franz Kugler, 1808–58）が行なったポリクロミー批判に反論し、とくにイギリスで再び関心が高まるのを捉えて、ポリクロミーに関する自説の強化を図っている。

第一の論点は、「ギリシア全盛期には白大理石建築の全面にポリクロミーが施された」ことであり、彼は、それを能《あた》うかぎりの証拠を持ち出して論じた。

さらにもう一点、すでに『覚書』でも主張していたが、彼によれば、白大理石に施されたポリクロミーの場合、白大理石が透明でシャープな輪郭をもち、その上に塗り重ねられる色彩被覆もまた、ガラス質のエナメルであって硬質で透明なものであった。石も被覆もガラスのように硬質で透明なので、南方の強い陽光が乳白・赤・青・緑などの色調を帯びながらその層を透過して、建築の量塊を消滅させ、軽やかに非物質化してしまう。素材の重さを消し、軽やかに非物質化するという被覆の美的効果を、彼は繰り返し説くのである。なかでも以下の一節は、ゼムパーがポリクロミーの透明で非物質的な美をリアルに描写している点で特筆に値する。

「大理石神殿が白とか淡黄色ではなく圧倒的な色の競演で輝いていたことは、最早疑いようがない。（略）その調子のもつ主たる効果は今日見られるものと似ているが、もう少し輝き、同時に明るかった。というのも、大理石の透明な白が赤色のガラス質被覆を透過して見え、軽く緑色を帯び黒が加わり中庸化された青がその白と交互に現われ、薄い金箔が繊細な線に至るまで全体をおおって主要な場所を強調しているからである。（略）南方の真昼には空はきれいな半球状となり陽光が充満してキラキラと輝き、色で言えば朱色が最もふさわしいこの眩《まばゆ》い輝きのなかに、建物の量塊は消滅していたであろう[13]」。

だが、『建築の四要素』後のゼムパーは、ギリシアの記念建造物では白大理石にポリクロミーが施されたことを自明として、それを、より包括的な概念である「被覆」の中に位置付ける議論を展開する。たとえば、一八五〇年代のロンドンでのいくつかの講演でも、六〇年代の主著『様式』の「建築に関する被覆原理」について論ずる箇所でも、「ポリクロミー」への言及が見られるが、その存在と本質はもはや議論を要さない自明のこととして扱われ、美の輝きを感じさせる描写も現われなくなる（本書第八章参照）。

古代ギリシアという理想社会とポリクロミー

ゼムパーのポリクロミー論は、確かに古代ギリシアの自由をロマン主義的に夢想する扇動的著作と解釈されかねない内容を含んでいる。しかし、建築設計・学校教育・文化政策をも含む一八二〇年代・三〇年代の自由主義的改革運動との関係で読み直してみると、その内容は現実的で一貫性をそなえ、進むべき方向を明確に指し示すプログラム的性格を有していることが明らかになってくる。ゼムパーのポリクロミー論は、建築界や社会全般の現実から遊離せず、正しい状況認識と主体的変革を目指して書かれたものと考えてよいであろう。

解放された自由な社会状況に置かれることによって諸芸術は個々に花開き、また高度に協働もする。そこに初めて、建築・彫刻・絵画が協働する総合芸術作品としての「ポリクロミー」が誕生する。しかも、ギリシアの白大理石の記念建造物に施されたポリクロミーは、有色の透明・半透明なガラス質の層が重なるものであって、上の層が下の層を隠していない。陽光の輝きの中に物質性が消滅するような繊細で高度な芸術的質が、「本質を理解する」真の芸術家たちの協働によって生み出される。

『覚書』では「単純な模倣」「偽りの外観」「必要への剥き出しの対応」が繰り返し否定されるが、だからと言って、一足飛びに二十世紀のモダニズムの美学に接近しているわけでもない。ゼムパーの思考はあくまでも歴史的世界に留まっており、彼が理想として思い描いているのも、古代ギリシアのポリクロミーの姿である。

注記

（1）Friedrich Pecht, *Gottfried Semper*, in *Deutsche Künstler des 19. Jahrhunderts. Studien und Erinnerungen*（Nördlingen,1877）p.157. Kurt Milde, *Neorenaissance in der deutschen Architektur des 19.Jahrhunderts, Grundlagen, Wesen, und Gültigkeit*（Dresden, 1981）p.9.

（2）Harry Francis Mallgrave & Wolfgang Herrmann, *Gottfried Semper—The Four Elements of Architecture and Other Writings*（New York,1989）pp.2-16. Mallgrave, *Gottfried Semper, Architect of the Nineteenth Century*, pp.25-38, 53-62.

（3）このシンケルの書簡は、Gottfried Semper, *Der Stil in den technischen und tektonischen Künsten oder Praktische Ästhetik. Ein Handbuch für Techniker, Künstler, und Kunstfreunde*, Bd.1（Frankfurt, 1860）pp.523-24に再録。

（4）一八三六年に六枚の図版の試し刷りが行なわれたようである。この「一八三六年版」の詳細については第5章注記（4）を参照されたい。

（5）J.-N.-L. Durand, *Précis des leçons d'architecture données a l'École Polytechnique*, 2vols.（Paris, 1802-05）. 本書ではVerlag Dr. Alfons Uhl. Nördlingen 1985版を用い、併せて『建築講義要録』（丹羽和彦・飯田喜四郎訳、中央公論美術出版、二〇一四）を参照。

（6）J. Rykwert, *G. Semper. Architect and Historian*, in Mallgrave & Herrmann, *The Four Elements of Architecture*, p.X.

（7）Kurt Milde, *Gottfried Semper*, in Staatliche Kunstsammlungen Dresden ed., *Gottfried Semper 1803-1879*（München, 1980）p.IX. 大倉三郎が「シンケルによる推挙」説をとっていることに関しては大倉『ゴットフリート・ゼムパーの建築論的研究』（中央公論美術出版、一九九二）一四四頁を参照。

（8）シンケル書簡（一八三三年一二月一二日付）とガウ書簡（一八三三年一二月二二日付）は共にドレスデン国立文書館所蔵。ヘッセマー Friedrich Hessemer）やヴィークマン（Rudolf Wiegmann）らもテュルマーの後任には適さず選外に消えた。

（9）ゼムパーの出自・学歴・業績に関する報告書（一八三四年二月二四／二五日付）はドレスデン国立文書館所蔵。Staatliche Kunstsammlungen Dresden ed., *Gottfried Semper*, p.35 参照。ゼムパーの容姿と性格に関する報告（一八三四年二月一一日付、ドレスデン国立文書館所蔵）には、「彼は若々しく、その風貌から二〇歳前半にも見えますが、しっかりしており真面目で誠実で男らしい容姿です。（略）彼の上品な振る舞いや人柄は不自然さも気取りも全く感じさせません。（略）ご当地（ドレスデン）は彼に好意を持ち称賛と関心を向けるでしょうが、その時に彼の著作を斯くも高く評価したあの第三者に感謝するに違いありません」と書かれている。

（10）建築教授後任人事採用の報告（一八三四年三月五日付）、ドレスデン国立文書館所蔵。

（11）Gottfried Semper, *Vorschläge zur Reorganisation der Bauschule der Akademie der bildenden Künste zu Dresden, 26.10.1834*（ドレスデン国立文書館所蔵）。内容については Staatliche Kunstsammlungen Dresden ed., *Gottfried Semper*, p.39 参照。

（12）Ibid., pp.60–64.

（13）Gottfried Semper, *Die Vier Elemente der Baukunst—Ein Beitrag zur Vergleichenden Baukunde* (Braunschweig, 1851) pp.39–40. 邦訳が河田智成編訳『ゼムパーからフィードラーへ』（中央公論美術出版、二〇一六）に収録されている。

第三章　一八三〇年前後、歴史主義の現れ――芸術と装飾の復興

イットルフ、ガウ、ラブルースト、そしてゼムパーなどが求める形態も色彩も、繊細で、軽やかで、物質性を感じさせないほどに透明度の高いものだった。しかしながら、当時の都市や農村を見わたせば、どの建築も重厚で素材の物質性を剥き出しにして、多くの場合、生硬で無骨でさえあった。十九世紀が深まり、市場・駅舎・工場・集合住宅などの実用建築が増えるにつれて、景観全体から、ますます繊細さ・軽やかさ・透明性が失われていく。すべてが機械的で断片的になり、有機的なつながりを感じさせない。

そこから、これら失われたものを再び取り戻すために、一八二〇年代から、芸術と装飾の復興が叫ばれるようになったのである。一八三〇年前後には、この新しい考え方が具体的に建築の外観や内観に現れてくる。この現象に歴史主義（Historicism）の台頭を見たのはペヴスナーである。[1]

まず、十九世紀建築における歴史主義の定義から入ろう。

歴史主義とは何か

①形態言語の体系――「被覆」

建築を含む造形芸術の分野での歴史主義とは、基本的に、歴史的な様式形態を全体的あるいは部分的に選択し、さまざまな条件の下で変形しつつ、一つの様式に到達しようと試みる立場のことである。より広義には、造形によって視覚化しなくとも、一般的に政治・経済・社会・文化などの諸事情を歴史的なものと捉え、しかも自然界の動植物の成長と同じように、

各々が個体として独自の歴史的発展をたどり、新たな解に到達すると考える立場を指す。この個体性を重んじるところから、歴史主義は、その本質に多元主義あるいは相対主義を含んでいる。

突き詰めれば、その個体は個人に限らず、一体のものと認識しうる国家、民族、風土、共同体なども含み、それぞれが固有の歴史と様式を持ちうると考えるのである。二十一世紀に入って歴史主義が再評価されるのは、それぞれに独自の歴史や様式を認めるこの多元主義、相対主義ゆえである(第十一章、たとえば隈研吾の相対主義の評価を参照されたい)。

十八世紀後半に現れた科学的思考と実践を求める啓蒙主義が、十九世紀を通してフランス以外の国々でも精神文化のあらゆる領域に浸透していく。たとえば「科学的な思考」は、神話・伝説・民話・民謡・民間伝承として、それまでは無批判に受け入れられ後世に伝えられていたものを、歴史研究の対象として正確に把握しようとした。建築も例外ではなく、歴史的な遺構についての考古学的な調査・研究が進むことによって、個々の形態のみならず、それらが構成する様式全体についても、知識は急速に正確で充実したものになっていった。

深まりゆく歴史主義が「盛期」を迎え、歴史様式相互の差異、さらには、それぞれの歴史様式を構成する細部意匠相互の微妙な差異まで把握して、それらを純粋に正確に使うようになることによって、十九世紀の歴史主義は精緻な形態言語の体系となる。この歴史主義の盛期は、一八五〇年前後から一八八〇年前後までの間である。

十九世紀歴史主義は、産業革命あるいは市民階級の台頭にともなって種々の機能を有する公共建築を建設しなければならなかった(たとえば国会議事堂・劇場・博物館・駅舎など)。その際、この精緻な形態言語の体系が大いに役立った。時代だけでも古代・中世・近世があり、しかも各々の様式には初期・盛期・末期(あるいは前期・中期・後期)の変化があり、それぞれに固有の様式細部がある。つまり、十九世紀歴史主義は、住宅からモニュメンタルな公共建築に至るあらゆるタイプの建築を具現化するに十分なほど充実した、精緻な形態言語の体系をつくり上げていたのである。同じ中庭型の平面形式で周囲をめぐる四角い壁面、そこに水平・垂直方向に同形の窓が並ぶファサードの家並みであっても、程よい変化のある多様性を感じさせる都市景観が構成されたのは、ドーム・尖塔などの大きなものから細部装飾の小さなものまで、実に豊かな形態言語が用意されていたからである。この豊かな形態言語体系の現象こそが、本書が論じようとする「被覆」に他ならない。そして、被覆文化が十分に開花したことが、十九世紀末にオットー・ヴァーグナーやウィーン・セセッションによる「新様式」が生まれてくる素地ともなった。

と同時に、施主も建築家たちも、時間のヴェールの向こうから次々にもたらされる質の高い精神性に満ちた歴史様式の完全な虜《とりこ》となり、彼らのうちに潜んでいた実践意欲は、それを単に知識として終わらせず新たな建築表現に積極的に応用した。しかも建築家たちは、ときには同一の建築を複数の様式で設計して施主に選択させるなど、様式理解が深まるにつれて組み合わせや選択の自由を楽しみ、施主から出される個別の要求にも柔軟に対応する術を身につけていったのだった。

②理想もしくは理念―ルーツの喪失と選択の自由

その結果、歴史様式は、みずからが形成された古代・中世・近世という時代からも風土・地域・民族などからも切り離される。そして、同等のものとして扱われる複数の様式から何を選ぶかは、建築家や施主の選択に委ねられることになった。その時に重要なのは、ある時代の、ある国家・民族のようでありたい、という理想の存在だった。理想があれば、あるいは理念がしっかりと捉えられていれば、理想の歴史様式を正確に選択することが可能であった。

十九世紀は近代国家形成期にあたり、とくにヨーロッパ各国の首都では美術館・博物館・劇場・銀行・証券取引所・大学・議事堂・市庁舎などの公共建築が、壮麗な歴史様式を身にまとって次々に建てられた。少々極端に言えば、公共建築の建設が政治的に決定されると、その次には必ず、様式選定についての議論が繰り広げられた。理想、理念に基づいて、それに対応する歴史様式を決めるための議論である。

一八二八年に刊行されたカールスルーエの建築家ハインリヒ・ヒュプシュの著書『我々は何様式で建てるべきか』は、歴史主義がある段階で直面することになる一つの問いを正直に示すものであった(2)。多元主義であり相対主義でもある歴史主義が必然的に直面する問いである。この問いを立て、理想の過去様式を正確に選択し、同時代の新しい素材や技術を加えてそれを具現化する作業を繰り返すなかで、歴史主義自体が深まりを見せていく。この歴史主義の深まりについては、後述するウィーンでの「ロマン主義的歴史主義」から「厳格な歴史主義」への変化を参照されたい（本書第九章参照）。

十九世紀は歴史様式のリヴァイヴァルに終始して結局、独自の様式を生みださなかったと批判される。しかし、十九世紀が様式に無関心だったわけではないことは言うまでもない。ゴットフリート・ゼムパーの『様式』は、ヒュプシュらの十九世紀前半から半ばにかけての論者たちの多岐にわたる様式論争を反映する大著だが、これも一例に過ぎず、これほど様式問題を真剣に議論し、かつ膨大な論考を書き残した世紀はなかったのである。

様式は、風土、地域、土地の生活や文化から生まれ、しかも様式は本来、それらに根ざすものである。理想とする過去様式も、そのように誕生して、生き続けたものだった。では、十九世紀建築がその過去様式を選択・変形して生み出した「ネオ□□様式」は、どこにも根ざさない仮象にすぎなかったのだろうか。

ゼムパーのような十九世紀歴史主義の建築家・理論家が最も心を砕いたのは、それを単なる仮象としないことであった。十九世紀建築の「ネオ□□様式」もまた、十九世紀の今を取り巻く風土、地域、土地の生活や文化から生まれ、それらに根ざさねばならない。ゼムパーたちの様式論が教えるのは、様式とはいつの時代においても、こうした内的仕組みをもって現象してくるものだということである。

③「正確さ」の追求と多元主義の徹底

歴史主義の深化とは、ペヴスナーが批判したように「歴史様式の形態を正確に模倣する」ことではなかった。正確に、そして明確に把握すべきは、その歴史様式の成立にかかわる理念とモチーフ、そして、それを具体化する諸条件である。

その結果として建築家たちが、ロマネスク・ゴシック・ルネサンス・バロックのどの歴史様式の場合も、初期様式でも末期様式でもなく、まして折衷様式でもなく、様式が最も開花した「盛期様式」を好むようになるのは、自然の成り行きであった。建築家個人の努力やアカデミーでの教育の成果によって、様式あるいはその細部装飾に関する微妙な差異が正確に捉えられるようになる。こうして歴史主義が深まるにつれて、それぞれの盛期様式が併存するようになり、多元主義がより徹底していったのである。このことは、ウィーンの「厳格な歴史主義」の成立過程がよく示している。

一八五八年から建設が始まり、二十世紀初頭まで沿道の公共建築の建設が続いたウィーンの環状大通り（リンクシュトラーセ）では、モニュメンタルで国家的な公共建築が建ち並び、ゴシック、ルネサンス、バロックなどの異なる盛期様式の姿を見ることができる。一八七〇年代から八〇年代にかけての約一〇年の間に、国会議事堂（一八七四―八三、ハンゼン設計）、ウィーン市庁舎（一八七二―八二、シュミット設計）、ウィーン大学（一八七三―八四、フェルステル設計）、ブルク劇場（一八七二―八六、ゼムパーとハーゼナウアーの協働）、自然史博物館・美術史美術館（一八七二―八一、同）などの公共建築が、互いに異なる、全く別の盛期様式で建設されたのである。

ウィーンほど一カ所に集中する例は珍しいが、ほぼ同時期に異なる歴史様式で建築が建てられる現象は、パリ、ロンドン、ベルリンなどの他の大都市でも見ることができる。その場合でも、様式多元主義の下で、それぞれの建築課題にふさわしい一つの歴史様式を選ぶための議論が真剣になされた。まず議論されるのは、広い意味での国家的・社会的な理想であり理念である。つまり、あのような国でありたい、社会でありたいという理想あるいは理念が共有され、それを一つの現象として具体化する「様式」が選択された。

ある時代のある民族の国や社会の状態を理想として捉え、彼らの芸術（作品）を模倣することを推奨したのはヴィンケルマンだった。彼の場合、模倣すべき対象は古代ギリシアである。そのときに彫刻や建築の何を模倣すべきかが重要だし、そもそも理想とする民族・国・社会の彫刻や絵画が具体的にどのような色彩・形態・材料・技術だったのかを正確に知る必要があった。十八世紀後半に各地に生まれる芸術アカデミーでも、ヴィンケルマンの主張を受け入れつつ、何を、どのように教えるかが、教育カリキュラム上の課題となった(3)。しかも、新古典主義から歴史主義に変われば、「古代」だけ、しかも「古典古代」だけを手本とするわけにはいかない。理想とする時代には大きく分けて古代・中世・近世の三時代があり、その古代も古典期だけではなく初期も末期もあり、さらに民族によって差異があって、どれを選ぶかが最初に決めるべき課題となった。

ヴィンケルマンは、ギリシアを理想とすべきだと明確に断言して、バロックが崩壊して様式空白の状態にあった十八世紀半ばを過ぎる頃に、新しい方向性を指し示す者としてヨーロッパで絶大な支持を得た。しかしながら、ほぼ一世代後のヘルダーになると、単純に優劣をつけずに、それぞれの時代や民族に固有の美と力を認めて相対的に評価するようになり、たとえば、フェニキアを「大きくなった少年」、ギリシアを「最も美しい青年時代」、そしてローマを「人間の力と志向の壮年時代」と表現した(4)。

そして一八〇〇年を過ぎる頃にはパリのエコール・デ・ボザールでも、ローマ賞を受賞するほどの優秀な学生が、いろいろな時代の、いろいろな地方で自分たちの「理想」を見出して、その建築と周辺の風景をスケッチして持ち帰るようになっていたことは、既に述べた。一八一〇年代、二〇年代となると、この傾向はますます強まり、一八三〇年の七月革命直前には、古典古代一辺倒の教育カリキュラムの改革を求める学生運動すら起きるようになり、当時ヨーロッパの政治でも文化でも中心だったパリで起きた動きは、すぐにヨーロッパ全域に広まったのである。

そして、もう一度ウィーンの例で、古典古代一辺倒を脱して様式多元化が進んだ結果を確認すると、先ほど例に挙げた国会議事堂には民主主義発祥の地である古代ギリシアにちなみネオ・ギリシア様式、市庁舎は中世の都市自治の精神を表すネオ・ゴシック様式、そして美術館・博物館・劇場・大学などは人文主義を体現するネオ・ルネサンスあるいはネオ・バロック様式という具合に様式が決められている。これが、歴史主義の盛期における様式選択をめぐる意思決定方法であった。

後に二十世紀のモダニストが批判するほどに、十九世紀の、「理想」に基づく様式選定が失敗したわけでも、歴史様式の応用が混乱していたわけでもない。それほどに過去のある国の、ある時代に対する憧れが強く、その様式を自分たちの風土・素材・技術などを使って実現する（「移植する」）まで一貫した手続きが取られたのである。この種の憧れとか思いもなく過去の様式形態を表層的に模倣した、丁度一〇〇年後にあたる一九七〇年代、八〇年代のポストモダニズムの動きと比べれば、はるかに本質的な議論が重ねられ、正確で質の高い歴史様式の再生が行われたのだった。

ところが十九世紀末に近づくにつれて、工学技術と自然科学の進歩、それによって産業と日常生活にもたらされる変化、とくに都市基幹構造と建築の巨大化が、人類が過去には一度も経験したことがないほどの速さと規模に達する。まさに加速度的変化であった。もはや単独の歴史様式では対応しきれず、変形したり複数の様式を折衷したりしても、ふさわしい建築表現が得られない。たとえば、オットー・ヴァーグナーは、ファサードを上下に二分割して、それぞれに一つの様式表現を「純粋に」用いることによって、巨大化への一つの対応策としている。そして、「マジョリカハウス」になると、形態・位置・順序・比例などのルールの多い歴史様式をすっぱりと捨てて、バラをファサード全面にのびのびと描き出すという全く新しいデザイン手法を採用するに至った。

様式の選択―「古代ギリシア」という理想

様式選択の基準として「理想」があれば、あるいは「理念」がしっかり捉えられていれば、理想とする様式を正確に選択できたことを述べたが、それが弓で的を射るようにぴったりと的中することを意味するわけではないということを、過去様式の模倣という現象があらわれ始めた時代まで遡って考えてみたい。

理想とする社会を表現するにあたって、理想とする過去のある社会の表現様式を模倣する傾向が、一七七〇年頃から出てくる。古代ギリシアがその理想の社会である。ゴットフリート・ゼムパーの『覚書』（一八三四）を読めば、一八三〇年代でもなお、古代ギリシアがどれほど理想化して捉えられていたかが理解できるはずである。見慣れた古代ローマではなく、オスマン帝国の領土内にあって距離も遠く実際に旅行した体験がとぼしく、「ヨーロッパ的知」の始原と言われながらも想像するだけだったからこそ、古代ギリシアが「理想の社会」「理想の国」として人々の意識を捉えたとも考えられるが、著書『建築の四要素』（一八五一）を読んでも強く印象に残るのは、ゼムパーがギリシア民族を古代の長い歴史の頂点に置くという歴史観を、変わらずに維持していることである。特に建築論にも科学的思考を導入しようとしていたゼムパーにとって、参考になるのはギリシア人の自然哲学であって、ローマ人はそのギリシア人の模倣者でしかなかった。

では、理想の建築として、何をどのように思い描き、どの部分を「模倣」すればいいのか。この問題は、十八世紀の後半に新設や古いものの改組によって近代的な芸術アカデミーをつくる動きが広まった時、どのアカデミーでも頭を悩ませた問

写真3–1. ヴェルリッツ城、エルトマンスドルフ、1769–73年

題だった。後ほど述べるデュランはパリのエコール・ポリテクニクの人気教授だったが、彼の講義やそこで使った教本が人気を博したのも、この難問を解いていたからである。

理想社会を表現する様式を選ぶことを典型的に示すドイツでの最初の例は、エルトマンスドルフ（Friedrich Wilhelm von Erdmannsdorf, 1736–1800）のヴェルリッツ城（一七六九―七三）（写真3–1）だった。ところが、この建築は、エルトマンスドルフと施主であるアンハルト・デッサウ侯爵（Fürst Leopold Friedrich Franz von Anhalt Dessau）の、新しい経済活動に基づき、田園の中で自立した文化生活を営むイギリス貴族たちへの共感から生まれたものだった。低い基盤の上に建つ二層の建築を支配するのは、優雅な自制と、同時代のバロックへの抵抗から出てくる単純素朴なものへと向かう傾向である。特徴的なのは、大きいが重々しくはない、優雅さのある、条溝のない四本のコリント式円柱によって支えられたポーティコである。その前にある幅の広いゆるやかな階段が、この邸宅を庭と結んで、施主の「高められた地位」をおだやかに表現している。

このようなエルトマンスドルフの建築が、同時代の啓蒙主義批評家の間では、「古代ギリシアに基づくドイツ国民建築の最初の一歩」と評価された。そこでの評価基準は、「古代の手本から出発して、その時代の進歩にふさわしい建築表現に到達している」という内容だったが、これは、言うまでもなくヴィンケルマンの教え、「芸術において再び偉大さに到達する唯一の道は、古代の模倣の中にある」に従うものだった。

この時代に思い描かれる理想は、達成不可能なほど高邁なものだったように思われるかもしれないが、実は、ヴィンケルマンの『ギリシア美術模倣論』を注意深く読めば分かるように、むしろ「模倣」は、目指す目標にいち早く到達するための「手段」でしかなかった。つまり、ヴィンケルマンが推奨した「古代ギリシアの模倣」は、当時の市民芸術が目指す「自然の模倣」「自然な芸術の創造」に至る道を短縮するための手段であった。なぜならば、古代ギリシア芸術は、彼によれば、どの民族の芸術よりも自然の近くに位置すると考えられたからである。ヴィンケルマンが求めたのは、古代ギリシア芸術という、自分たちの芸術が理想とする「自然な芸術」に到達するための方法の自覚だった。

実際は、エルトマンスドルフも含めて当時のギリシア信奉者たちは、特に具体的な空間造形に関してはギリシアよりもローマの手本に従っていた。ギリシアがオスマン帝国から独立する一八二九年以前は、ギリシア芸術がまだまだ知られていなかったこともあり、ただ、ローマに結び付くバロックが、けばけばしい装飾とおびただしい数の形態要素と法則をもって、ギリシアの清楚な花を破壊したという思いだけが先行していた。だから、十八世紀の市民は「崇高なる統一と静かな偉大さ(eine edle Einheit und eine stille Grösse)」を目指し、「形態における単純さと抑制」を古代ギリシア芸術に求めたとしても、それは必ずしもギリシアの手本を直接模倣することを意味しなかった。「ギリシア」はあくまでも理念であり理想であれば良かったのである。この意味で、エルトマンスドルフの建築もまた十分に「ギリシア的」であった。

関連して理解しておくべきは、市民的理想としての「ギリシア的」は、「ドイツ国民的」理想に他ならなかったということである。たとえば二十世紀の日本において第二次大戦後に、「アメリカ的」であることが「日本国民的」理想だったのと同じである。この戦後の日本と異なるのは、当時のドイツでは哲学思想、科学、文芸のあらゆる領域でギリシア熱が燃え上がったことである。時間的にも地理的にも遠く隔たっているにもかかわらず、いや、むしろ隔たっているがゆえに、ギリシア的であることが、成長しつつあったドイツ愛国精神にとって「理想」となった。

これを解く鍵は、「愛国的」「愛国精神」「民族精神」などの諸概念にある。「愛国的」と「民主的」は既に十八世紀後半には置き換え可能な同義語であって、愛国者はドイツを民主主義の国に生まれ変わらそうとしていた。それは、一八三〇年代

写真3-2. ベルリンの造幣所、ゲンツ、1798-1800年

のゼムパーがドイツ社会に求めたものでもあった。市民が理想として追い求める古代芸術との接点が、みじめな現実からの脱出の途と見なされ、フランス人、イギリス人、ドイツ人のいずれも、この「古代人の模倣」に愛国的・反封建的・市民的な芸術を期待した。実に興味深いことに、エルトマンスドルフの建築は、啓蒙主義のこれらの期待を満たすがゆえに、啓蒙主義者たちには、自分たちの理想の具体化、そして反封建的で愛国的でもある建築の始まりと受け止められた。この建築は模倣には留まらずに、古代に対する自由な関係から出発して、古代を乗り越えてゆくものと考えられたのだった。

ゲンツ（Heinrich Gentz, 1766-1811）もまた、啓蒙主義の理想と理念に結び付く、輪郭のはっきりした建築家の一人である。ベルリンの造幣所（一七九八―一八〇〇）（写真3-2）は、その全体が一体感の強い立方体に近く、その構成要素には、わずかな装飾細部と玄関入口のドリス式円柱以外に、真の意味での新古典主義を思わせるものがない。実際、彼はこの建築を設計する際に、ローマ的・ギリシア的・エジプト的な理想といったものを一切考えずに、この建築の目的（Bestimmung）を理解し、全体的に適合することを求めるよりも必然的な要素として抽出したものを使って、他ではありえないファサードを設計した。このような造形こそ、ローマ・ギリシア・エジプトの建築のコピーではなく、みずからが思い描く原像（Urbilde）を前面に押し出し、現実の条件と対応させながらそれを具体化していくような「考える建築家」が取り組むべきものだと考えたのである。

しかし、ゲンツが建築の目的から出発して建築形態を展開させようとしていたことは明らかだが、彼のいう「目的」を機能と結びつけて機能主義の先駆的例と判断するのは、早計であろう。彼と彼の同時代の目的概念には、機械的な仕組みを成立させるために何か一つの役割を担うといった機能主義的な意味合いはなく、それは、むしろ社会的理想を表わすという目標とか動機と関係している。ゆえに彼は同じ「目的」の意味でも、Zweckではなく、当時の文学でしばしば好まれたBestimmungというドイツ語を好んだ。それは偏狭な実用思考に縛られず、国家や社会の理想と結びついた役割と、この役割から派生してくる造形上の諸要請を包含するもので、この種の目的概念に立つことが、一八〇〇年頃の進歩的建築家にとって最も重要だった。

この種の目的概念は、当時出現していた工場建築のような剝き出しの合目的性からも、後にバイエルン国王ルートヴィヒ2世（在位一八六四―一八六八）が求めたような現実逃避的で空想的な目的設定とそれに結びついた様式模倣からも、建築芸術を守るものだった。

この後の本書の展開を先取りすることになるが、この時代の「目的」概念は、ゼムパーがその建築論（様式論、被覆論）の核とする「理念」や「モチーフ」という概念にもきわめて近い。

市民社会の形成を目指す当時のドイツでは、このような傾向を示すのは市民階級が施主となる建築に限らず、国王や貴族が施主になる場合も同様で、意識的に、理想としての「市民的」造形が好まれたのである(5)。

ドイツ（語圏）におけるフランス革命前後の建築状況は、封建的な絶対主義に対する市民の批判が、封建国家の解体すなわち革命に必ずしも直結しなかったという事実から読み解く必要がある。それは、新しい理想や理念の提示を中心とする「教育」という手段で実現された。その動きは市民階級に留まらず国王・貴族などの支配層をも巻き込むもので、後者もまた現実の窮状を理解するにつれて、前者の掲げる新しい社会的理想に一層共感するようになった。結果として、フランスでの政治的変動の外圧を受けながら、支配層もまた近代化思想に同調していくのである。革命という手段を取らなかったがゆえに支配層にまで「市民的理想」が浸透していくのがドイツ的だったとも言えるであろう。

たとえば後述する、一八四〇年代になってゼムパーに建築論の執筆を依頼する出版社主のエドゥアルト・フィーヴェーク（Eduard Vieweg）は、その高い教養と寛容さ、ドイツに対する愛国精神の点で、まさにここにいう「市民的理想」の中で育った典型的人物である。彼は、ダーフィット・ジリー（David Gilly, 1748–1808）の書いた田園建築に関する著書を高く評価しており、最初は、それを改版する仕事をゼムパーにもちかけた（本書七四頁参照）。フィーヴェークの中には、自然の中で豊かな教養文化を育みながら簡素な生活を送るという一八〇〇年頃の「市民的理想」が、未だに確固として生きていたのである。ところがゼムパーの方は、すでに新しい時代に進んで、もはやこの理想表現では飽き足らなくなっており、独自の建築論執筆を申し出たのである。(6) 彼は、高等芸術のもつ、より観念的・理念的な高尚さとか深さといったものを希求し始めていた。それは自然さ・簡素さではなく、より人工的で造形的でもあって、言い換えるならば、より装飾の世界へと建築を導くものだったのである。

ヒュプッシュの『何様式』―歴史主義の現れ

ニコラウス・ペヴスナーは、その著『十九世紀の建築著述家たち』（一九七二）で『我々は何様式で建てるべきか』（一八二八年、以下『何様式』と略記）に窺われるヒュプッシュの様式観をシンケルのそれと比較しつつ論じ、次の文章を引用する。

「以上で論考の目的は達せられ、新様式のための極めて客観的な骨組みが描き出された。それは私が思うに、十分に構築されており、芸術家はこの成果をそれぞれの個性で活用できるであろう。（略）誰もが即座に、新様式が大体において半円アーチ様式に似ており、もし全ての有害な古代様式への回帰を排除し、全く自由にかつ自然に成長することができていたならば、半円アーチ様式自体がそうなっていたであろうという意味で、新様式は本質的に半円アーチ様式であることを理解しよう(7)」。

ペヴスナーは、シンケルは「ギリシア様式と十九世紀にふさわしい新様式」との間であるべき様式を模索したが、ヒュプッシュの場合は、それが「ギリシア様式と半円アーチ様式」の間の問題に変わったと言う。つまり彼は、ヒュプッシュの結論は、十九世紀が進む過程で何度も出合う、新様式の提案が最終的には複数の過去様式からの選択と同義になるあの特有の思考形態を、最初に示したものだと結論付けたのである。

ここでペヴスナーが、ヒュプッシュの中に最初に見たのが、歴史主義の思考形態である。ペヴスナーは、歴史主義を「歴史の観察・利用をその時代の新しいシステムと新しい形態の発見・開発よりも、より本質的であると見なす態度」(8)と定義して、批判する立場をとる。ペヴスナーに近いフリッツ・ノヴォトニーもまた、この歴史主義の過去に向かう姿勢を「十九世紀の弱さの印である奇妙な現象」と評している(9)。

ヒュプッシュに見る歴史主義の特徴3点

①歴史の観察・利用

ペヴスナーの指摘によれば、ヒュプッシュは歴史様式の観察・研究を通して、その時代に流行している様式を批判し、それに代わるべき様式を過去の様式から選び出した。ヒュプッシュは、一般にギリシア的として流布しているものが、実はウィトルウィウスや古代ローマ建築に範を求める、ローマ的と称すべきものであることを主張した。この時点で、同時代の様式（古代ローマ的なもの）を、あるべき理想の様式（古代ギリシア的なもの）を基準に批判する、という図式ができ上がっていたと考えてよい。

しかし、古代ギリシア様式は多くの点で模範とすべきだが、アルプス以北の気候、使用可能な建築素材、あるいは新しい時代の要請に対応しうるとは考え難い。そこで、その精神において古代ギリシア様式と一致し、現実の諸条件も満たす様式として、半円アーチ様式を論理的に導き出して世に問うのが、『何様式』執筆の目的だったのである。そして彼は、同時代になお支配的な古代様式を批判し、代わるべき半円アーチ様式を提案するのみならず、みずからの設計活動で実践してみせた。

②「内省」による様式の提案

ヒュプッシュの『何様式』ほど徹底して、「内省（Reflexion）」によって論理的に、一つの様式を決定し提案したものは、他に例を見ない。まず分析する過去の様式とその様式要素を提示し、客観的法則・事実という評価基準に照合して各々の適否を検討し、それから同時代に再生すべき様式を決定する。この評価過程で「感覚」とか「趣味」の介入を極力排除しようと努めるのが、ヒュプッシュの特徴である。

これは、十八世紀の趣味の理論との差異を示しているが、二〇世紀の芸術運動が、実験あるいは実践の中での偶然の触発によって様式を見出そうとするのとも、好対照をなすと言えるであろう。

③「部分」の自由

ヒュプッシュの場合、様式があくまでも全体特性として捉えられていると考えてよい。重要なのは全体の印象であって、部分は変更可能である。彼は、この全体と部分との関係を、以下のように表現している。

「一つの建築の美は、ある風景とか交響曲の美と同様に、多くのモーメントが寄り集まったものであり、しかも個々のモーメントは、全体の中で必ずしも同じ重要性を有しない。一つの風景に木がない例あるいは他の木でもよい例とか、一つの交響曲において個々のパッセージの変更が可能である例を挙げればよいであろう。どの場合も、それで全体の印象そのものが変わる訳ではないのである(10)」。

それゆえに、彼の提案する新様式は、全体の印象が「半円アーチ様式に近いもの」なのである。彼がその著書で描くのは、あるべき様式の「極めて客観的な骨組み」であり、後は個々の建築家が、様式の「骨組み」を活用して部分造形を行えばよいと、彼は考える。ゆえに、この理論に従う限り、折衷的現象が部分に現れることになった。

『何様式』と『覚書』における装飾に関する思想の比較

①装飾の自立

ヒュプッシュは、装飾を否定しない。彼は、装飾を「ミューズ(詩神)の最初の娘」と呼び、この「非本質的な付加によって作品の価値は一層高められる」と述べている。しかし、その装飾は、あくまでも「本質的な形態・要素に花を添えるもの（Bekränzung）」である。建築を現実以上のものに見せかける手段となってはならず、「建築の基本的要素を仮装させる（Maskieren）ものであってはならない」というのが、装飾についての彼の基本的な考えである。[11] つまり、彼の装飾は建築の「本質」「基本要素」との関連から形態や位置などを決定されるという意味で、決して自立した存在ではないのである。

ゼムパーは『覚書』において「虚偽の外観」を否定するが、「飾る（Schmücken）」ことは積極的に評価し、後年の『様式』では「仮装させる（Maskieren）」ことを全面的に肯定する。[12] 彼の考えでは、「装飾」も「仮装」も「虚偽」ではないのである。

むしろ、彼は「剝き出しの構造体（rohe Konstruktion）は、まだ建築ではなく」、その構造体に、例えば共同体の儀式のような、その「目的」にふさわしい装飾が施されて初めて、「真の建築」が成立すると考えた。彼によれば、装飾は形態の彫琢が進んで象徴に高められると、建築の中で与えられる位置・形状は言うに及ばず前述の「目的」の拘束からも、完全に自立する。[13] その結果、それ自体に意味のある象徴として、他の建築・場所・民族の下に「移植する（Verpflanzen）」ことも可能になる。

現実性・物質性を超えて自由で自立した芸術となる時、構造体が「真の建築」になると考えるゼムパーの思想には、シェリング（Friedrich W. J. Schelling, 1775–1854）の思想との同時代性が感じられる。[14] 両者に共通する「仮象（Schein）」の積極的評価は、さらに、シラー（Friedrich von Schiller, 1759–1805）にまで遡《さかのぼ》り得るように思われる。[15]

『建築の四要素』では、ゼムパーはこの「仮象」の思想を建築に翻案してみせた。彼は、建築の四要素の一つを「壁（Wand）」とし、「壁」は構造体としての「壁体（Mauer）」とは全く異質の、仮象としての「壁面装飾」だという論を展開した。つまり彼は、始原から建築の歴史を辿り、壁面装飾即ち被覆を、彼のいう「真の建築」の本質的で自立した要素に位置付けたのである。[16]

ゼムパーの「壁体」と「壁」の区別は、「物自体」と「現象」の二元論から発展して、後者は「壁面装飾」という「もう一つの現実《リアル》」となったのである。

②ポリクロミーを全面に施す

ヒュプッシュは、理想とする古代ギリシア建築を、全ての部分が大理石でつくられ、しかもその表面が鏡面の如く磨き上げられた建築と考えていた。そこでは、装飾は本質的要素に花を添える程度に用いられる。このイメージは彼の推奨する「半円アーチ様式」に継承されて実際の設計活動も規定した。

しかし、ゼムパーは『覚書』に、

「従来の概念により修復された神殿は、まさに蒼白の幻であり、南方の輝く太陽の下に剝き出しで建てられた、聖ペテルスブルクの氷の城のようなものだ(17)」

と書いて、古代ギリシアの記念建造物の単色説を手厳しく批判した。彼にとっても理想である古代ギリシア建築は、現地で自ら調査して、ポリクロミーを施されていたと確信している。ゆえに彼は続けて、次のように書く。

「人々は、ギリシア人があの繊細につくり上げた形態に完全に彩色を施し得たことを認めようとしない。しかし、逆が真実なのであって、彼らの記念建造物は、野蛮人たちの手によって単色にされてしまったのである(18)」。

神殿においては、定められた宗教的意味を帯びる装飾が、その目的に応じて外部や内部に付けられる。その際に、装飾が個別に、あるいは部分的に施されることはなかった。古代ギリシア建築の例でさらに説明を続けるならば、装飾は、白大理石の骨組みを南方の強い陽光から包み隠すほど、全面に施された。それは多色の象徴的文様をともなう、層もしくは膜としての衣装に他ならない。

③形態言語としての装飾

ヒュプッシュは、『何様式』を書き進める際に「趣味」や「感覚」の排除に努めた。彼は論理によって様式を選択し、そこに趣味や感覚、あるいは主観が介入することを極力避けようとした。様式問題が論理で説明できない限り、前世紀から続き、すでに形骸化し始めている「古代様式」の支配を打破できない、とヒュプッシュは考えていたのである[19]。

しかし、彼は一方で、建築の設計には芸術的な趣味とか感覚が不可欠だと信じており、『何様式』でもこの点を特に強調している[20]。彼がしばしば用いる「適度な装飾」の、適度か否かを決めるのも、個々の芸術家の趣味と感覚である。建築の滑らかな表層のどこに、どのような装飾を配するかは、具体的対象を前に趣味と感覚に基づいて決定すべきことであって、理論の対象にはならない。ゆえに彼が『何様式』で試みたのは、本質的要素としての「骨組み」に関する理論の構築であって、その要素に「花を添える」装飾は対象外だった。

それに対して、ゼムパーの場合は、装飾形態の各々が固有の意味をもつ。それは象徴として他の場所に移すことも可能である。すなわち、彼の装飾は趣味や感覚の対象に留まらず、悟性（Verstand）による意味の把握と操作が可能なものであった。

「人々は、神殿その他の建築に利用するために円柱あるいは角柱に加工する際に、大理石や花崗岩に、その歴史、その存在理由、その活動の方向と力、それが作品全体の中で果たさねばならない役割、そして相互関係について語らせた。人々は最終的には、いかなる目的のためにその建築が建てられたかも、それらに語らせたのである[21]」。

ゼムパーのいう装飾においては、個々の要素は、その歴史、存在理由、本質、他者との関係、全体の中で果たす役割、そして全体の存在理由を「語る」のである。それらは全て、視覚的に理解される形態言語（Formensprache）に他ならない。そして重要なことは、ゼムパーが論じるのは、広く建築の「現象」、見える姿であって、ときには柱や梁、あるいは屋根の姿、そして建築全体の姿をも含んでいる。装飾という概念が広義に捉えられているのが、ゼムパー理論の最大の特徴であり魅力でもある。

その上で、彼は装飾を言語として捉えている。この立場を前提に考えると、言語が本質的に社会性を有することから類推して、彼のいう装飾もまた、社会的で共同体的な性格を帯びていることも理解可能になるであろう。

④装飾の「目的」の社会性

ヒュプッシュの『何様式』においては、ギリシア、ローマその他のどの様式にせよ、その背後に、それらをつくり上げた民族の存在が感じられない。彼の理解では、例えば素朴さや天真爛漫ささえ備えていれば、中世人でも、また彼の同時代人でも、古代ギリシア人の精神と表現を獲得することができる。つまり、そこには固有の歴史性を帯び、それを独自の象徴形態に仕上げた、他者とは代替不可能な民族とか社会が存在しない。ヒュプッシュが民族について語るにせよ、そこで語られる「民族」は、なお抽象的存在に留まっている。

そもそも彼の『何様式』に登場する創造主体は、「趣味」と「感覚」を備えた個人としての芸術家である。彼の論文は、そうした個人の能力を信頼できる幸福な時代を表現したものなのである。それに対して、ゼムパーの『覚書』では「表現」にせよ「装飾」にせよ、次のように、どれも社会的事象として捉えられる。

「人々が始原の粗野な住居を装飾し始めた時に、諸芸術が共同体的に（gemeinschaftlich）誕生した。というのも、遊びと装飾は、若き人類の最初の必要に属するものだからである[22]」。

ゼムパーによれば、すでに述べたように言語としての性格を帯びた「装飾」は、そもそも、その起源において共同体的であった。

ヒュプッシュは、「目測（Augenmass）」のような感覚的能力が時代や民族の違いを超えて継承されると考えている。しかも彼は、ある時代の芸術の精神すら他の時代や場所で再生できると信じている。

しかしゼムパーの場合は、現象としての装飾は象徴となって初めて、伝達可能になると考えていた。この象徴となった装飾は、社会や民族によって継承可能となる。ゆえに彼は、次のように書く。

「エジプト人、ギリシア人、その他の民族において、古来伝承されている装飾は全て、その起源においては象徴的意味を有していたのであり、その後の芸術家が選択の際に気紛れや想像力の遊びで自由に扱うことは、断じて許されていなかったのである[23]」。

だから、建築の被覆の層に装飾として現れる形態言語が、民族や社会と結びついて用いられる場合、その発生・伝承・利用の範囲が「建築」に限定されると考えることは、むしろ不自然だった。人々の生活範囲内であれば、目に触れるあらゆるところに、芸術ジャンルの枠を超えて、同一の形態言語が現れると考えたほうが自然である。ゆえにゼムパーが、形態言語の分析を工芸（産業芸術、実用芸術）にまで拡大して考えるようになったことに、論理的矛盾はない。ただ、分析対象が膨大な量となり、研究として完結させるのがむずかしくなることは、容易に想像できるであろう。事実、工芸と建築を包括的に論じようとするゼムパーの大著『様式』は、三巻を予定していながら二巻で終わっている。とはいえ、彼の目論見の核の部分に、象徴的形態言語の発生と伝播に関して、以下のような基本的考えが存在していたことは、大いに参考になる。

「（装飾による）説明は、構造体が剝き出しのままの図式的段階に留まった部分の表面に個性的に付加された、彩色された形態を、言語として用いることによって行われる。この目的のための象徴的言語は、ほぼ完全なかたちで工芸の中で準備されていた。というのも、すでに周知のことだが、人々が記念建造物の建設を考えるよりもはるか前に、工芸は高い技術的・芸術的完成度を示していた上に、そこでは象徴的言語が一般に理解可能なものに彫琢されていたのである[24]」。

ゼムパーは、象徴的形態の起源を二つに大別する。その一つは、自然とのアナロジーに起源を有するもの。そして、もう一つは、社会の中で歴史的に形成されたものである。「社会秩序の初期段階の名残《なごり》、古い伝統的な構造類型（Konstruktions-typen）」、そして更に、生活の中で造形される各種工芸品から抽出されたものが、後者に当たる(25)。いずれにせよ、装飾形態は、社会の中で共有され理解されて初めて、言語として通用し得るのである。

⑤個の表現の自由

歴史主義の建築家は、時代の「必要」を充足する建築様式を、歴史的方法を通して決定する。しかし、そこで決定されるのは、あくまでも基本的な「骨組み」だということは、ヒュプッシュに関連して既に述べた。彼によれば、個々の建築家には部分の自由が与えられる。そして、そもそも望ましい様式を決定する時に、「虚偽」に陥らず部分の自由を保証してくれる過去様式を選択する。古代ギリシア様式と半円アーチ様式はともに、そのシステムに部分の自由を内有する様式である。様式に素朴さと天真爛漫さがあり、部分にはミューズ（詩神）が宿る。ところが、それらが失われると同時に、部分は装飾で大混乱に陥る。

「人間を完成に導く力の中にすでに衰退の萌芽が含まれているように、建築においても、一面で構造力学・装飾・優美さの規則的進歩によってあらゆる部分で自己形成が進みながら、その反面、かつての建築にあった素朴さ・天真爛漫さが失われるのである(26)」。

繰り返しになるが、ヒュプッシュの『何様式』における「部分」は、あくまでも芸術家の趣味と感覚に委ねられるものであって、「部分」を支配する客観的法則は存在しない。

他方で、ゼムパーが『覚書』で、前項④で引用したように、「始原の粗野な住居を装飾し始めた時に、諸芸術が共同体的に（gemeinschaftlich）誕生した」という場合、この遊びと装飾の一体となった状態とは、ヒュプッシュの「素朴さ・天真爛漫さ」が意味するものに等しい。

そして、ゼムパーが「自由」という時、それは政治的意味での自由と同時に、芸術の誕生に不可欠の自由な精神状態を意味していたと解釈できる。『覚書』にギリシア芸術の開花とその自由な民衆の存在との結び付きについて語っているが、彼はルネサンス（古代復興）とはこの古代の自由を蘇らせるものだと考えていた。

この自由の求めからゼムパーは、同時代の建築界の三つの主要な傾向の一つである歴史派に対して、はるか遠い過去の時代とか他民族の芸術を様式的にこの上なく厳密に模倣するが、時代の要請に従って自由に展開させないと批判している。同じ批判は、ゴシック様式の復興を考える人々に対しても向けられた。というのも、ゴシック様式の生命は複雑で精妙な細部にあって、部分変更の自由を許さないものであるにもかかわらず、復興させ自由に展開させることが可能だとするからである。一方は部分の自由を認めないがゆえに、他方は、部分の自由を認めるべきではないのにその自由を認めようとしたり、認めるふりをしたりするがゆえに。ゼムパーの場合、どれだけ小さな部分ならば自由を認めてよい、といった具体的な議論はしていない。部分が大きいか小さいか、あるいは、その部分が本質的か非本質的かを、彼は問題にしていないのである。

確かにゼムパーは、様式復興の場合、どこかに形態言語の自由な操作が許容されなければならないと考える。その際に彼の場合、形態言語を支配する客観的法則を認めることと、その形態言語の自由な操作を求めることが矛盾しない。彼の理解する「自由」は、対象を支配する客観的法則を正確に掌握するにつれて一層増大するものであり、客観的法則と対立しないばかりか、その存在が自由の束縛とならない。「創作」は形態言語の操作と同義であって、その操作の自由度は、生活・自然・歴史に潜む造形法則を意識的かつ概念的に把握するほど増大していく。生活・自然・歴史の中で生まれる工芸を分析して形態と様式生成の法則を把握しようとする大著『様式』が、ゼムパーにとっては「実践美学」の書であったのも、根本に「自由」に関するこのような理解が存在したからである。

ゼムパー、ヒュプッシュ、さらにデュランへ

ヒュプッシュが書くように、素朴さ・天真爛漫さが次第に失われていく。部分は、脈絡のない装飾の過剰で混乱に陥る。

ゼムパーが『覚書』を書いた時の状況は、まさに、このようであった。だから、多様で自由な操作であるにもかかわらず、部分の混乱を引き起こさないためには、装飾は最低限、社会的なルールを有する言語のようなものでなければならなかった。

このルールを精緻に築き上げて、歴史主義は、自らの内部に「厳格に」かつ「自由に」形態を操作する理論を構築していく。これによって、後述するヴァーグナー＝リーガーがヴィーン建築の史的変遷で指摘するように、歴史主義は「厳格な」方向へと進んだのである。

しかも、ここで問題になっているのは、被覆の層における装飾形態のことである。ヒュプッシュの場合は、骨組みの基本的造形が問題だったが、ゼムパーになると、その全面をおおう「表面」における厳格で客観的でもある造形が課題となり、そのための理論構築が進められていく。建築の現象全体を問うものであって、この点が、細部造形に焦点を合わせた旧来の装飾論とは根本的に異なる。これから構築されるゼムパーの被覆論は、広く建築の現象全般に関する理論である。

ヒュプッシュの『何様式』に現れる装飾論は、すでに述べたように、感覚的で趣味的でもあって理論としては素朴なものだった。それでも、部分に混乱が生じなかったのは、一八二〇年代までの市民社会が近代化と合理化を求めて、骨格のザッハリヒな表現で十分に満足していたからである。この時代の装飾は、芸術家の趣味と感覚で「本質的要素に花を添える程度に」用いられるべきものであって、それはまさに十九世紀初頭に一世を風靡《ふうび》したデュランの建築理論が求めるものでもあった。

デュラン思想の特徴四点

パリのエコール・ポリテクニクとその教授を務めたジャン＝ニコラ＝ルイ・デュランの影響がいかほどのものであったかは、十九世紀も奥深く入ったヒュプッシュやゼムパーの作品・思想にすら確かめることができる。

このデュランの理論こそ、十九世紀歴史主義の展開全般と、特に一八三〇年頃の装飾観の変化を根幹から規定するものだった。デュランがその『建築講義要録（*Précis des leçons d'architecture*）』で展開した思想の要点は、四つあったように思われる。

第一に、「古代」の形態世界が、ア・プリオリに措定されていたことである。それがギリシアとローマを区別しないものだったために、ヒュプッシュの例のような「古代様式」批判を招く誘因となった。

第二に、堅牢性・快適性・衛生あるいは経済性という客観的原理こそが、建築における美を支えるものだとした点である。デュランは、「建築における経済性は決して美を阻害するものではなく、逆に、その最も実りある源泉である」とすら述べ、美は客観的原理に支えられると考えている。(27)

第三に、建築を形成途上の市民社会の「必要」に結び付けた点である。デュランは、「建築の目的は、公的および私的な有用性、個人・家族・社会の幸福と保全にある」だと言明した。(28)この言葉が、新しい市民社会の建設に励む当時の建築家たちにいかに素早く吸収され実行に移されたかについては、次項で述べる。

第四に、部分の自由の思想である。デュランは、構造的形態も「それに何かを加えたり、何かを取り除いたりすることが出来ないほどに、物の本性によって完全に個体化されているものではない」ので、「目や心を満足させるのに適した形態や比例」を選択することが出来ると考えた。(29)求めるべきは、必ずしも過去様式の全体と部分の完全な模倣ではないという歴史主義の特徴は、ここに示されていたのである。

十九世紀初頭のドイツでのデュラン思想の受容

十九世紀前半のドイツ建築へのデュランの合理主義思想の影響については、既にヒッチコックが指摘している。(30)特に彼の『建築講義要録』は版を重ね、ドイツ語にも翻訳された。(31)その影響関係が明白なのは、以下の三者である。

①C. W. クドレ

クドレ（Clemens Wenzeslaus Coudray, 1775–1845）は、先祖が元々フランス出身だったので、大革命からナポレオンの登場に至るフランスの動きには並々ならぬ関心を寄せ、ついには、エコール・ポリテクニクの名声が彼をパリに招き寄せた。

クドレは、まず一八〇六年以降、フルダの町の高等中学校での講義にパリでの勉学の成果を活かし、それにワイマール大公付きの建築監督官としての体験を加えて、建築論をまとめ上げた。

内容は基本的にデュランの主張と一致している。彼は「建築は人間の安寧に、公的・私的利用に供せられるべきものであり、使い易さ（Convenienz）と経済性（Ökonomie）、さらに合目的性と節約（Sparsamkeit）の諸原理によって、その形態が決定される」（採意）と述べる。さらに、建築は決して模倣芸術ではなく、建築作品の美は使い易さと経済性の原理から必然的に生まれるものだ、という。原理から必然的に出てくる形態以外は、恣意的（willkürlich）なものである。最も良いのは、古代人、特にギリシア人とローマ人の建築を手本にすることだ、と論を進めている。[32]

②アントン・フォン・コンタ

カール・フリードリヒ・アントン・フォン・コンタ（Carl Friedrich Anton von Conta, 1778–1850）もまた、エルフルトの町の生まれながら、ナポレオン時代に活躍するにふさわしく、南フランス出身のユグノー教徒の家柄だった。パリのエコール・ポリテクニクでデュランに学び、一八〇六年ハレの町から、デュランに学んだ事柄を『市民建築の指針』[33]の表題を付けて出版した。

その序文では、デュランを「建築を長年の中世の濫用と偏見から解き放つことに情熱を燃やす新しい建築家」と讃え、その執筆の経緯を、パリのエコール・ポリテクニクにおける講義のためのデュラン自身の短い摘要《てきよう》と、コンタ自身がパリ滞在中に聴講したデュランの講義の記憶から、ドイツの建築・実業学校生徒のために一冊の入門書を書く、と述べている。彼が記す次の一節は、まさにデュランのものである。

「理性と今日われわれに残された古代人の建物が参考になるであろう。その時、美が目的とならず、装飾が建築の対象にならなくとも、それが奇妙とは映らないはずだ。その真の目的は、公私にわたる有用性、そして市民社会の構成員の幸福と保護である」[34]。

論の運び方も、デュランのものである。建物から最大限の有用性を引き出すこと、そのためには建物を目的（Bestimmung）に適合させること、これらがまず留意すべき点である。そして次に、できるだけ易しく、支出の少ない方法で建設することが重要である。「建築の最初の課題であり源泉である合目的性と経済性、そこから、われわれは創作の際に唯一正しく作用する原理を引き出さねばならない[35]」というのである。

彼は、合目的性と経済性の概念をほぼデュランと同様に美に結び付けて考える。「これらの原理の観察から、建築の本質的にして固有の美が自然に生まれ出てくる。それは、適切な堅牢性・快適性の知覚と、対称性・法則性・単純さの中に存在する」。この本質的美に対置されるのが「偶然の美」であり、「建築における装飾」は後者に属する[36]。

図 3-1. 聖ルートヴィヒ教会、モラー、1822-27 年

③G. モラー

ゲオルク・モラー（Georg Moller, 1784-1852）の場合は、理論書の形になっていないが、デュランの影響は明白である。ダルムシュタットの聖ルートヴィヒ教会は、一八二二年以降計画が進められ一八二七年に献堂されたカトリック教会であって（図3-1）、壮大なシリンダー状の周壁の上に大きなドームがのる求心型の教会建築である。特に注目すべきは、モラーが、円形平面を採用する理由を、最小の周壁で最大の空間が得られるというデュラン式の論法で説明していることである[37]。この経済性の故に、教会建築としてバジリカ形式よりも優れていると説明するが、カトリックの典礼には必ずしも適していない。それだけに、彼の経済性優先の思考が際立つのである。

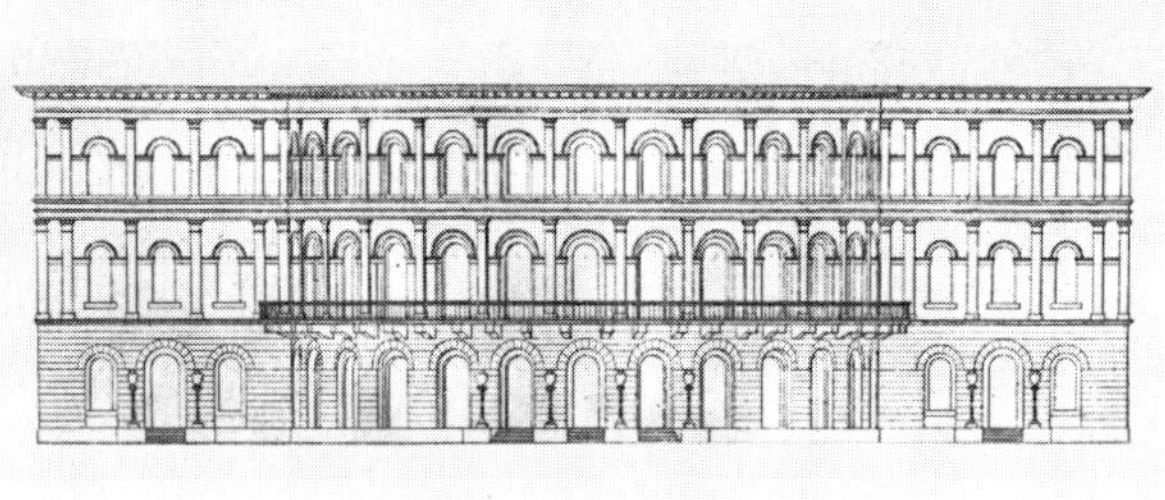

図3-2. マインツの劇場（立面図）、モラー、1829-33年

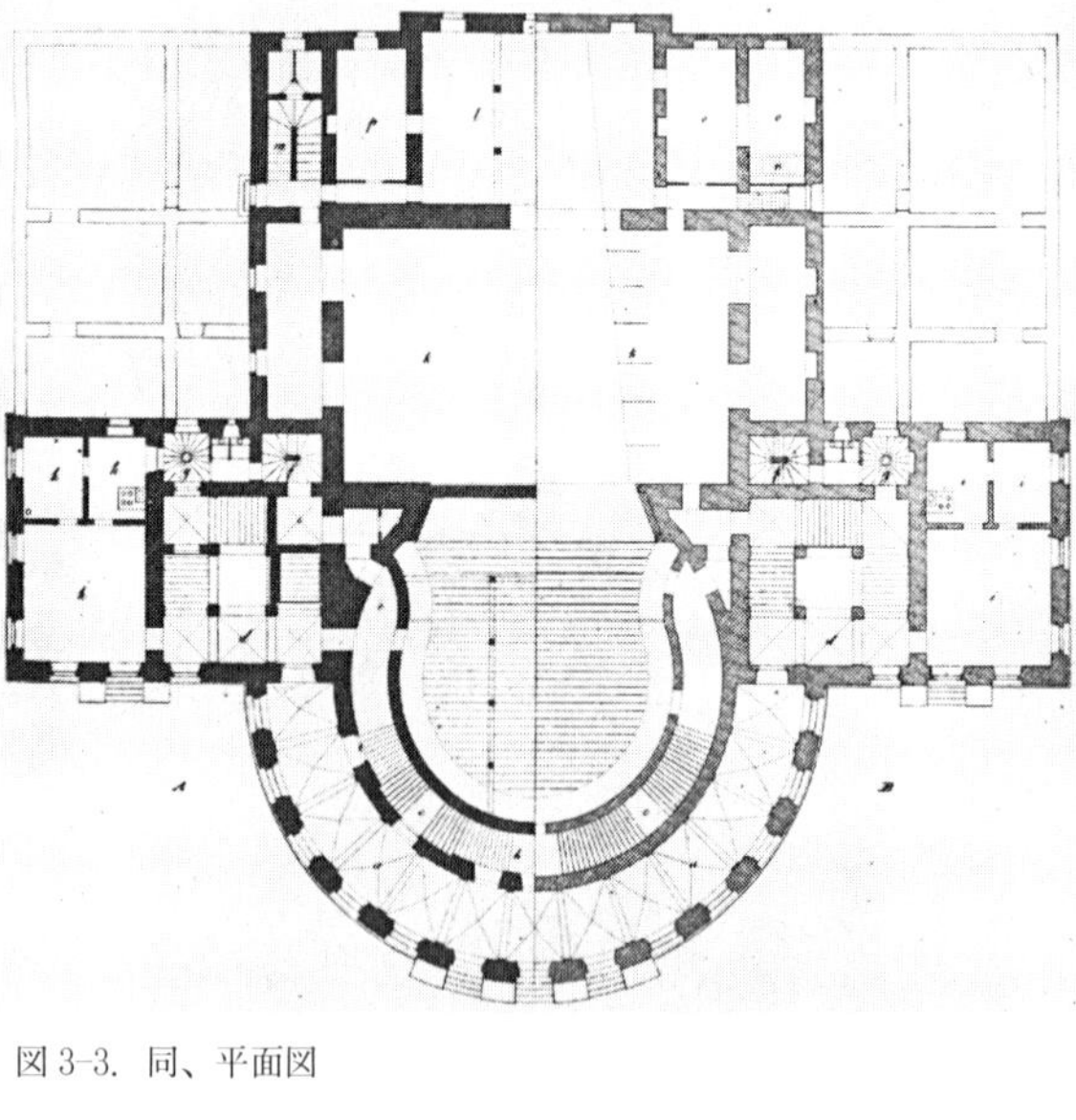

図3-3. 同、平面図

モラーは、一八二九年から三三年にかけてマインツの町に劇場を建設した。ここでは、デュランの『建築講義要録』に掲載された劇場建築の図式が、そのまま使われている（図3-2、3-3）。半円形の観客席空間を直接外部に表現する手法は、後にゼムパーがドレスデンで採用する。デュランは、その半円形の観客席空間の外観を三層ともドリス式オーダーで仕上げているが、これは下からドリス式、イオニア式、コリント式とオーダーを重ねる古典主義の規範には違反するものである（図3-4）。しかし、モラーもまた、外観を無造作にドリス式オーダーのみで仕上げている。

デュラン・ドクトリンのゼムパーへの影響

ギリシア様式とローマ様式の厳密な区別をせずに、古代様式の形態世界に留まっていたデュランと違って、ヒュプッシュは、ギリシア様式とローマ様式の違いを強調し、後者をすでに形骸化の激しい虚偽様式として、前者の優位性を主張した。

だが、彼の推奨する半円アーチ様式はアーチ構造を古代ローマ建築から継承し、その表現から虚偽を排する精神は古代ギリシア建築のものであった。

ゼムパーもまた、古代様式の形骸化を問題にしていたが、その否定ではなく、むしろその再生の根拠を理論的に構築することによって形骸化を克服する方向に進み、その努力は大著『様式』に結実した。形骸化を克服して、生き生きとした建築を再生することが、彼の目指すものだった。

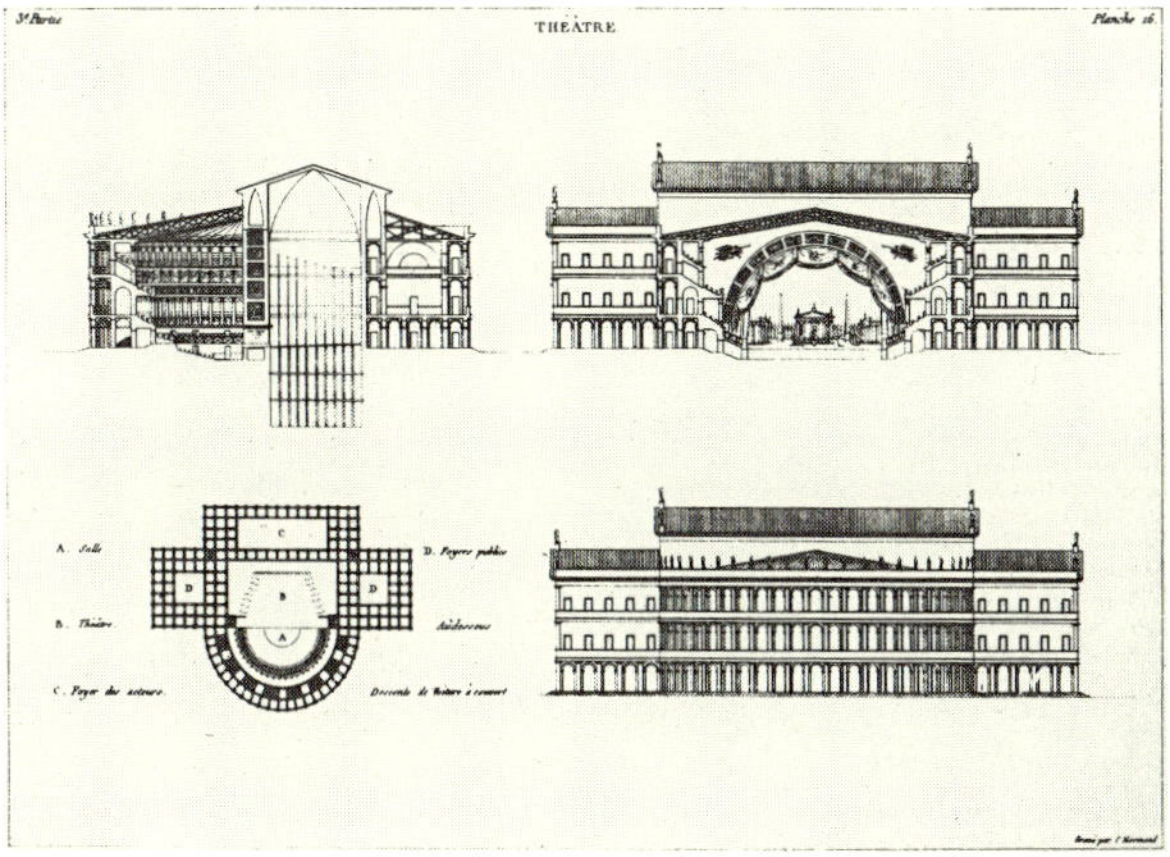

図3-4. デュラン著『建築講義要録』の「劇場」から

美は客観的原理に支えられるというデュランの思想については、ヒュプッシュの場合は、そのまま「客観的骨組み」に適用されたが、ゼムパーの場合は、それが「装飾」の理論的把握の方向に押し進められた。正確には、「装飾」というよりも建築の「現象の全体」と言ったほうがよいであろう。ヒュプッシュは、まだコンタ、クドレ、モラーに近いところに立っている。しかしゼムパーは、骨組みが原理を充足しても、それで建築が美しくなり、生き生きするとは考えなかった。彼が被覆論で求めたのは、建築内外の壁面全体に現れる装飾を意識の対象として入念に造形することであった。それが最終的には、象徴として異なる時代・民族にも移植できる形態言語としての装飾へと発展する。

『覚書』に見る歴史主義と装飾論の成立

歴史主義の展開を検討してみると、歴史様式の現実の動きがまず先行し、次に装飾が整理され秩序付けられることによって力を得て、一層の広がりを見せたように思われる。ゼムパーの『覚書』は、同時代の建築における過去の様式形態の恣意的利用を批判する文章で始まっているが、当時、過去様式の表層的な模倣による装飾、すなわち建築現象の混乱は、急速に進行していた。この問題意識からゼムパーは、建築の現象、具体的には建築内外の表面全体と、そこに現れる装飾をどう扱うかを考え始める。この新しい動きを一八三〇年頃に探るのが、『覚書』を考察する目的でもあった。

歴史主義が歴史の観察・利用を本質とするとは、ペヴスナーが指摘したことだが、その観察と利用には「趣味」「感覚」を排した「内省」による理論構築という、市民社会の構築・秩序付けに欠かせない新しい動きが現れていた。何を共有しつつ、社会にふさわしい建築をつくっていくか。『覚書』は、まさに、この問いに取り組み始めたものだった。デュランが体系化した市民社会特有の合理主義的な思考形態が、より具体性と言語性を深め、それによって歴史主義的様相を強めていった。

ゼムパーの中でのデュラン評価も次第に変わっていく。デュランが市民社会の建設に必要な体系的で合理的な思考の地平を最初に切り拓いたという意味で、ゼムパーは次第にデュランを評価するようになる。時代の要請に対応する中で、デュランの示した体系的で合理的な思考が、ある種の必然性を伴って、ゼムパーの歴史主義に移り変わっていったのである。

この意味で、歴史主義に「理性の混乱」を見る姿勢には、大いに検討すべき余地がある。建築の現象全体を体系的に扱う被覆論の生成が歴史主義深化の一形態だと本書は考えるが、それは、歴史主義の本質に合理性、合理論性を見るところに源を発する。歴史主義は、「建築はどのように現象すべきか」を真剣に問うことによって深化していくが、このことによって、その現象そのものである広義の「装飾」、それを体系的・客観的に扱う「被覆論」を内省の対象とする方向に進んでいく。しかも、それは机上の空論ではなく、時代の要請に対応する実践論の構築であった。

注記

（1）ニコラウス・ペヴスナー『新版ヨーロッパ建築序説』（小林文次・山口廣・竹本碧訳、彰国社、一九八九）の第八章が「十九世紀」を扱い、章題は“Romantic Movement, Historicism, and Modern Movement: From 1760 to the Present Day”となっている。ペヴスナーは一八三〇年前後に歴史主義的現象が現れたと指摘する。

(2) Heinrich Hübsch, *In welchem Style sollen wir bauen?*（Karlsruhe,1828, reprent 1984）.

(3) ニコラウス・ペヴスナー『美術アカデミーの歴史』（中森義宗・内藤秀雄訳、中央大学出版部、一九七四）一四八―一五七頁。

(4) 世界の名著三八『ヘルダー／ゲーテ』（中央公論社、一九七九）九二―九八頁。

(5) Milde, *Neorenaissance*, p.41.

(6) Wolfgang Herrmann, *Gottfried Semper im Exil*（Basel, 1978）p.17.

(7) Hübsch, *In welchem Style*, reprent 1984, p.51.

(8) Nikolaus Pevsner, *Möglichkeiten und Aspekte des Historismus, Versuch einer Frühgeschichte und Typologie des Historismus* の冒頭の定義、一九六三年一〇月ミュンヘンとアニフ城でのシンポジウム記録 *Historismus und bildende Kunst*,（München, 1965）p.13.

(9) Fritz Novotny, *Painting and Sculpture in Europe 1780–1880*（Hamondsworth, 1960）p.2.

(10) Hübsch, *In welchem Style*, p.3.

(11) Ibid., p.20.

(12) Semper, *Vorläufige Bemerkungen*, pp.XI,3.　Semper, *Der Stil*,Bd 1, p.231.

(13) Semper, *Vorläufige Bemerkungen*, p.27.

(14) *Schellings Werke*（Stuttgart & Augsburg, 1856–61）1. Abteilung, V, p.578.

(15) シラー「人間の美的教育について―一連の書簡」の第二六書簡、『シラー美学芸術論集』（石原達二訳、冨山房百科文庫、一九七七）二〇四―〇八頁。

(16) 拙稿「ゴットフリート・ゼムパーの建築の四要素について」（昭和六十一年日本建築学会大会学術講演梗概集所収）

(17) Semper, *Vorläufige Bemerkungen*, p.2.

(18) Ibid., p.20.

(19) Hübsch, *In welchem Style*, pp.2-4

(20) Ibid., p.3.

(21) G.Semper, *Über architektonische Symbole*（1854）in Gottfried Semper, *Kleine Schriften*（Mittenwald, 1979）, p.295.

(22) Semper, *Vorläufige Bemerkungen*, p.3.

(23) Ibid., p.28.

(24) Semper, *Über architektonische Symbole* in Semper, *Kleine Schriften*, p.295.
(25) Ibid., p.296.
(26) Hübsch, *In welchem Style*, p.11.
(27) Durand, *Précis des leçons d'architecture*, vol.1, p.21.
(28) Ibid., vol.1, p.6.
(29) Ibid., vol.1, pp.53–4.
(30) Henry-Russell Hitchcock, *Architecture—Nineteenth and Twentieth Centuries* (Hamondsworth, 1975), Chapter 2 "The Doctrine of J.-N.-L.Durand and its Application in Northern Europe."
(31) デュラン『建築講義要録』のドイツ語版は一八三一年刊行、同書はミュンヘン・ベルリン・コペンハーゲンなどの諸都市で入手可能だった。Adolf Max Vogt, *Boullées Newton Denkmal, Sakralbau und Kugelidee* (Basel& Stuttgart, 1969) p.144.
(32) C. W.Coudray, *Übersicht architektonischer Vorlesungen mit besonderer Hinsicht auf die Civil-Baukunst. Nach J. N. L. Durand, Prof. der Architektur an der Polytechnischen Schule zu Paris*. Walter Schneemann, *C. W. Coudray, Goethes Baumeister* (Diss. Techn. Hochschule Dresden, 1941) pp.242 ff.
(33) *Grundlinien der bürgerlichen Baukunst. Nach Herrn Durand Prof. der Baukunst an der Ecole Polytechnique zu Paris für Deutsche Bau- und Werkschulen* (Halle,1806).
(34) Ibid., p.2.
(35) Ibid., p.3.
(36) Ibid., pp.3f
(37) Marie Fröhlich & Hans Günther Sperlich, *Georg Moller, Baumeister der Romantik* (Darmstadt, 1959) pp.140ff.

第四章　始原への探究

ゼムパーの建築を含む芸術全般に関する考察は、社会の理想的なあり方の探究と深く結びついていた。ポリクロミーも、古代ギリシアの理想社会における諸芸術の理想的な協働の現れに他ならなかった。根底にあるのは、自発的に協働するという理想社会である。

一八四〇年代に入り、ゼムパーは独自の「建築論」の執筆を志すが、その内容は、住宅・教会・ミュージアム・劇場などの建築類型について、ただ並列的に、個別に説明するものだった。それに満足できず、諸要素が有機的に結びついた包括的な建築論の執筆を目指す彼は、一八四三年には、比較しつつ多様な現象のなかに建築の「根原的形象」を直観的に捉えるという、ゲーテ的な視座に到達していた。だが、一八四三年の時点では、たとえゲーテが言うような「直観」によって建築の根原的形象を捉えたとしても、根原的形象そのものを、そして根原的形象とそこからの派生物との間、さらには派生物同士の間に生ずる微妙な差異を、精確に記述する方法を、彼は未だ見出していなかった。

一八四〇年代末になって、彼は「始原」へと遡り、そこに生成する最も単純で根原的な形象を捉え、さらに、そこから派生する形象群の多様な展開を追跡して、生成と展開のプロセスを歴史上の実例を用いて具体的かつ客観的に表現するという「歴史的方法」に到達した。「始原」での根原的な四要素の生成とその後の展開を歴史的に描く『建築の四要素』の叙述方法が、こうして確立されていったと考えられる。

では、根原（起源、根源）における、建築の根原的形象とは、いかなるものなのか。『建築の四要素』に至る「始原」への探究を核とする方法論の形成に関する史料となったのは、スイス連邦工科大学（ＥＴＨ）のゼムパー資料室が所蔵する、出版社主フィーヴェークに宛てたゼムパー書簡である。[1]

書簡に見る「建築論」執筆の進捗状況と基本理念の変遷

①「建築論」出版契約――「建築類型」と「根原的形象」

ゼムパーが独自の建築論の構築に関心を示し始めるのは一八四〇年頃のことだったと指摘するのは、ヴォルフガング・ヘルマンである。[2]

一八四三年ドレスデン訪問の折、フィーヴェークはゼムパーと会い、講義録を使って建築論を執筆したいという彼の意向を知る。そこで彼は早速、当時社内で検討中であったダーフィット・ジリーの著書『田園建築の手引き（*Handbuch der Landbaukunst*）』（一七九七―一八一二）の改訂作業と、そこに「建築論」を組み込む仕事を、ゼムパーに七月二〇日付と九月一二日付の書簡で提案した。その提案に対するゼムパーの返事が、これから度々参照することになる第一書簡（一八四三年九月二六日付）である。

フィーヴェークの提案から既に二ヵ月が過ぎていた。返書の冒頭で遅れの詫びを述べながら、「熟慮の末、私の建築論はジリーのものとは根本的に異なることを再確認したので、やはり自分の講義録をもとに包括的内容の本を新たに書き下ろしたい」とゼムパーは答えている。今から詳しく述べていきたいが、このゼムパー書簡は少なくとも当時の彼が抱いていた建築思想の骨子を簡潔に表現したもので、「根原的形象」「直観」「分類」などへの関心が現われ、同時代の新思潮とも見事に合致していると感じたフィーヴェークは、建築論の書下ろしという彼の申し出を快諾した。一八四四年八月に、ゼムパー独自の「建築論」を出版する契約が両者の間で結ばれた。

しかし、この一八四三年当時ゼムパーが構想していた「建築論」は、実は、一八四〇年以降まとめていた建築類型毎に特質を明らかにしていくという内容を超えていなかった。彼が第一書簡の末尾に「当地のアカデミーでの、私の講義のきわめて不完全なシェーマをご参考までに同封します」と書き、実際に送ったと考えられる「シェーマ」の草案がゼムパー資料室に残っているが、それによれば確かに、住宅を初めとする一一の建築類型の特質を個別に述べていく構成になっている。実際のところ、契約を結んだものの、教育と設計の実務に追われる日々で、ゼムパーは原稿を完成させることができない。フィーヴェーク宛ての第二、第三、第四の書簡はいずれも、送るべき原稿が出来ていないことのお詫びと言訳《いいわけ》に終始している。

たとえば、第二書簡から三年が経過した第四書簡の時点でも原稿は未完で、「フランスとイギリスの住宅建築の詳細に関して正確な情報を得るために、パリのガウ氏とロンドンのドナルドソン（Thomas Leverton Donaldson, 1795–1885）氏に連絡をとっている」とゼムパーは進捗状況を報告している。ただ、彼が第四書簡に「建築に関する執筆は現在著しく進んでいる。私はこの半年間に新たに、アカデミーでこのテーマに関する講座を始めた」と書いている点に注目する必要がある。

②「比較建築論」への変更と「始原」への関心

第五書簡（一八四九年六月一五日付）と第六書簡（一八五〇年二月二四日付）は亡命先のパリから出されたもので、亡命者の身となったゼムパーにとっては、本の刊行が精神的にも経済的にも支えとなっていた。

ゼムパーは亡命を機に、「建築論」執筆に本格的に取り組み始めた。七月半ばには、パリにいる彼のもとに妻ベルタから講義資料の小包も届く。まず「セーヴル、一八四九年七月二〇日」の日付で序文が書かれ、さらに比較の語が加えられて「比較建築論（Vergleichende Baulehre）」というタイトルに変更された。

第六書簡によれば、最近アッシリア・バビロニア・ペルシア・インドなどについて新たな発見や研究が続いたので[3]、彼は「研究し直し」「旧稿を書き改め」なければならなかった。それでも、「特に出来栄えがいいのは、アッシリア・中国・インド・エジプトの建築に関する章だと思います。今、私はギリシア建築のところまで書き進めています。大作です」と進捗状況を報告できる段階に到達している。

そして、第六書簡で最も注目すべきは、彼の関心が「芸術の始原（Anfänge der Kunst）」に向かっていると書かれていることであろう。たとえば、彼は「ごく最近だけでも、まさに芸術の始原に関していかに素材が増えたことか」とか、「芸術の始原の展開に関する私の慎重さが余計だとお考えではないでしょうね。この基礎の上に私が著作全体を貫こうとしている思想が成り立ち、赤い糸はこの始原に繋がれているのです」とも書いている。

③「基本要素」「モチーフ」と「歴史的方法」

同じくパリから出された第七書簡（一八五〇年五月一三日付）は、「決して満足できるものではありませんが、ここに私の仕事の最初の納入品をお送りします」という書き出しで始まる。やっと最初の原稿がフィーヴェークに納入された。この納入原稿の写しがゼムパー資料室に保管されている。それは、「パリ、一八五〇年五月四日」の日付のある序文、住宅の基本要素（Grundelemente）に関する一章、そして古代のメソポタミア・中国・インド・エジプトなどの住居に関する一七章の本文から成り、すでに三八〇枚もの原稿になっている。つまり、一一の建築類型を個別に分析することは放棄して住宅という一類型に限定し、その上で民族間の「比較」を行なう方向へと、彼の思想が絞り込まれている。

書簡に彼が要約して説明するところによれば、全体の構成としては、まずエジプト建築とは対極にあるものとしてアッシリア建築が描かれ、この両者の間に、その他の民族の建築が位置付けられる。たとえば小アジア・アラブ・アメリカなどの複雑に分かれた民族は中間に置かれ、一括して概略を述べる程度に留められる。重要なのは、中間に位置する民族の建築はいずれも、いわば「芸術における本能的な集団創造（instinctgemässiges kollectives Schaffen）」の例として描かれ、集団創造の対極にギリシア建築が置かれることである。

彼の理解によれば、ギリシア建築はどの民族の建築とも本質的に異なり、「本能」「集団創造」から自己解放した存在であった。つまり、「ギリシア文化は、初めは他の民族と同様に自然と密接に結び付いていたが、ドリス人のアポロン祭（Apollokultus）を通して自然から自己を解放し、ミクロコスモスとしての自己を自然の神々（Elementargötter）から巧みに遠ざけた。すべてが見かけよりもはるかに実用的で、特質（das Spezielle）が軽やかに集団からの自己止揚を果たしたのである」。

そして続けて、この著作の有用性について、彼は「木造、石造、あるいは鉄骨造に関する素材や技術の説明ではなく、若い建築家たちに、モチーフ（Motive）を多様な関係の中に把握し、建築における空間的なもの（das Räumliche）をその独自性において認識することに慣れさせるように描いている」と力説する。

ここで彼が、芸術の始原とその後の展開を貫く「モチーフ」に関心を寄せていることに注目したい。ゼムパーは、無性格な単なる歴史様式のコピーから脱するには、そもそも発生時における強く明確な「モチーフ」の有無が鍵を握《にぎ》っていると考えた。だが、どうすれば発生時まで遡ってその「モチーフ」を捉え、かつ表現できるのか。この問題を突き詰めることで彼は「歴史的方法」を採用するに至ったのである。その採用の理由を彼は、次のように書いている。

「モチーフの利用に関しては、発生（Entstehen）と展開（Fortschreiten）を細心の注意で観察しなければならないが、それを他者にも理解可能にするには歴史的方法に（auf historischem Wege）よらねばならない。というのも、私には記念建造物の単なる描写だけでは不十分なのであり、それが何故そうならねばならず、また別のものにはなり得なかったのかを示す必要があったからである」。

④『建築の四要素』刊行

一八五〇年九月二八日、ゼムパーはパリからロンドンに着いた。その直後に書かれた第八書簡（一八五〇年一〇月二日付）には、当時予定していたアメリカへの渡航の途中での落ち着かないロンドン滞在の合間にも「あなたの件、つまり比較建築論に関する仕事」に「ときには一日中没頭している」ことを伝え、この著作が「実に包括的（umfassend）」になっていることにも触れている。

ところが、同じロンドンからの第九書簡（一八五一年一月一九日付）に突然、「より大きな仕事とは関係のない、現在ポリクロミー問題が盛んに議論されているイギリスに向けて書いた原稿を同封します」とあって、小冊子程度の分量の原稿がフィーヴェークの手元に送られてくる。これが『建築の四要素』の原稿である。

ゼムパーとしては、「比較建築論」の完成の前に一刻も早く発表したかった。「比較建築論」の一部としてではなく、「建築の四要素」という新発見を単独で公表しておきたい気持ちが強く、その思いが、何故この小冊子の刊行を望むかを説明する第九書簡の文面にもよく出ている。パリから送られた原稿の続編でもなく、全く寝耳《ねみみ》に水《みず》の出来事に当惑するフィーヴェークの心理を読むかのように、ゼムパーは「是非とも出版したいという私の願いを叶《かな》えて下さるならば、著作の出版に際して、より大きな仕事（筆者注：ゼムパーのいう「比較建築論」を指す）の出版案内をあなたの方で付けて下さってもよろしいかと存じます」と譲歩を示す。

ところが原稿の内訳は、六章構成のうち第五章のみが「建築の四要素」の内容であって、残りはどの章もポリクロミー問題、しかも『覚書』に対して一八三五年にベルリンの美術史家フランツ・クーグラー（Franz Kugler, 1808–58）が行なった批判への徹底した反論であった。内容とタイトルが必ずしも合致しないことはゼムパーも十分に承知しており、第九書簡にも彼は「タイトルには若干問題がありますが、私は全体の調子がそれを許してくれると思うのです。無論あなたの判断で変更して下さっても結構です。私自身『シフノス人の白い市場』というタイトルも考えましたが、どうも陳腐です。あなたならば『ポリクロミーとその根原について』のようなタイトルを付けるのではありませんか」と書いている。

そして、ロンドンからの第一〇書簡（一八五一年九月九日付）から、フィーヴェークが一八五一年五月に開会していた万国博覧会見学に訪れた折に、懸案の建築論の扱いと新たな小冊子の刊行について話し合い、後者のタイトルと著者肩書きなどの表現に関する最終決定をゼムパーに委ねて帰国したことで、いちおうの決着を見たことが分かる。

同書簡でゼムパーは、「比較建築学への貢献」の副題を付け、次のように決定したと出版社主に伝えている――元ドレスデン建築アカデミー校長ゴットフリート・ゼムパー著『建築の四要素――比較建築学への貢献』。同書は一八五一年九月に刊行された。

ゼムパー書簡（一八四三年九月二六日付）――「根原的形象」へ

一八四三年九月二六日付の書簡は、前述したように、あきらかにゲーテに倣う「根原的形象」の探究、認識能力として頼るべき「直観」とそれを助ける比較解剖学的な「分類」の方法などを含む、当時のゼムパーの建築思想を、書簡らしく簡潔にかつ密度高く示すものとして、きわめて重要である。この書簡に焦点を当てて、詳しく分析しておきたい。

①同時代批判

同時代批判を通して論点を絞り込んでいくのは、『覚書』にも、そしてこの後の彼の著書にも共通する特徴である。同時代の建築観が部分に偏り、しかも有機的な生命力のある作品を生み出すには有害でしかない、建築創造の自由で多様な展開が原理原則で縛られている状況を、書簡第二パラグラフで、次のように彼はきびしく批判している。

同時代の建築の著作で通常扱われるのは、「建築の科学的＝技術的部分のみ」であって、「いわゆる美学と称して一連の基本原理や法則を示そうとするが、その原理法則は部分的には間違っているかあるいは実証され得ないもので、大部分は特殊なものにのみ当てはまり、より高等な建築が直面する現実のごく一部、つまり装飾的なものについて若干明らかにするものでしかない」。

さらに、ゼムパーによれば、まず自由な「理念」があり、それが素材・構造・装飾などを通して具体化してくるのが建築創造であるが、ヨーロッパ各地に創設された学校で教えられる建築学も、理念を語らず素材・構造・装飾などを個別に教える傾向を強めている。

第三パラグラフでは、彼は続けて、「素材を目的のために使いこなすことを教える建築学も、徹底ぶりを発揮して効果をあげている。しかし、私の見るところ、その徹底ぶりが、建築の形態世界を素材によって規定し、さらにそれが素材から生まれてくると教えることで、素材を理念の上に置いて、自由に誕生したものを再び鉄の鎖につなぐ結果に終わっている。〈構造的〉という言葉を口癖のように唱える者も、建築を一種の立体的な装飾絵画にしてしまう者と同じように、真実の姿から遠ざかっている」と手厳しい。

②独自の建築論の披瀝―ゲーテの自然・芸術論への接近

彼がジリーの本に感じた問題もまた、建築全般から考えればその一部に過ぎない「田園建築」に限定され、しかも技術的で実用的側面に偏り、まさに素材を理念の上に置き、自由な存在である理念をわざわざ鉄の鎖につなぐという印象を拭えないところにあった。みずからの建築論の特徴、そして先達ジリーとの差異をどう表現するかと二ヵ月間考え抜いて、一つの結論に到達したということであろうか。注目すべきは、このゼムパー書簡を読み直すと、ディルタイ（Wilhelm Dilthey, 1833–1911）が指摘する以上に、(4)ゲーテの自然・芸術論に接近していることである。

第三パラグラフの後半からは、ゼムパー自身の建築論の骨子が語られる。

「自然においては、素材は常に理念にしたがい、そして、この原芸術家（Urkünstlerin、［筆者注］自然を指す）はみずからの素材を選び、それ自体に内在する法則にしたがって素材を活用する。しかし、この原芸術家はみずからの形象に、理念にしたがって形態と性格を付与することによって、理念の具体化（Verkörperung）を図る。理念は、その具体化に最もふさわしい素材が選ばれて現象することによって、自然な象徴としての美と性格を獲得する」。

このようにウル（原-、Ur-）の状態で、ものごとが誕生してくる時の「理念」「素材」「形態」「性格」「美」の相互の関係が説かれる。

理念にしたがって素材と形態が選ばれることによって、かたちを成さず目にも見えなかった理念が、一つの現象となって、かたちを成すようになる。そして、理念にしたがい最もふさわしいものが選ばれる限り、美と性格をそなえ、象徴となって他に移植することも可能なものになっているというのである。この一節が、これから様式論・被覆論が形成される過程で何度も繰り返され、ゼムパー思想の核となるものである。つまり、一つの現象となるのは、建築や工芸の一つの作品でも、その様式でも、被覆とか装飾でも良い。実際、そこに現象してくる「主語」は、その折々のゼムパーの関心にしたがって、入れ替えられるのである。

第四パラグラフ前半からは建築について述べ、彼は「根原的形象（ursprüngliche Gebilde）」を明らかにするようなアプローチの必要性を説く。要するに、根原（源）での現象、言い換えれば、根原において生成した時に目に見える姿のことである。

と同時にここに、最初にゲーテが「建築とは決して模倣芸術ではなく、それ自体で自立した芸術である」と言い[5]、シェリングが簡潔にまとめて、この後建築における歴史主義思想形成の核となっていく「それ自体を模倣する芸術としての建築」[6]というテーゼが、ゼムパー自身の表現で語られる。ゲーテは、建築は模倣しない「自立した」芸術だと言った。それをシェリングが、自然を模倣せず「それ自体を模倣する」芸術だと言い換えたわけだが、ゼムパーはそれを受けて、

「建築の根原的形象の場合、自然がモデルにはならない。建築はただ、自然と同じ合目的性に基礎をおく法則にしたがって、自らの根原的形象を創造するのである。この点で建築は、その理念の表現に自然形態を利用する姉妹、つまり他の造形芸術とは根本的に異なる。建築の場合は、建築自体の既に創造されたものを利用してみずからを形づくるのである」

と書くのである。このパラグラフの後半では、同じくゲーテ思想のキーワードの一つ「有機的」に言及して、ゼムパーは、

「そして建築の形象が、一つの真の基本理念から生まれ、さらに自然の創造に現われる、言い換えれば、自然が善と美のみを創造して醜なるものについては全体の調和に必要な要素として利用するという、あの法則性と精神的な内的必然性が前面に現れたとき、その建築の形象は有機的と呼ばれる」

と有機的建築の定義を試みている。

ゲーテは、「ドイツの建築（Von deutscher Baukunst）」（一七七二）では「天才だけが、その魂によって、部分を一つの永遠的な全体に融合してこの世に生み出すことができる」と、部分と全体、理念と現象、瞬間と永遠を同時に捉える「天才」

について語り、他方、一七九八年発刊『プロピュレーン』への序言では、

「芸術家は、人間の姿勢を最後にもう一度統一体として考察しなければならないが、その個々の部分を正確に知ることが非常に役に立つ。（略）われわれは類縁関係を異にするものたちを考察することによって、それら全ての上に出て、それらのものの属性を一つの理想的な形象のなかに見るようになる(7)」

と、比較解剖学に倣って部分相互を比較しつつ考察することの重要性を強調していた。第五パラグラフでゼムパーは、「考える建築家」という概念を示して、自らの方法論的立場を以下のように説明する。

「そのような自然の理にかなう活動が、天才ならば半ば無意識でも実現可能であろう。だが、建築の理念世界により大きな明澄さをもたらし得ないか、そして建策理念の具体化にあたって自然な善と美の達成がどの程度可能かを探究することが、考える建築家の課題になろう。この努力をしようにも、この上ない困難が待ち受けているに違いない。最善の場合でも、欠陥と錯誤に満ちた結果しか手に入らないかもしれない。それでもなお努力して、建築の領域全体への展望を拓き、無限にある素材のなかから最も秀でたものを選び、類似のものを科毎に分類し、派生したり複雑に組み合わされたりしたものを再び〈根原的なもの〉、そして〈単純なもの〉へと戻すならば、全く無益に終わるということはあり得ないだろう」。

ここで述べられるゼムパーの方法論には確かに、彼自身が影響を受けた人物として名を挙げている当時最も著名な学者の一人、キュヴィエ（George L. C. F. D. Cuvier, 1769–1832）の比較解剖学に通ずるものがある。キュヴィエは不断の注意を怠らず、些細な違いをも見落とさない熟達した眼による観察と記録に徹して、その差異にふさわしい名を与え、確固とした知的能力だけに基づいて分類を進めて、みずからの仕事を「自然の体系、あるいは大カタログ」にしようとしていた。

近年、進化論とは異なるとすることが定説になっているが、ゲーテもまた、流動して錯綜する経験的現象のなかにも、注意深く見つめ直観を純化すれば、普遍的にして単純な現象が生き生きと姿を現すと主張して、このような単純な現象を原現象（Urphänomen）、原植物（Urpflanze）、原型（Urtypus）と呼んでいた。ここでのゲーテ思想の新しさは、自然にせよ芸術にせよ多様な形態の生成は、原因と結果という単純な二元論からは説明できず、共通する「原型」が多様な「条件」の作用によって無限に異なる形態となって現象することだと考えた点にある。(8)

次の第六パラグラフでゼムパーは、この原型的なものが周囲の条件によって無限に変形して多様な現象界を生み出すというゲーテの思想を建築的に解釈し、さらに基本理念と基本形態、加えて条件と変形の関係を支配する法則性を見出すことによって、新たな理論を構築したいという。

「自然が基本理念の多様性にもかかわらず単純で節約的であって、同じ基本形態（Grundformen）が繰り返し再生するが、そのままではなくその被造物の形成段階と存在条件に応じて無限に変形されて、ある部分は別の形になり、ある部分は短くなったり長くなったりして現象する。同様に建築もまた、ある種の標準形態が基本にあって、それが根原的理念に条件づけられながらも常に再生を繰り返し、特殊な目的とかその近傍で作用する状況に条件づけられることによって無限の多様性を示す、という直観に人々は至るであろう。確かに、この標準形態とそこに内在する理念を探求することが重要になるであろう。それによって展望が容易になり、その上に自然の辿る道を指し示すと同時に、無性格な画一性と思慮のない恣意から離れた建築的な発明論（Erfindungslehre）を構築することも可能になろう」。

では、その条件とはどのようなものであり、多様な条件が作用することで異なる現象形態が生ずるとは、具体的にはどのような現象を意味するのか。その具体例を示すためにゼムパーは、第七パラグラフで、生物学から二例を引用する。両者ともに環境に対応して変形（進化）して一見異なる形態に見えるが、脚という「基本理念」は同一だという説明である。

「一つの基本形態が理念の純粋な表現として与えられると、それが場所の特性、時代とその習慣、気候、そして仕上げに用いられる素材、それから施主の特徴など、その他多くの条件によって変形していく。その結果、ある組合せでは本質的なものとして前面に出てくる部分が、類似している別の組合せでは、従属的に、ある意味ではただ示唆的にのみ現象し、それに対して、別のものが抜きんでて、最初の組合せでは全く確認できなかったような意味を獲得していることもある。例を挙げれば、あざらしの場合には後脚が退化してヒレになり、うさぎの場合には、並はずれて長くなっている」。

そして、最後の一点。ゲーテは、建築を含めて芸術作品の美は、美しい対象を模倣するとか、比例などの美学的法則を守ることによっては生まれないと考え、まず美より個性に、すなわち原型が多様な条件のなかでダイナミックに変形していく過程で示す個性にこそ、芸術の真実を見出していた(9)。「真の芸術」「真の美」とは何かをもう一度定義し直す必要があるわけだが、ゼムパーも、書簡の最後となる第八パラグラフで、そこに立ち返る。ゼムパーの以下のような主張には、明らかにゲーテの影響が現れている。

「この動機づけられた変形に基本理念を貫くことで輝かせ、同時にその変形にもかかわらず一貫して性格に富み、自足しかつ外界と調和して存在する一つの全体として、基本理念を表現するところに、真の芸術がある。そこに、明瞭にかつオープンに、真の美を確立する道が現われてくる。そのような美は、これまで人々が美学の個別の比例法則や不明瞭な基本原理に求めても得られなかったものである」。

「建築論」講義録（一八四八）──複数の「始原」と「原モチーフ」

一八四三年の時点でのゼムパーは、これまで見てきたように、多様な現象のなかに建築の「根原的形象」を直観と分類を通して捉えるというゲーテ的な考え方に立っている。それは、建築類型毎に個々に分析していく旧来の方法を脱して、根原的で単純なものから複雑に変形し組み合わされたものまで、生成と展開の様態を捉えて建築の全体像を描き出す方法へと進むための極めて重要な一歩であった。

しかし、このことは、一八四三年当時のゼムパーがすでに、建築の根原的形象を具体的に捉えていたことを意味しない。また、もしゲーテ的な「直観」とか「分類」によって捉え得たとしても、それは本人がそう思っているだけであって、根原的形象であることを客観的に証明する方法を持っていたことを、必ずしも意味しない。彼の書く全てが、視座とか着想とでも呼ぶべき段階に留まるものだった。

事実、一八四三年以降、彼の執筆作業は遅遅《ちち》として進まない。設計実務、教育、あるいは革命運動への参加によって、ドレスデン時代の彼が多忙をきわめていたのも確かだが、この遅滞の理由としては、建築類型的方法に代わる新しい方法が未だ確立していなかったことこそ挙げるべきであろう。

一八四〇年代も末になって、彼の執筆作業が急速に進展する。その変化の理由を考えるとき、彼が第六書簡（一八五〇年一二月二四日付）で、物事の時間的あるいは歴史的な始まりを意味する“Anfänge”というドイツ語を用いて、みずからの関心が「芸術の始原（Anfänge der Kunst）」に向かっていると強調し、さらに第七書簡（一八五〇年五月一三日付）で、始原に遡ってモチーフの発生を捉え、その後の展開を客観的に描くには「歴史的方法」によらねばならないと明言していることが、極めて重要である。「歴史的方法」を採用することによって、ゼムパーは、より決定的な一歩を踏み出したと言えるであろう。

同じく第六書簡にゼムパー自身が書いており、マルグレイヴが具体的な例を挙げて裏付けているように(10)、一八四〇年代後半は人類学・民族学・考古学などの新たな発見や研究書の刊行が続いており、それらによって彼の「歴史的方法」に必要な歴史上の実例も与えられるようになっていた。要するに、生成の段階にせよ、展開の段階にせよ、具体的にどのような現象になっているかを記述するには、歴史上の実例を示す以外に方法がない。

もう一度確認すると、一八四〇年代末にゼムパーは、建築論の執筆を推し進める一つの方法に到達した。それは、歴史の世界で出発点まで遡り、そこで最も単純で根原的でもある形象の「生成」を見、そこから根原的形象が変形し組み合わさって多様な現象を生み出してくる「展開」のプロセスを、歴史上の具体例を用いて「明示」するという「歴史的方法」である。このような根原的形象の探究が、建築の四つの原要素の発見につながる。その萌芽となる成果は、すでに亡命前に得られていたと考えられる。その根拠となるのが、ゼムパー資料室に所蔵されている、一八四八年のドレスデン・アカデミーでの講義「建築論」のための、ゼムパーの手書きによる講義録である。(11)

この講義録は、住宅の「基本理念（Grundidee）」から始まる。そしてゼムパーは、住宅の類型を「原形態（Urformen）」まで遡り、そこに働く「原モチーフ（Urmotive）」を探ろうとしている。その際に、彼は「原形態」「原モチーフ」が一つではなく複数存在すると考え、国土、民族と周辺状況などから、住宅に二つの「原モチーフ」の存在を認めている。始まり方は、決して一通りではないのである。彼が「始原」という日本語に対応するドイツ語を、単数形“Anfang”ではなく複数形“Anfänge”と書く理由でもある。

二つの原モチーフのうちの一つが、沃えた平地に住む民族が、攻撃してくる他民族から防御するために必要とした「囲い（Umfriedigung）」であって、最も根原的な形態（ursprünglichste Form）として防御壁、家畜用の編み垣、畑の柵などが例に挙げられている。これが、特に南方の中庭形式の建築において発達する壁の「原モチーフ」である。

もう一つは、北方の厳しい気候の山地に住む民族が、蓄えもない乏しい土地柄ゆえに敵に対する防御は必要としないが、厳しい気候に対する備えに必要な「屋根（Dach）」である。屋根という「原モチーフ」の最も根原的形態は、大地の上に直接建てられた切妻架構であり、それが後に壁の上に載せられて、北方で発達する切妻屋根に進化したと、ゼムパーは考えている。人々の生活を保護するものとして、「壁」と「屋根」がきわめて近い関係にあるという注目すべき考え方である。(12)

もう一つ注目すべきは、同じく一八四八年と考えられる講義録のなかでゼムパーが初めて、「囲いの中心にくる炉（Herd）」という「原モチーフ」を導入していることである。それが、住宅においては「家族生活と客へのもてなしの象徴」(13)

となった。そして、後に神殿において宗教的意味を帯びて、「神が都市の守護神となる時、その神のために、市場に特別な炉が彼の住まいとなる神室（Cella）とともに建設された。もし宗教が複数の神を認める場合には、その各々に対して炉から発展した祭壇と神殿を設ける一画が用意された」。炉を設けることは必ずしも「住宅」という建築類型に限定されなかったと、彼は考えている。

二一世紀の現在では、一見すると異なったものに思える「壁」と「屋根」を区別せず一体のものとして設計することは珍しくない。「住宅」と「神殿」あるいは「教会」、「炉」と「祭壇」に相通ずる目的を見出すことも、同じく珍しくない。始まりに遡って、それぞれが成立した動機、すなわち「原モチーフ」を探ってみると、相互のつながりが見えてくることを、ゼムパーはすでに、この時点で指摘していたのである。

「比較建築論」草稿（一八五〇）

①歴史的所産としての「根原的形象」

「比較建築論」（一八五〇）の序文[14]は、一八四三年のゼムパー第一書簡を下敷きにしながら、つまり用いる主要概念とそれを論じる順序はほぼ同じなのだが、微妙な、だが本論にとっては極めて重要な差異をともなって書かれている。冒頭で、書簡にあった同時代批判を、「歴史派（Historiker）」「美学派（Aesthetiker）」「素材派（die Materiellen）」の三派に分けて、より徹底させている。

一八四三年の書簡との微妙だが極めて重要な差異を示す文章の例を挙げると、たとえば、「建築は根原的形象をつくりだすが」で始まる書簡の第四パラグラフが、この序文では、「建築は根原的形象をつくりだすが、それは出来上がった自然形態に条件付けられたものではなく、自然法則と秩序付ける人間精神に則して、時代の経過のなかで歴史的に（in dem Laufe der Zeiten historisch）形成され、またある意味で、完成されたものである。つまり、完成されたとはいえ、同じものが一層促進され幾重にも増加することが妨げられないという意味で」という表現に変わっている。もう一例を挙げると、「天才」

と「考える建築」について述べた書簡の第五パラグラフが、この序文では、「そのような自然の理にかなう活動は、天才の力には半ば無意識でも実現可能であろう。だが、建築に内在する基本理念を生成において把握し、その展開過程を追い、芸術によって見えにくくなっている法則を可能な限り単純な表現で捉えることが、考える建築家の課題になるだろう」となっている。

ここに新たに提案する認識と実践の「歴史的方法」に対応して、対象となる「根原的形象」そのものもまた、「時間の経過のなかで歴史的に形成され完成されたもの」だと明言されているところが、とりわけ重要である。根原的形象が天才的な直観によらずとも、歴史的方法で客観的に把握できるようになり、生成と展開が歴史的事実を並べることで示せるようになる。そのような時代に求められるのは、もはや天才的な建築家ではなく、「考える建築家」だとも彼は言うのである。

②「始原」における「根原的形象」としての四つの原要素

「比較建築論」の本文最初の章は、「いかなる研究も、単純なもの、そして根原的なものから出発して、例外となる状態や変形をその根原的なものとの比較を通して明らかにしながら、対象の成長を段階的に追うものである。ゆえに、もし、建築創造の豊かな多様性を種・科・属にしたがって分類する本研究の試みにおいて、建築の領域における最も単純で最も根原的なものとして住宅あるいは私的建築（Privatbau）を取り上げ、そこから考察を始めたとしても、特段の弁明を必要としないであろう」という文章で始まる。(15)

そして、第二章、三章に「四要素」が登場するが、第二章では、もっぱら四要素の一つである「炉」が論じられて、その始原の姿が次のように描かれている。

「テント、垣根、あるいは小屋の建設を考える前に、人々は野外で火の周囲に集まり、その身を暖め、乾かし、そして簡素な食事を調えた。炉は、あらゆる社会制度の胚（Keim）であり萌芽（Embryo）である。長い放浪や厳しい狩猟の後に集まり、住まい、休息する最初の印は常に、炉をつくることであり、パチパチと音をたてて燃える火をおこすことであった」。

ゼムパーは、建築の生成を巡る倫理的・精神的なモチーフを等閑視したわけではなく、その現れを炉に見る。炉は、家族のみならず種族や国民の連帯の中心に位置する、いわば連帯の象徴だと、彼は考えるのである。

「昔から炉には祭儀が捧げられ、最古にして最も影響力の大きい宗教的な概念・形態が炉に結びついている。それはまた、人間を家族・種族・国民へと結合させ、貧窮などのように低次元の必要の場合と同様に社会的連帯という必要にも効果的に働く」。

しかも、炉のもつ中心としての役割は、人間社会の発展段階によらず常に維持されてきた。

「家の祭壇となった炉に最初に装飾の最も優れた表現が施され、人間社会のあらゆる発展段階を通して炉は聖なる中心であり続け、その周囲に個々のものが全体へと秩序づけられ造形されたのである。炉は、今日においても家族のなかで太古の意味を保持して、どの部屋の暖炉でも家族の集まりの中心をなす」

のである。

そして第三章に入ってやっと「四要素」が揃って説明されるが、章題は「建築の」ではなく「住宅の」、つまり「住宅の第一の要素（Erste Elemente der Wohngebäude）」である。しかも、他の三要素「土台」「屋根」「囲み」の存在意義は、未だ「炉」の保護に求められており、それぞれに固有の存在意義を探る方向には展開していない。第三章は、次のように書き出される。

「炉の保護。動物や敵意ある人間からの攻撃のみならず厳しい自然から炉を保護することが、大切な空間をその周囲の外界から人工的に隔離するという根原的な動機に基づくことを、特に長々と説明する必要はなかろう」。

しかし、どう外界から分離するかは周辺状況に左右される。たとえば、「ほとんどの時間を野外で過ごせるような温暖な気候の平地では、天候に対しては軽いテントのような保護でも十分である」。だが、天候に対する保護は容易だったとしても、もっと大きな困難への対処を求められることもある。たとえば、「炉を大洪水から保護するには、土台が必要である」。あるいはまた、「平地のすばらしい田畑が羨望と強奪欲の対象となり、炉が野性の動物の襲撃にさらされるとすれば、それらの敵から炉を守るための一層の努力が必要になる」。だから、「炉を保護するために囲い・垣根・壁が必要となり、炉を大洪水でも安全なものとし、遠方からの敵を監視するには、高所（Erhöhungen）が必要になる」。

このように、「炉」に倫理性・精神性・聖性を見たのとは全く対象的に、「屋根」「囲い」「土台」の三要素については、生成の根原的動機そのものが、天候や敵、あるいは大洪水などの自然の脅威から「炉」を保護するという、直接的で自然本能に近い次元にまで極端に単純化されている。ここでは、「最古の（früheste）」という表現を用いて、建築の四要素が次のように簡潔な表現でまとめている。

「最古の建築の四要素は、このように定住にあたっての最初の直接的な必要から生まれた―屋根、土台、囲い、そして全体の精神的中心としての社会的な炉(16)」。

始原の姿と歴史的方法―建築の四要素へ

『建築の四要素』（一八五一）を読めば、誰もが、特にその第五章「建築の四要素」では、建築の四つの原要素の、歴史的な始まり（始原）における「生成」と、気候風土や民族の資質などの諸条件の下での多様な「展開」が、あたかも四本の糸が上へ下へと織り込まれて絵模様をなすかのように、相互に緊密な関係をもって描かれていることに、強い印象を受けるであろう。

そこでの建築に関する描写は、ある部分は『覚書』とつながって変化せず、ある部分では、さらに詳しくなっている。全体として、歴史的方法をより自覚した筆の運びである。

それにしても、この一七年、一八年の間にゼムパーの建築思想がどのように深められて、「建築の四要素」を構想するに至ったのか。その答えをヘルマンやマルグレイヴらの著書に求めても、影響を与えた可能性のある当時の著作や出来事について多くの知識は得られたが、その着想の過程を捉えたという確信は得られなかった。

そこで、『建築の四要素』刊行に至るまで折々にゼムパー自身が書き遺した史料として着目したのが、フィーヴェーク宛ての彼の書簡であった。分析の結果、一八四三年の書簡は、思想形成の起点を示すものとして重要であり、続く折々の書簡にも、形成過程を辿るうえで欠かせない概念とその説明が記されていることが確認できた。

そして、ゼムパーのいう「歴史的方法」、より正確には、様々な民族の建築について「始原」まで遡って「根原的形象」としての四つの「原要素」の発生を捉え、更にそこから歴史上の実例を用いて四要素の展開（あるいは変形）を描いていく方法が、これまでの考察で明らかになったと、筆者は考えている。但し、本章が実際に描いたのは、「始原」への探究、すなわち四つの原要素の発生を捉えたところまでで、その後の展開については、『建築の四要素』そのものを分析する次章で扱いたい。

注記

（1）本章で使う「書簡」は、Wolfgang Herrmann, *Semper und Eduard Vieweg*, in Adolf Max Vogt et al. ed., *Gottfried Semper und die Mitte des 19.Jahrhunderts*（Basel & Stuttgart,1976）, pp.199–237 に収録のものを用いている。
（2）Wolfgang Herrmann, *Zur Entstehung des Stil 1840–1877*（Basel& Stuttgart, 1978）p.96.
（3）とくにゼムパーの建築思考の展開に決定的な影響を与えたのは、一八四〇年代のフランスの Paul Botta と英国の Henry Layard によるアッシリアの遺跡の発掘である。ロンドンやパリに運ばれた巨大な有翼の雄牛やアラバスターの壁画は人々を興奮の坩堝に陥れ、ゼムパーもパリのルーブルでじかに見て、織物のモチーフを感じさせる壁画に、ポリクロミー論と建築の四要素の囲いとの接点を見出した。Herrmann, *im Exil*, p.25 参照。

（4）ディルタイ『近代美術史』（澤柳大五郎訳、岩波文庫、一九六〇）、五六頁。

（5）ゲーテ思想との強い関係を指摘するのは、Heidrun Laudel, *Gottfried Semper, Architektur und Stil* (Dresden, 1991) p.81.

（6）Ibid. なおシェリングの思想との接点についてはMallgrave, *Gottfried Semper*, pp.151–54も参照。

（7）世界の名著『ヘルダー／ゲーテ』三〇五、三五三―五四頁。

（8）ゲーテの自然科学思想におけるUrphänomen, Urpflanze, Urtypusなどの諸概念については『ゲーテ：自然と象徴―自然科学論集―』（高橋義人編訳・前田富士男訳、冨山房百科文庫、一九八二）の「解題」に詳しい。そこには、原因と結果という単純な二元輪で捉えようとすることの危険性が次のように描かれている：「ある一つの経験的現象は、それが置かれる条件が異なれば別の現象になるが、この条件が無数にある以上、変化の可能性もまた一様ではない。だとすれば、自然の研究においては原因と結果を一本の線で結んだものにすぎない因果律はむしろ危険」であって、多様性を生み出すその多様な「条件」こそ問われなければならない。（vi頁）

（9）世界の名著『ヘルダー／ゲーテ』三〇九頁。

（10）イギリスの人類学者プリチャード（James Cowles Prichard, 1786–1848）やドイツの民族学者クレム（Gustav Klemm, 1802–67）らの研究成果の他、考古学上の成果についても、Mallgrave, *Gottfried Semper*, pp.159–63に詳しく紹介されている。

（11）ゼムパー資料室所蔵Ms.31（Vorlesung zur Gebäudelehre, 1848）はWolfgang Herrmann, *Gottfried Semper, Theoretischer Nachlass an der ETH Zürich, Katalog und Kommentare* (Basel&Stuttgart,1981) p.81に収録。この講義録の内容に言及するのはMallgrave, *Gottfried Semper*, p.163.

（12）Ms.33（Vorlesung zur Gebäudelehre,1848）. Herrmann, *Theoretischer Nachlass*, p.81に収録。Mallgrave, *Gottfried Semper*, pp.163–64参照。

（13）この「囲い」にはドイツ語“Umfriedigung”ではなく“Gehege”が使われている。

（14）Herrmann, *Theoretischer Nachlass*, pp.180–84. Ms.55（Vergleichende Baulehre, Vorwort）.

（15）Ibid., pp.185–86. Ms.58（Vergleichende Baulehre. Erstes Capitel, Einleitung）.

（16）Ibid., p.187. Ms.58（Drittes Capitel. Erste Elemente der Wohngebäude）.

第五章　建築の四要素

さて、ゼムパーの中期の重要な著作『建築の四要素』について論じよう。

大倉三郎の『ゴットフリート・ゼムパーの建築論的研究』では、後期の大作『様式』の分析が中心を占めて、他の著書・論文が補助的に扱われており、『覚書』から『様式』までのゼムパーの建築思想の史的展開を明らかにしようとする筆者とは対照的な方法が採用されている。しかし、これまでの筆者の研究からも、ゼムパーの思想と関心が時間の経過とともに変化していることは明らかで、『様式』の枠組みを、先行する著作に当てはめるには細心の注意を要する。とくに本書に関係するところでは、大倉の研究の「附録」によると、氏が入手できなかった著書・論文に『建築の四要素』が含まれていることも指摘しておく必要があろう[1]。ゼムパー思想の骨格が立ち上がってくるのは、実は、この『建築の四要素』なのである。『建築の四要素』は、先行するポリクロミー論、これから出てくる『様式』の被覆論との中間に位置して、どこが変わらず、どこが変わったのかを丁寧に問うべき、重要な論考である。

『建築の四要素』の構成と章毎の概要

タイトル頁に続いて「尊敬する友人であるドレスデンの学校長フリードリヒ・クラウゼ（Friedrich Krause）[2]に著者から謹呈する」という献辞の頁、目次の頁があって、それから本文に入る構成である。本文は一〇四頁、章毎の表題と頁数は、第一章「概観」（一二頁）、第二章「ピュティア」（一七頁）、第三章「化学的証拠」（一六頁）、第四章「さらなる仮説」（六頁）、第五章「建築の四要素」（四七頁）、第六章「応用」（六頁）となっている。

①第一章「概観」

第一章は、金と象牙を用いたゼウスやアテナの神像を復原しギリシアのポリクロミーを積極的に評価した一八一〇年代半ばのカトルメール・ド・カンシーの画期的試み、それを受けて二〇年代にイットルフが行なった、建築全面にポリクロミーが施されたシチリアのギリシア神殿の復原的研究[3]、さらには両者の主張を受けて、三〇年代前半にゼムパー自身がイタリア本土、シチリア島、ギリシアの記念建造物を復原的に考察して、古代ギリシアにおいては全般的に、諸芸術の協働によって高度なポリクロミーが建築全面を覆う形で発達していたという結論に至ったことなどを概観する[4]。

概観しながら、ゼムパーは、ポリクロミー研究が迎えている新局面として、アッシリア、ペルシア、エジプト、ギリシアのアテネに関しても最新の発見と研究が続き相互の関係が把握されて、古代における芸術の発展過程が描けるようになって、ギリシアのポリクロミーが「最早かつてのような孤立現象ではなくなり」、時代も場所も異なる発掘結果を適当に組み合せた「キメラ（Chimera, ギリシア神話に出てくるライオンの頭、やぎの胴、へびの尾をもつ怪獣）」のような復原もなくなってきたことを指摘する。彼自身、第五章「建築の四要素」では建築の歴史的な流れの上にギリシアのポリクロミーを位置づけることを試みて、また、「化学的証拠」（第三章）や「さらなる仮説」（第四章）などの章では化学分析の成果を引用し、それに基づいて仮説を立てるなど、全体として「科学的に」論じようとする姿勢を強く打ち出している。

②第二章「ピュティア（Phytie）」

第二章では、ゼムパーは、自らの処女作『覚書』（一八三四）に対してベルリンの美術史家フランツ・クーグラーが『ギリシア建築・彫刻のポリクロミーとその限界について』（一八三五）[5]で行なった批判に、これまで沈黙していた分を取り戻すかのように徹底した反論を加える。

クーグラーはポリクロミーに普遍的価値を見ない点で一貫していたが、ゼムパーもまた、クーグラーとは全く対照的なポリクロミー観を、変わらずに保持していた。まずゼムパーは、白大理石の神殿に塗装をほどこす習慣が最も広く行なわれたのは、クーグラーが除外する、他でもないギリシア芸術の全盛期だったと反論する。彼によれば、「白大理石の壁に彩色することは最高に洗練された」芸術であり、建築・彫刻・絵画が最高の素材を使って協働する総合芸術としてギリシアのポリクロミーが成立したのである。

そして、クーグラーは現代建築への応用にも反対するが、そっくり模倣せよというのではなく、その質の高さを学べと言っているのであり、北方の場合には「全く別のシステムを有するポリクロミー、つまり穏やかで明るいシステムが必要なのは明白なのである」と彼は論を展開した。同時代のイギリスでのポリクロミー論争再燃を念頭に置きながら、ギリシアのものに匹敵するポリクロミーが北方においても必要だという主張を、「私は、白色の巨大建築は北でも南でも美しくありえないという信念を繰り返す」と、彼は強い調子で訴えている。

クーグラーの論は、古今の文献からの引用で組み立てられたものだった。パウサニアス、プリニウス、ヘロドトスなどの叙述を引用しながら、大理石神殿は基本的に白だったと結論づけようとした。たとえは、ヘロドトスは『歴史』に、サモス人が当時金銀の鉱山を持って裕福だったシフノス島を攻撃したくだりを次のように描いていた。

当時繁栄の絶頂期にあったシフノス人は、自分たちの繁栄が長く続くかと、デルフォイのピュティア（巫女）に神託《しんたく》を請うたところ、

さりながら、シフノスの市公館が白くして
市場の眉も白きとき、げにその時には
木の軍勢と紅の使者を阻むべき
知恵ある人を要すべし。

という託宣《たくせん》が下った。しかも実際に、当時シフノス人の市場ならびに市公館はパロス産白大理石で装飾されていた。ヘロドトスが続いて描くところによれば、シフノスの島民たちはこの託宣の意味が分からなかった。サモス人が現われ、その市に対して赤く塗られた木造船で使者を派遣し金の借入を申し込んだ時も、託宣に従い知恵を使って対応すべきだったのに、無下《むげ》に断ってしまったがゆえに、結局サモス人の攻撃を受ける羽目に陥ったのである。(6)

クーグラーは、単純にこの一節をパロス産白大理石が白のままに使われていた例として引用した。それに対してゼムパーは、「伝令は通常は白」なのに「紅の使者」という託宣の内容自体に、そのまま受け入れ難い何か作為のようなものが感じられると反論する。市公館や市場が「白」だというのも、あくまでも「紅」との対比から来たもののように思われ、両者の色は逆転し得る。しかも一層重要なのは、ピュティアが「市公館が白くして市場の眉も白きとき」に「紅の使者」を迎えたら要注意だと伝えたということは、市公館も市場も本来は白ではないにもかかわらず、建設直後か何か事情があって白の状態になっていたと考え得ることである。ゼムパーは、クーグラーもシフノス人と同じくピュティアの言葉を理解せずに結論を急いだと反論する。

この反論で、彼はよほど溜飲が下がる思いをしたようで、この章題を「ピュティア」とし、加えて、出版社に本のタイトルを『建築の四要素』ではなく『シフノス人の白い市場』とすることを提案したほどだった。(7)

③第三章「化学的証拠」

第三章では、「大理石神殿が白とか淡黄色ではなく、圧倒的な色彩の競演で輝いていた」ことを述べた後、大理石の透明な白が有色のガラス質被覆を透過して見え、全体を薄く細い金の被覆が囲むことで主要な場所が強調されていたことなどを、ゼムパーは明らかに意図的に、具体的痕跡の例を挙げて論じていく。

さまざまな調査報告を引用しゼムパー自身の調査体験を想い起こして、たとえば、ある場所には色彩片が残り他の場所では残っていない理由を、海風や雨の浸蝕作用などを挙げながら考察していくのである。強い日差しの当たる場所で、剝離した色彩片の痕が若干周囲よりも白く残っている例などにも言及する。いずれにせよ、色彩片が見えないのは最初から無かったからではなくて、浸食・風化・剝離などで消滅したのだと、彼は主張したいのである。

しかも『覚書』と比較すると彼のギリシア・ポリクロミーに関するイメージはより鮮明になり、赤、青、黄、あるいは紫のどのような色であろうとも、塗料はいずれもエナメル質の透明な被膜であって、南の強い陽光を透過させ、「きらきらした輝きの中に建物の量塊を消滅させて」非物質的な美を生み出していたはずだと強調する。

そして、ファラデー（Michael Faraday, 1791–1867）の化学分析[8]の報告を引用して顔料の成分に言及し、銅や鉄などの鉱物性のみならず植物性の顔料が使われ、溶媒として蠟《ろう》が使われていたことを紹介している。

④第四章「さらなる仮説」

第四章では、第三章よりもさらに具体的に、蠟を使った彩色法の可能性について述べる。この方法によれば、結晶質で、透明度が高く、しかも陽光、塩分、その他の気候からの悪影響を防ぐ強い色彩被覆が出来上がる。その際に重要なのは、蠟画の手法で直接彩色を施し得たのは大理石と象牙だけだったということである。有色の被覆は、透明であって、結晶質の白い下地の輝きを消すものではなかった。

⑤第五章「建築の四要素」

第五章には、「建築の四要素」という全く新しいテーマが登場する。炉（Herd）・土台（Erdaufwurf）・囲い（Umfriedigung）・屋根（Dach）が、彼のいう四要素である。ゼムパーは、囲いを「建築の四要素」の独創性を象徴するものと捉えていたが、「建築の四要素」に関する説明では、まずは炉から入り、他の三要素は炉との関係を通して語られる。

たとえば、ゼムパーはこの章で、始原まで遡ると建築には四つの「原要素（Urelemente）」が見出され、その各々に対応してそれを作る「原技術（Urtechiniken）」が存在するという、実に興味深い論を展開するが、その際に彼は、炉には陶芸と、後には金工が、土台には治水仕事と石工が、屋根及び付属物には木工が対応すると、この三者までは淡々と対応関係を述べていく。ところが囲いについては、「では、囲いからはどのような原技術が発展するのか」と問いを発し、「壁面調整の技術であり、それは具体的には筵《むしろ》織りであり絨毯《じゅうたん》織りである」と、みずから答える。そこで更に、「このような主張はなかなか納得しがたいであろうから、もう少し根拠を説明する必要があろう」と前置きしてから、囲いの発生と展開の歴史を語り始める。

まず始原での、空間を閉じる囲いの生成が語られ、次に、その際に囲いから発展する「壁面（Wand）」は、石積みの土台から発展する「壁体（Mauer）」とは根本的に異なることが指摘される。そして、その後の発展過程において素材が変わっても、囲い・壁面の理念は継承され、壁体とは混同されなかったことなどが述べられる。

ここで注目すべきは、ヘルマンやマルグレイヴも指摘するように、たとえ素材が別のものに置き替えられても、絨毯による囲い、あるいは壁面の理念と表現は継承されていくという『建築の四要素』の最も独創的部分を、フランスのボッタらによって発掘されルーブル美術館に運ばれたアッシリアのレリーフ壁画から着想したようで[9]、ゼムパーが、一例に挙げるにしてはあまりに詳しく、アッシリアの「絨毯による壁」について論じていることである。少なくとも『建築の四要素』執筆当時、ゼムパーの思考がアッシリア遺跡のこのような発掘品から受けた圧倒的な印象によって占められていたことを考え合わせると、前述のように、囲いという「原要素」に対応する「原技術」として、枝・樹幹などを編んだり組んだりする始原の技術を飛びこえて、一気に「絨毯織り」を挙げたことも、理解できよう。

以上のような、「建築の四要素」のなかでもゼムパー自身が独創的だと確信していた囲い・壁面に関する思想については、後で詳しく論じる。

ゼムパーはアッシリアについて論じた後、エジプトと中国における「壁」について述べ、インドと初期アメリカにはごく簡単に触れ、フェニキアとユダヤの建築についても聖書などの文献から壁仕上げに関する記述を拾い出している。

その全てが、多様な装飾をともなって壁体を被覆することが、ギリシアの前にも「あらゆる民族の間で習慣的に広く行なわれていた」ことを示すものだった。そして、ギリシアのポリクロミーもまた、アッシリアの壁画に先行形態を見ることができる、彫刻・絵画・建築という諸芸術の協働によって生み出された高度な壁面仕上げに他ならない。だからゼムパーは、「再度私の考えを繰り返すが、ポリクロミーは古代から住宅の内装などで、壁の本体をつくる石工ではなく壁面仕上げの職人技術から発展してきたものだ」と主張する。こうしてゼムパーは、囲い・壁面の発達史の中にポリクロミーを位置付けたのである。

ここまでで既に第五章の三分の一の紙面を費やして「囲い」という要素について語り、その展開の頂点にポリクロミーを位置付けているところから、ゼムパーが、かなり強引に前章までの内容と関連づけようとしたことが分かるであろう。第五章で「建築の四要素」の思想について、「屋根」や「土台」なども含む四要素の相互関係、とくにその歴史や関係を支える条件などについて論じられるのは、これ以降である。

⑥第六章「応用」

第六章の重点は、古代ポリクロミーを十九世紀に再生する場合の留意点を述べるところに置かれている。たとえば、「その国の気候とか習慣さえも、色調とか主題の選択の際に考慮すべきこと」、あるいは、「塗装というよりも洗練され高度に発達した芸術としての絵画の力を借り、それと協働する努力をすべきこと」などである。そしてもう一つ、彼はポリクロミー効果の新たな可能性として、顔料を塗らずに、「多様な有色材料」で覆う方法があることを強調する。木、煉瓦、あるいは多様な色・文様をもつ大理石や黒御影石などを、空間境界のもつ視覚的効果の観点から積極的に導入する可能性が示唆されている。

「囲い」と「壁面」という要素

ここでは「建築の四要素」の一つである「囲い」について、その始原での発生、壁面への展開、素材の代替による変形の可能性などについて、あくまでもゼムパーの論の展開にそって、要約しつつ分析を進めていこう。

①「土台」からの「壁体」、それに先行する「壁面」

まずゼムパーは、裸で生活する人類史の始原において、人間が外から内を隔て、我が身と所有物を守るために、単純な編み細工で囲いをつくったことから書き始める。たとえば、彼らは裸で生活していても、「その発達した芸術感覚を、敷物や覆いを組んだり編んだりすることに使い」「最も根原的な囲い、あるいは空間閉鎖、つまり最も粗野な編み細工として、枝や幹を編んだ生垣をつくっていた」。ゼムパーの類推によれば、やがて毛皮や動植物の繊維を編んで敷物や絨毯をつくるようになり、それらを壁として吊し、内部空間を外部と分離し、さらに内部を細かく間仕切るようになった。このように純粋に空間を囲い込んだり分離したりするものを「壁面」と呼び、彼はそれを、石や煉瓦の組積造による構造体としての「壁体」とは区別する。壁体のほうは、四要素のうちの別の要素である「土台」、すなわち石工・煉瓦工の技術から発生してきたものであった。壁面と壁体は、生成の理念やモチーフからして根本的に異なる。壁面は、人間の存在とか必要により密接に結びついた理念でありモチーフであって、その発生は壁体より早い。素材は何であれ、とにかく囲い、覆いたいという欲求は、人間の生活から何よりも早く出てくるものである。ゼムパーはその生成の経緯を、「財産を非所有者から隔てるために垣根をつくり、床面を調《ととの》え、日差しや寒気を防ぐ覆いとし、住居内部を空間的に分割するために筵や絨毯を用いることは、特に気候の穏やかな地域では、大抵、石造の壁体よりもはるかに先行していた。石造の壁体は、囲いとしては別の、テラス（土台）の建設で発達した組積造の技術が、後になって壁の領域に持ち込まれたものである」と説明している（五七頁、引用・参照する原書の頁を示す。以下、同じ）。

②「可視的空間境界」という理念

壁面と壁体の違いを識別するには、現象に惑わされずに理念を捉えることがいかに大切かを、ゼムパーは繰り返し強調する。ここでも彼は、「遡れば編み細工が根原的なものであって、時代が下って軽い筵の壁が日干《ひぼ》し煉瓦・（焼成）煉瓦・切石などを積んだ堅固な壁体に置き換えられたとしても、内実あるいは理念にしたがう限り、かつて有した重要な意味、つまり壁面としての本質は完全に維持されている」と書く。彼は、こうも書いている。

「絨毯こそが常に壁面、つまり空間の可視的境界であった。その背後に、しばしば極めて堅固に造られる壁体は、空間性とは全く無関係であって、構造上の安全性や耐久性などの理由から求められるものであった。しかし、これらの二次的理由もない場合には常に、絨毯が空間を分離する唯一の根原的手段であった。堅固な壁体が必要とされても、それは真の正統な壁の表れとしての多色織り絨毯の背後に置かれる不可視の構造体にすぎなかった。壁面そのものは、それ自体の耐久性や背後にある壁体のより良い保護のため、あるいは経済性やより華やかな表現の追求のために、その素材が別のものに置き換えられても、本来の意味を失うことはなかった。人間の発明意欲があらゆる種類の技術を次々に利用して、多種多様な代替品を生み出したとしても」（五八頁）。

③理念の一貫性と素材の代替可能性

壁面、すなわち目に見える空間境界に使われる例として、ゼムパーは、絨毯に代わるものとしてスタッコ・羽目板・釉薬《ゆうやく》テラコッタ・金属プレートを、そして、もう一つ、アッシリア・ペルシア・エジプト・ギリシアなどに広く見られる砂岩・花崗岩・アラバスター・大理石などの石張りを挙げる。最も肝心なのは、代替素材が使われても原像（Urbild）が保たれていたことである。

「木・スタッコ・陶土・金属・石の上の絵画や彫刻は、長い時間が経過してその伝承すらが意識されない状態になっても、太古の絨毯壁の多色の刺繍や格子細工の原像を留めている。（略）オリエントのポリクロミーのシステム全体が、絵画やレリーフ彫刻などとともに、勤勉なアッシリア人の織機や染色樽、あるいは原始時代の工夫好きな彼らの先達から生まれたものであった」（五九頁）。

このように、ゼムパーは一気に囲いとポリクロミーとの接点にまで筆を進め、共通の起源をアッシリア文化に見ようとする。代替の素材が用いられて全く異なる様相を呈しているにもかかわらず、なおそこに同一の理念なり動機《モチーフ》なりが保持されていると断定することは、実は容易なことではない。こんなに違って見えるのに、なぜ、同じ理念、同じ動機と言えるのか。誰もが、そう問うだろう。ゼムパーとしては、様相が完全に変わらず、「代替素材が使われても原像が保たれ」、つながっている関係が視覚的に確認できるような実例が、論拠としてほしいところであった。幸運にも彼は、アッシリアの遺跡からもたらされたレリーフ壁画の「太古の絨毯壁」らしき表現に、求める論拠を発見した。若干唐突にも思われる「太古の絨毯壁」「アッシリア人の織機や染色樽」「彼ら（アッシリア人）の先達」などへの言及は、アッシリア文化を評価し過ぎるようだが、それもアッシリア壁画から受けた印象と、そこで得た囲いとポリクロミーを結ぶ歴史的脈絡に関するインスピレーションに彼が、良きにつけ悪しきにつけ、圧倒的に支配されていたことを示していると考えてよいであろう。

写真5-1．コルサバードのサルゴン2世の宮殿を飾る壁画レリーフ。小さな山羊を抱える男。絨毯芸術とのつながりを想像させる表現が随所に見られる。アラバスター（雪花石膏）。紀元前八世紀末。パリ、ルーヴル美術館所蔵。

この後は、アッシリア壁画の分析が続いていく。

④論拠としてのアッシリアのレリーフ壁画

彼の関心は、あくまでもアッシリアの壁画、すなわち壁体への絵画・彫刻的被覆に、最古の姿としての絨毯の表現と技術が生き続けていることを示すところにあった（写真5−1）。

自説の正当性を示す確証を得たという心踊る思いを抑えきれない調子で彼は、「アッシリア人は、その根原での状態を留めているという意味で、このモチーフの最も忠実な保持者と言えるかもしれない」と書き始め、「人類最古の記録でも、アッシリアの絨毯生産は、色彩の華やかさとそこに織り込まれた想像力豊かな表現技術のゆえに高く評価されている。そこに描かれた神秘的動物、竜、獅子、虎などの表現は、今日《ニネヴェの壁》に見られるものと完全に一致している」（五九—六〇頁）と続ける。

そして、内から沸き上がる表現欲求を感じさせながら平面に押しつけられたような独特な表現方法にも、ゼムパーは、絨毯技術の影響が強いのではないかと考える。

「さらに比較が許されるならば、そこに描かれる対象のみならず方法においても、完全に一致している。アッシリアの彫刻は、たとえ異質な素材の導入によって地から図を浮き立たせる新たな手段が与えられたとしても、その根原（起源）からの制約をなお受けている。生き生きした自然の真理を求める葛藤が現われているにもかかわらず、それが与えられた制約を超えられないのは、社会的ヒエラルキーの圧力が原因ではなくて、宮廷儀式の専制的性格に加えて、彫刻とは本来異質な絨毯技術がなお作用し続けていたからである」（六〇頁）。

具体的に描写すると、「人像の姿勢は硬く、しかし言葉通りそのまま硬直したというよりは、外からの力で拘束されているように感じられる。「鋭く糸を引いたような鮮明な輪郭、硬く密実な筋肉の表現、装身具や刺繡がその表面を飾る様子は、その根原が何であるかを示している」。これまでも何度か出てきた「根原」とは、装飾壁画の根原のことであって、この場合は「絨毯」のことである。

結果として、芸術史的に見れば、アッシリア彫刻は、

「誇張があるが死んだ様式ではない。しかし、どれも、たえ永遠のほほ笑みを湛《たた》えていても個の表現を感じさせない。この点において、それらはエジプト彫刻よりも優っているとは言い難く、むしろギリシアの初期の作品につながる」（六〇―六一頁）

と彼は考える。ここに彼は、アッシリア芸術とギリシア芸術とのつながりをも見出したのである。このようなアッシリア彫刻と絨毯技術との結びつきは、もう一人の発掘者、英国人レイヤードの報告からも裏付けられる。

「レイヤードによれば、《ニムルドの壁画》は強い黒の輪郭で縁取られていた。地は青か黄色であった。像を碑文入りの帯装飾で縁取ることは技術的に絨毯に近い」。そもそも「碑文の楔形文字の特徴が完全にこの技術に対応するものである。針仕事にとって、これ以上にふさわしい筆記法を発明することができようか」（六一頁）。

最後に、アッシリア人の装飾壁画の製作方法を調べると、

「まず石を地面に並べて平面をつくり、その平面に装飾を施し、釉薬をかける。こうして製作された石造の壁画を、被覆（Bekleidung）として煉瓦の壁体に張りつけた」（六一―六二頁）

のである。こうしてゼムパーは、彼の言う「壁面仕上げ」の根原を、そこに用いられた技術とともに、歴史的な証拠を示しつつ描くことができたのである。

ギリシア芸術文化の生成について

①二大要因―「モチーフ」の腐植土と「理念」

ゼムパーは、その著『建築の四要素』の第五章で、四要素とそれに対応する四つの原技術の存在という独創的な理論を提示した後しばらく、その四要素の一つである「囲い」を中心に論を展開していった。

そこで見落としがちなのは、この四要素について述べる前の第五章冒頭で、彼自身と同時代にとって最大の関心事でもあった「いかにギリシア文化が成立したか」という問いに対するみずからの考えを、ゼムパーが簡潔に描いていることである。しかも、「長い間生命を失い風化していた多くの先行する状態と、外部から導入されたが当初の意味ではもはや理解不可能な異質なモチーフが混合してできた腐植土（Humus）の上にのみ、ギリシア文化は成立し得た」（五二頁）という最初の一文が、彼の考えを見事に要約している。

このことは、この後、ギリシアの神話・文芸・造形芸術に関して、内外からの多様なモチーフ群が一度は生命を失い堆積して腐植土となり、その腐植土から新しいギリシア芸術が誕生したという、全く同じ趣旨の主張を繰り返していることから

も明らかである。

以上の一民族（この場合「ギリシア人」）の芸術文化の生成に関するゼムパーの主張について、その要点を整理すると、以下の三点になる。

a．異国から導入されたモチーフも太古からの土着のモチーフも、全く平等に扱われること。

b．いずれのモチーフもすべて一旦、生命を失い形骸化してその場に堆積し、多様なモチーフ群の腐植土を成すこと。

c．新たな芸術文化は、こうして出来た多様なモチーフ群の腐植土が存在するところにのみ誕生し得ること。

では、太古からの土着のものを含む全てのモチーフが一旦生命を失い形骸化してしまうとすれば、そこから新しい芸術文化が生成するに際して、何が契機となるのか。

当然、この問いが出されよう。それが「理念」だとゼムパーは考えた。だから彼は、建築を含む芸術文化は「偉大な師である自然と同様に、その素材を、自然が規定する法則にしたがって選び利用するが、生み出される作品の形態と表現は、素材ではなく理念に依存させるべきではないだろうか」と言う。そして、「建築の理念の表現は、もしその理念の具体化に最もふさわしい素材が選ばれるならば、一つの自然な象徴として現象し、そこには美と意味がともなわれている」（五四頁）とも彼は言うのである。

したがって、第四点として、次のようにまとめることができる。

d．芸術文化の新たな生成の契機となり、それを方向付け、作品に美と意味を与えるのは、理念である。

②「要素」と「モチーフ」「理念」との関係

ゼムパーは、最初はモチーフの語を用い、建築の四要素に関する「炉は、建築の最初の、最も重要な、そして倫理的な要素である。その周囲に、他の三つの要素が集まる。屋根・囲い・土台である」という文章から、要素という語を使い始める。この後には、「気候風土、相互関係のこのうえなく多様な影響の下に、そして民族の資質の違いによって、人間集団が各々異なって自己形成するのに従い、四要素の相互の組合せもまた、ある要素が発達すれば他の要素は引っ込むという具合に、様々に変化しなければならなかった」という文章や、既に言及した要素と原技術との対応関係を述べる「その要素には、人間の異なる技能が対応していた」（五六頁）という文章が続いている。

四要素の一つである「囲い」の分析からも明らかであるように、ゼムパーのいう要素は、民族の枠を超えて伝播し、それぞれの民族文化のなかで特有の現象形態をとるもので、その意味でモチーフという概念にきわめて近い。

マルグレイヴは、ゼムパーが要素という語を、状況によって異なる形態を帯びるモチーフとか理念の意味でしばしば用いており、とすれば多かれ少なかれ固有の形態を帯びた要素という語を選択したのは、読者を「幾分惑わせるものだ（somewhat misleading）」と批判している[10]。

だが、ゼムパーが要素概念を用いた背景には、フランス人化学者ラヴォアジェ（Amtoine-Laurent de Lavoisier, 1743–94）が『化学要論（*Traité élémentaire de chimie*）』（二巻、一七八九）などを通して蘇らせて話題となった、古代以来の、宇宙を構成する要素／元素（element）に関する思想があったことを理解する必要がある。アリストテレスが証言するギリシア哲学前期、ミレトス派の哲学者が考えた世界の四元素論（地、水、空気、火）は、中世・近世を超えてヨーロッパ思想界に連綿と受け継がれ、ラヴォアジェらは実験と分析によって、それに根本的な修正を迫ったのだった[11]。

そしてもう一つ、ゲーテが原現象（原植物・原動物）を考えた時にそうであったように[12]、ゼムパーもまた、個々の「要素」を常になんらかの形態を帯びたイメージとして伝達可能なものと捉えており、ゆえに図示できる原型的な例を経験界に求め続けていたことも、併せて指摘しておきたい。そこからゼムパーの場合、多様なメタモルフォーゼの歴史を、原型的なものを求めて始原にまで遡ろうとしていたのであり、それが彼の言う歴史的方法であった。ゼムパーのいう「要素」は、決して抽象的な理念ではなく、また同じく、抽象的にしか捉えられないモチーフ概念とも異なっていた。マルグレイヴは、要素という用語に関して「モチーフか理念の語を用いるべきだ[13]」と指摘するが、それは、こうした理由からであった。

「屋根」という要素

①気候風土による複数の始原

一般に先史や古代の建築について論じるには、まずシェルター（覆い）としての屋根に言及することが多いが、ゼムパーが屋根に言及するのは、四要素のうちの最後だった。というのも、ゼムパー思想のきわめて重要な特徴と言えようが、彼は、人間社会の発展段階や気候風土などの前提条件によって必要とされるものが変化し、それに対応して建築の四要素もそれぞれに重要度が変わり発達の度合いも違ったと考えていた。

たとえば、平地に家を建てる必要があれば、原始の小屋の多くがそうであるように、人類は、壁はさておき、屋根を組み立てるところから取り組んだであろう。だが、はるか太古に遡るほど世界に実例が増えてくる洞窟住居の場合には、まず炉をつくり、簡単に床を整え、屋根と壁体には洞窟そのものを利用した。ただし、この状況でも、簡単に何らかの囲いを作ったであろう。

要素を論じる際に順番が最後になったのは、四要素のなかでの屋根の重要度が、常に、劣ることを意味していない。むしろ逆に、「人間が小集団を組んで現われ、ただ炉を天候から保護すればよく、所有権が未だ発生していないところでは、建築本体を構成する三要素のなかで屋根が最も重要だったに違いない」とも、ゼムパーは書いているのである。まず屋根をつくる。そして次に、その中に炉をつくる。同時に、床《ゆか》を整える必要もあったであろう。だが、温暖で平和ならば、みずからの所有物を他者から隔て、寒さや他者の侵略から身を守るための囲いは、必要なかったかもしれない。屋根が、人間が家をつくり集落を構成する過程において、精神的にも重要な意味を帯びてくることを、ゼムパーは次のように書いている。

「屋根はまず持ち運び可能なテントとか、地面に掘り込んだ凹みの上に差し掛けられただけの最もプリミティヴな様態で現われ、次第に地面の上に姿を現わしていった。苦労と闘いに満ちた野外の自然生活とは対照的に、この小屋の中では住宅らしさが形成された。それ自体、閉じられた小世界であって、ただ優しい陽光のみが、壁にうがたれた開口から射し込んでくるのである。（略）これらの小屋は、それぞれに独立して、あるいは、自然風景のなかに川の流れに沿って集落を形づくっていった」（六九―七〇頁）。

②展開を支配する三原理──拡大・要塞化・服従

このように、家が形づくる平和でのどかな始原の風景が描かれる。その風景は、まさに戦いのない穏やかな理想郷のそれである。しかし、時間が経過して所有と非所有の格差が現われ、それと同時に戦いと防衛の必要が強まると、建築のあり方も変化していった。

彼はこの展開の支配原理として、「拡大（Vergrösserung）」と「要塞化（Befestigung）」を挙げる。この二つの原理のもとに、小屋だったものが、たとえば小要塞とか塔状の多層建築にまで発展する。いずれの場合も、屋根に加えてテラス（土台）が主要素となり、壮麗な段状構成にまで発展することがある。

その際に重要なのは、土地に根をおろして富と権力を貯えながら生活が連続的に成長する場合、要塞化しつつも建築が内部から有機的に拡大することである。それに対して、第三の支配原理となる「服従（Subordination）」が働くと、建築は全く違った展開を示す。同じ要塞化の原理が同時に働いても、この服従が支配原理となる場合には、内部からの有機的拡大にならず、同じものの反復か、あるいは大きく立派なものの縮小・模倣にしかならないのである（七〇─七二頁）。

そして、ゼムパーによれば、これらの屋根あるいは小屋から展開してくるタイプの他に、同じく要塞化の現象を示すものに、囲いから展開した中庭タイプがあった（七一頁）。

民族学が示す「ギリシア前」──中国・エジプト・アッシリア・フェニキア

このように「囲い」「土台」「屋根」の要素について説明を終えたところで、ゼムパーは「民族学は、ギリシア的状況が展開する前に、社会的存在としての人間に内在する建築本能（Bauinstinct）がすでに独自の発展をして、それぞれに興味深い例を生み出していたことを明らかにしている」（七三頁）と書いて、ギリシア前の時代の建築を、「中国的」「エジプト的」「アッシリア的」「フェニキア的」という四タイプに分けて説明している。

この四タイプでは、建築の四要素の現れ方が、その展開を支配する拡大・要塞化・服従という三原理の影響によって異なる。つまり、四要素は気候風土や社会状況などの条件によって全く異なる現れ方をすることが、ここで改めて強調される。

①中国建築―小屋／屋根

中国建築は、建築の外観を形成する三要素が互いに独立しつつ、小屋の最も基本的な形を保っている例である。それには理由があり、服従の原理が支配する社会状況が続くことによって、土着の要素が有機的に拡張することができず、結果として、外部からの影響を排除した状態で五、六千年の間、小さな変化はあっても基本的に同じ状態に留まっているからである（七三―七四頁）。

②エジプト建築―囲い

エジプト建築は、主としてわれわれが「囲い」と呼ぶ土着的な要素が、拡張の原理に従って中庭形式へ、そして複数の中庭が組み合わされる複合体へと発展した例である。そこでは、「囲い」からの発展ゆえに、壁仕上げの職人とかその系列から出てくる塗装屋や彫師などのギルドが活躍する。もう一つの要素である「屋根」は、神室に載るピラミッド状の屋根飾りに象徴的に現われるが、ゼムパーは、一般的に大ピラミッドもまた、この神室の屋根が巨大に発達したものではないかと考えている。ただし、一般的に中庭に張られる天幕は、屋根というよりも、内側から帆を広げるように張り渡されるもので、織物職人とか壁仕上げ職人の領域に属するものである。つまり、天幕は屋根ではなく「囲い」の要素から発展してくるもので、それを下から円柱が支えることはあっても、円柱が梁と一体となって屋根のシステムを形成するわけではない。そこに、エジプト建築が拡大の歴史を辿りながらギリシア建築ほどの「オーダー」をつくり上げることができなかった原因があると、ゼムパーは考える（七七頁）。

③アッシリア建集―土台（テラス）と囲い

メソポタミアはエジプトと同様に古代文明発祥の地だが、エジプトでは土着の建築が漸進的に拡大したのに対して、メソポタミアはさまざまな民族が征服と被征服の歴史を繰り返し、文化の融合が行なわれたものの、建築に関してはエジプトほどの拡大には至らず服従の原理のほうが強かったと、ゼムパーは考える。彼によれば、同時代の発掘調査が明らかにしたように、アッシリア建築にとっての土着のものは四要素のうちの土台であり、それが段状テラスとなって壮麗に発達した。また、アッシリア人は「囲い」の要素に結びつく織物や壁仕上げの技術にも長《た》けており、土台から発達した段状テラスや厚い壁体に見事なレリーフ壁画などを残した。だが、柱や壁パネルに使われた木も、屋根を発達させるには足りず、そもそも屋根は、アッシリア建築では従属的な役割しか果たしていない。有名な段状ピラミッド（ジッグラトを指す）も、ヘロドトスが書いているように[14]、頂上に小神殿がたつ巨大な基壇でしかない。しかも、その全体が広い矩形の基壇に支えられ、基壇の周囲を頑丈な胸墻《きょうしょう》付き塁壁が巡り、各辺に一つか二つ、ごく限定的に高いアーチ門が設けられていた。宮殿では諸室が中庭の周囲に配され、その壁体は金属・彫刻壁画・色彩で覆われて輝き、門や主たる出入り口には、有翼人面獣身の守護神の巨像が立っていた。

この後のギリシアとの関連で円柱の発達具合も調べなければならないが、ここには独立円柱あるいはそれを並べたペリスタイルが存在した形跡はないと、ゼムパーは続ける。アッシリア＝ペルシア建築の場合、それに代わるのが、きわめて多目的に利用できる多柱式ホールだが、最初はオープンな中庭として発生したものが、後にアッシリア人によって木製の円柱群が支える天井が導入され、さらにペルシア人によって高価な石材による多柱式ホールとして完成された、と彼は考えている（八四―八五頁）。

④フェニキア建築――ペリスタイル形式（囲い）と装飾

古代のギリシア人はフェニキア人の発明した文字を改良して自分たちの言語のアルファベットをつくったが、建築に関してもフェニキア人から多くのものを受け継いだ。しかも、交易国家を形成して盛んに活動していたフェニキア人は、すでに司祭や王たちの拘束から解放された自由な芸術文化を享受し始めており、その自由な精神をもギリシア人に伝えたのである。

なかでも、「フェニキア的なスタイルが完全に自立して現われているのは、ペリスタイル形式の、すなわち周囲を円柱の列柱廊が巡る中庭である。アッシリア人もエジプト人も、後のギリシア人のものと同系の、このペリスタイル形式で四周を囲んでいくような中庭の構成方法を知らなかった」。「最終的にフェニキア的なのは、そのような建築複合体を構成し装飾する方法、そして円柱のオーダー構成と、金属による被覆装飾や各種の銅製容器などが示す豊かさである」（八七頁）。

ギリシア建築、とくに神殿の成立について

これまでに見たように、ゼムパーは、ギリシア文化の誕生にはモチーフ群の腐植土《ふしょくど》の存在が不可欠だと考えていた。それぞれの要点を掻《か》い摘《つま》んで見た「中国的」「エジプト的」「アッシリア的」「フェニキア的」な文化が、ギリシアにとっての腐植土をなすものだった。

ここでも、ゼムパーは「さまざまな建築要素の組み合わせと異種交配」の成果を見るのに、迷うことなく直ちに「ギリシア神殿」の分析へと進む。

神域は、あのアジア的すなわちアッシリア的構成に似て、多かれ少なかれ周囲より高い、ときには圧倒するように聳える力強い基礎構造体の上にあって、そこに整えられた矩形平面の基壇の上に神殿がたつ。その基盤（スタイロベート）には、数段の階段で昇る。それは、ほとんどの場合、手摺《てす》りもないオープンなテラスである。

神殿は、その基本形式としては、切妻屋根を有する矩形の建物であって、その内部は一つの神室で占められていた。前面のポーティコのアンタ（脇壁）に挟まれた空間のみが、円柱によって飾られた。しかし、やがて存在意義を高め、基本理念の展開にともない、神殿の周囲に円柱が巡らされるようになった。こうして建築の印象は高められていくが、全体的な芸術効果の焦点には神殿建築ではなく神像が来るべきであった。そこでギリシア人たちは、神殿のインテリアを一種のペリスタイル形式の中庭のように造形して、その奥まったところに神像の立つ聖所を設けた。ペリスタイル形式の中庭のようになった神室には、屋根が設けられない場合もあった。このように屋根を取ってしまうか、あるいはバシリカのように屋根／天井を極端に高く引き上げ、高窓によって上方から採光するか、いずれにせよ、もともと「屋根」と「囲い」という異なる始原から発展してくる二つの要素の異種交配がもたらす結果は、決して一通りではない（九四頁）。

大規模な神殿の場合には、列柱が巡るこの中庭の壁や柱間は、彫刻・金属細工・絵画の最高傑作によって華やかに飾られた。そして、期待が次第に高まり、金色に輝く壮麗な神像を目にした瞬間に、興奮が頂点に達するように構成されたのである。神殿では、炉が祭壇へと発展した。四つの要素が自立しつつ一丸《いちがん》となって、偉大な目標すなわち理念のために協働する。

「個々の完全性を損なうことなく、見事に全体の調和が達成されているのを目のあたりにすると、ギリシア文化と蛮族のそれとの間には、無限の距離があることを感じざるを得ない。そこでは、後《あと》にも先《さき》にも達成されたことのない調和を以て、建築の四要素が、偉大な目標を目指し一丸となって働いているのである」(九三頁)。

建築の四要素──建築の生成・展開を捉える方法の獲得

『建築の四要素』という著書は、「ポリクロミー」と「建築の四要素」という二つのテーマで構成されているが、この両者は、強い関連性をもつものであった。すでに考察したように、ポリクロミーが、建築の四要素の一つである囲い・壁面、そこから派生してくる被覆概念に包摂されていく過程を、ここに見ることができる。

一八四〇年代末にはゼムパーは、始原まで遡って根原的な四要素の生成を捉え、さらにその後の展開を描く「歴史的方法」を構想するに至っていた。第五章「建築の四要素」は、実際にその方法を用いて、ギリシア盛期の神殿まで古代世界における建築の展開を描き出した点に、決定的な意義を有している。

何よりも重要なのは、民族性や気候風土などの条件によって各要素の生成と発達の度合いが変化すると考える点で、そこから中国、エジプト、アッシリア、フェニキア、そしてギリシアなどの建築的特質が、四要素のあり方の比較という一つの視座から把握されるようになった。

そして、この第五章で「ポリクロミー」は高度な壁面仕上げと捉え直されて、建築の四要素の一つである「囲い」に包摂されていくが、ゼムパーの中では、繊細で鮮やかで透明感があって非物質的でもある、いわば被覆の理想の姿として生き続けることになった。建築の全体的な現象としての「様式」、その現象を生み出す実践論としての「被覆論」が、彼がこれから書き上げる様式論の核になっていく。

注記

（1）大倉の研究方法論に関しては、前掲『ゴットフリート・ゼムパーの建築論的研究』一〇―一一頁参照。

（2）クラウゼ博士は、ドレスデンのある男子学校の校長で、ゼムパー設計によるドレスデン郊外のヴィラ（1839）と市内の邸宅（1848–49）の施主であった富裕な銀行家オッペンハイム家とともに、亡命中のゼムパーを経済的・精神的に支援し続けた。

（3）イットルフは復原的試みを、出版物やパリのエコール・デ・ボザールでの講義などを通して公表していった。彼の試みは、カトルメール・ド・カンシーの彫刻におけるポリクロミー復原の建築版と考えられるが、特に影響力を発揮したのは、古代ポリクロミーを「システム」と捉える考え方であった。但し、彼の復原図は、場所も時代も隔たっている遺構から得た調査結果の寄せ集めであって、それが激しい批判を呼ぶことになった。Mallgrave, *Gottfried Semper*, pp.35–38 参照。

（4）ゼムパー自身も三巻構成で『建築と彫刻における色彩の利用』（1836）という復原的研究を刊行する計画で、『覚書』（1834）は当初その出版予告のつもりであった。二種類のタイトル・ページと部分的に彩色された六枚の図版が、ロンドンのヴィクトリア&アルバート博物館《ミュージアム》にある。Mallgrave & Herrmann, *The Four Elements of Architecture*, pp.12–14 参照。

（5）Franz Kugler, *Über die Polychromie der griechischen Architektur und Sculptur und ihre Grenzen*. 初出は一八三五年三月二六日。Franz Kugler, *Kleine Schriften und Studien zur Kunstgeschichte*, vol.I (Stuttgart, 1853) pp.265–327 再録。

（6）翻訳は『歴史』（青木巌訳、新潮社、一九六八）一八六頁と『歴史』（松平千秋訳、岩波文庫、一九七一）上巻、三二〇頁を参照した。「眉」の表現については、後者の注記（四四一頁）に「神託らしく謎めかした表現。眉とは市場の周囲にめぐらした柱廊を指したものか」と説明されている。

（7）出版社主E・フィーヴェーク宛てのゼムパー書簡（一八五一年一月一九日付）。Herrmann, *Semper und Eduard Vieweg*, p.229.

（8）Semper, *Die vier Elemente der Baukunst*, pp.44–45. ファラデーの化学分析とは、一八三六年に大英博物館の依頼を受けて、第七代エルギン伯トマス・ブルースがパルテノンから持ち帰った建築の装飾彫刻のコレクション、所謂「エルギン大理石」にポリクロミーの痕跡があるか否かを調査したもの。

（9）ゼムパー思想へのアッシリア壁画の影響を最初に指摘したのは、ヘルマンである。「ゼムパーは、館長の厚意でルーブル美術館では特別に、非公開の状態にあったアッシリアのレリーフを間近に観察することができ、強烈な印象を受けた」。Wolfgang Herrmann, *In Search of Architecture—Gottfried Semper*（Cambridge, Massachusetts, 1984）p.24参照。

（10）Mallgrave, *Gottfried Semper*, p.185には、elementsの用語について“misleading”だと言い切り、「後のゼムパー理論から明らかであるように、彼はelementsを物質的な要素とか形態の意味ではなくmotifsとかideasとして捉えている」と説明されている。

（11）因に、ラヴォアジェは今日の元素分析法の原型となる方法によって酸素や水素を抽出してこれらを元素と認め、空気や水そのものを物質界の始原の構成単位（元素）とする考え方を否定したのだった。

（12）ゲーテは、「原（Ur-）」によって、自然現象を抽象概念でまわりくどく定義せず、その原型的なもの、典型的なものを捉えて視覚的に定義しようとしていた。その場合、原型的なものは、自然現象が現実界でとる多種多様な姿を内包してこの経験界に存在する。しかも、その現実界での多様な姿は、原型的なものが現実の条件に応じてメタモルフォーゼすることによって現れると、彼は考えたのである。

（13）Mallgrave, *Gottfried Semper*, p.185.

（14）バビロンのジッグラトに関するヘロドトスの記述については青木訳『歴史』八二頁、松平訳『歴史』（上巻）一三六頁を参照。

第六章　科学・産業・芸術

ゼムパーの中期におけるもう一つの主たる著書『科学・産業・芸術』（一八五二）[1]については、執筆の動機・経緯が不明瞭で、これまで内容の分析も、ゼムパーの建築思想に占める位置の分析も、ともに不十分だった。

執筆の直接の動機は何だったのか。それを、もう一人の重要人物である、当時ロンドン万国博覧会開催、産業芸術の振興とその教育制度の改革という大きな動きの中心にいたヘンリー・コール（Henry Cole, 1808-80に）との関係を探ることによって解明し、併せてコールの思想と実践が、ゼムパーの思想形成に与えた影響も見ておきたい。

次に、ETHのゼムパー資料室に保管されているいくつかの草稿を分析して、『科学・産業・芸術』執筆のプロセスを復原考察する。

そして最後に、『科学・産業・芸術』を章毎に分析して、彼の建築思想がこの著書の中でどう新たな展開を示しているかを明らかにしたい。

『科学・産業・芸術』誕生の状況―出版社主との交信から

とにかくドレスデンで教授として教えている間は、講義やら設計の依頼やらに追われて建築論の執筆が全く進まない。一八四九年五月のドレスデン蜂起に加わり鎮圧され、亡命者となってパリに移った後、ゼムパーは、やっと執筆に没頭できるようになった。そこで、まず「セーヴル、一八四九年七月二〇日」の日付のある序文が書かれ、このときに、タイトルが『建築論』から『比較建築論』に変更された。この後、さらに推敲されて、一八五〇年五月一三日付の書簡とともにフィーヴェークのもとに、その『比較建築論』の最初の原稿が納入された。
タイトルを変更せざるを得なくなった理由は、第四章の冒頭で触れたように、彼の構想が、四四年の契約時にフィーヴェークに伝えていた、講義内容に基づいて一一の建築類型を個別に分析する方法を棄てて、住宅という一類型に限定し（但し、宮殿、戦場の野営キャンプ、神の館としての神殿なども含まれる）、その上で民族間の「比較」を行うものに変わったからである。

しかし、パリでは家族を呼び寄せて生活を築き直すことができず、すでに一八五〇年の春頃には、彼は、一方で『比較建築論』の執筆を続けながら、他方では新天地ニューヨークへの移住を考え始めていた。九月半ばには、ル・アーブルからニューヨークに向けて出港する蒸気船に乗り込む予定だった。そこに、ローマ考古学研究所書記官エミール・ブラウン博士から、「仕事の可能性がある」ロンドンへの渡航を勧める書簡が着き、かねがね執筆に必要な資料を入手するにはパリかロンドンが適地と考えていたゼムパーは、行き先をロンドンに変更して、一八五〇年九月二八日にロンドンに到着した。

ロンドン到着直後、ゼムパーはフィーヴェークに、ときには『比較建築論』執筆に一日中没頭し、その内容が「実に包括的な」ものになりつつあることを伝えている。だが、年が明けた一八五一年一月一九日には、彼は前触れもなく、「より大きな仕事（筆者注：『比較建築論』を指す）とは関係のない、現在ポリクロミー問題が盛んに議論されているイギリスに向けて書いた原稿を同封します」という内容の書簡と、小冊子程度の分量の原稿をフィーヴェークに送っている。これが、一八五一年九月に刊行された『建築の四要素―比較建築学への貢献』の原稿であった。

ところが、この刊行から間もなくフィーヴェークは再びゼムパーから、書簡（一八五一年一〇月一七日付）と、後に大幅に加筆されて『科学・産業・芸術』となる草稿を受け取る。

「同封の拙論ができました。この拙論は、ある日刊紙のために書いたもので、小冊子にまとめて刊行してはどうかと勧められているものです。（略）私が現在書いている本の出版案内を付けるにも、非常に良い機会になると思うのです。そこに、復活祭には（『比較建築論』の）最初の分冊が刊行されると予告して下さっても結構です」[2]。

一八五二年が明けて間もなくフィーヴェークは、『比較建築論』の出版案内[3]を付けて『科学・産業・芸術』を出版した。この表紙には、次のように書かれている。最上段に、主題「科学・産業・芸術」と長い副題「ロンドン産業博覧会の閉会にあたって、国民の芸術的趣味の向上のための提言」。中段に、著者名「ゴットフリート・ゼムパー、ドレスデン建築アカデミーの元校長」。そして下段に、脱稿の場所と年月日として「ロンドン、一八五一年一〇月一一日」という副題の内容と符合する博覧会閉会日が書かれ、最下段には、刊行地名「ブラウンシュヴァイク」、印刷・出版社名「フリードリヒ・フィーヴェークと息子」、そして刊行年「一八五二年」と続く[4]。

ヘンリー・コールの「芸術産業」「教育改革」との関係

①コールの思想と実践

一八五〇年九月二八日にロンドンに到着したゼムパーを出迎えたのは、彼に強くロンドン渡航を勧めたブラウン博士本人ともう一人、衛生改革家のエドウィン・チャドウィック（Edwin Chadwick, 1800–90）だった。このチャドウィックが、ゼムパーとコールをつなぐ重要なパイプ役を果たすことになる。

コールは、イギリスの郵便、鉄道港湾、産業、文化と教育などに関する制度改革に大きな足跡を残す人物である。一八四〇年代に芸術への関心を強めて、四〇年代半ばにはコールが中心となるロンドンの芸術協会（Society of Arts）[5]が産業製品の国際競争力低下の原因を調査して、その対策を検討し始める。芸術協会は、アルバート公（一八一九—六一）を会長に迎えて、一八四七年から四九年にかけて製品展示会を開催し、これが好評を博したことで、一八五一年の第五回には念願の国内博覧会を開催しようということになった。それを、一八四九年の第一一回パリ博覧会の規模と盛況ぶりを見学して、少なくとも大英帝国博覧会、いや、列国を加えた万国博覧会も不可能ではない、と夢を膨らませたのもコールだった。

コールは、芸術と産業を結びつけた「芸術産業」を発展させるべきこと、つまり、芸術の応用によって国民生活に使われる実用品のデザイン、ひいては国民の趣味を向上させ、その向上がますます芸術産業を隆盛に導くと強く主張していた。たとえば、『科学・産業・芸術』にも「芸術産業（Kunstindustrie）」という言葉がとくに説明もなく使われているが、これはコールの造語である。この語の着想をコールは、「私が機械による生産方式に芸術や美を応用することを意味した芸術産業という言葉を思いついたのは、確か一八四五年だったと思う」と説明し、その目的は「芸術家と製造業者の協力によって国民の趣味の向上を図る」ところにあったと述べている。(6)

一八五一年の万国博覧会に展示される「芸術」「産業芸術」が、まさにこのような意味合いのものだったことは、実際の出展品の内容が示している。それは、農林業の生産品から、未開部族のカヌーや原始的な住居、そして産業革命後にますます発達する製造・輸送用などの機械類まで、生活上の必要のために人類が生み出した全てを包含していた。博覧会場の内部は、新旧入り混じった、当時の「世界」そのものだったのである。

そして、『科学・産業・芸術』で批判的に考察される「科学と産業と芸術の統合」もまた、万国博覧会を支える基本理念でありモットーであった。積極的に説いたのはコールで、この基本理念の最大の支持者は、総裁を引き受けたアルバート公である。公は、一八五〇年三月二一日の夜、マンションハウス（ロンドン市長公邸）で開催された万国博覧会推進のための大宴会で、

「近代の発明の成果が広がるにつれて、地球上の各国間の距離はしだいに縮まりつつあり、（略）その中で文明の推進力ともいうべき分業の大原則が、今では、科学、産業、芸術のあらゆる分野に広まっています。（略）紳士諸君、一八五一年の博覧会の意義は、（科学と産業と芸術が統合することによって成し遂げられる）このような偉大な事業において、全人類が現在までに到達した発展の度合いを正直に問いかけ、その真の姿を描き出すことであります」(7)

と挨拶している。

②ゼムパーとコールの交流

チャドウィックの仲介でゼムパーがコールの自邸を訪問したのは、一八五〇年一二月五日のことで、チャドウィックは、コールならば、ゼムパーがロンドン到着直後に書いたポリクロミーに関する論文を刊行できるだろうと考えたのだった。だが、訪問の別れ際にコールはゼムパーのポートフォーリオを受け取ったが、その後は音沙汰がない。結局、ゼムパーはコー

図 6-1. 1851 年ロンドン万博、クリスタルパレス内部。近代的機械から工芸品・美術品まで人類の生み出した品々が世界中から集められ展示された

図 6-2. 同、ゼムパーの設計によるカナダの展示

ルとの話で得た感触から、ポリクロミー論文に「建築の四要素」を合体させて『建築の四要素』（一八五一年九月刊）の原稿を完成させて、フィーヴェークに送ったのである。

しかし、再びゼムパーが生活の糧にも困り始めた一八五一年一月に、ちょうど博覧会場で展示設営が始まり、ゼムパーがカナダ・トルコ・スウェーデン・デンマークなどの展示設計を担当できるように取り計らったのは、コールだった[8]（図6−1、6−2、6−3、6−4、6−5）。

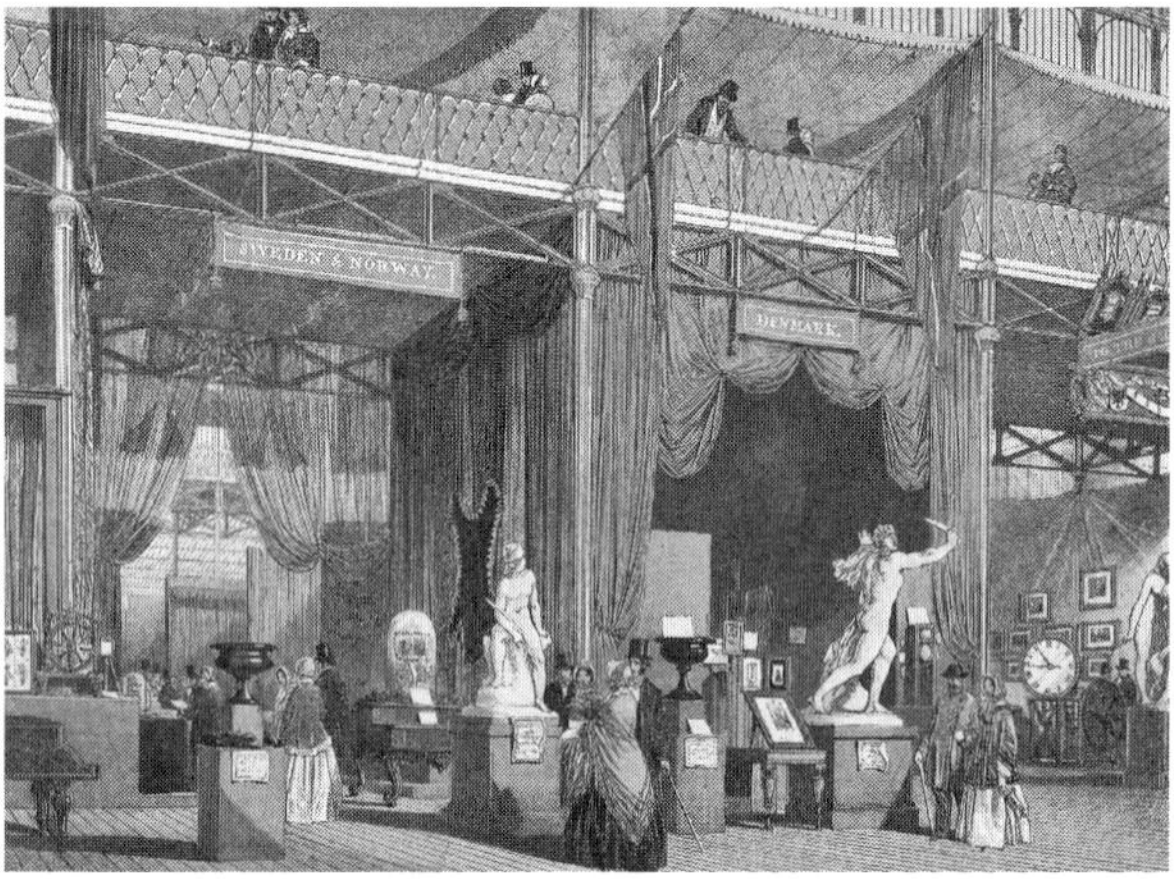

図6-3. 1851年ロンドン万博、ゼムパーの設計によるスウェーデン・ノルウェー・デンマークの展示

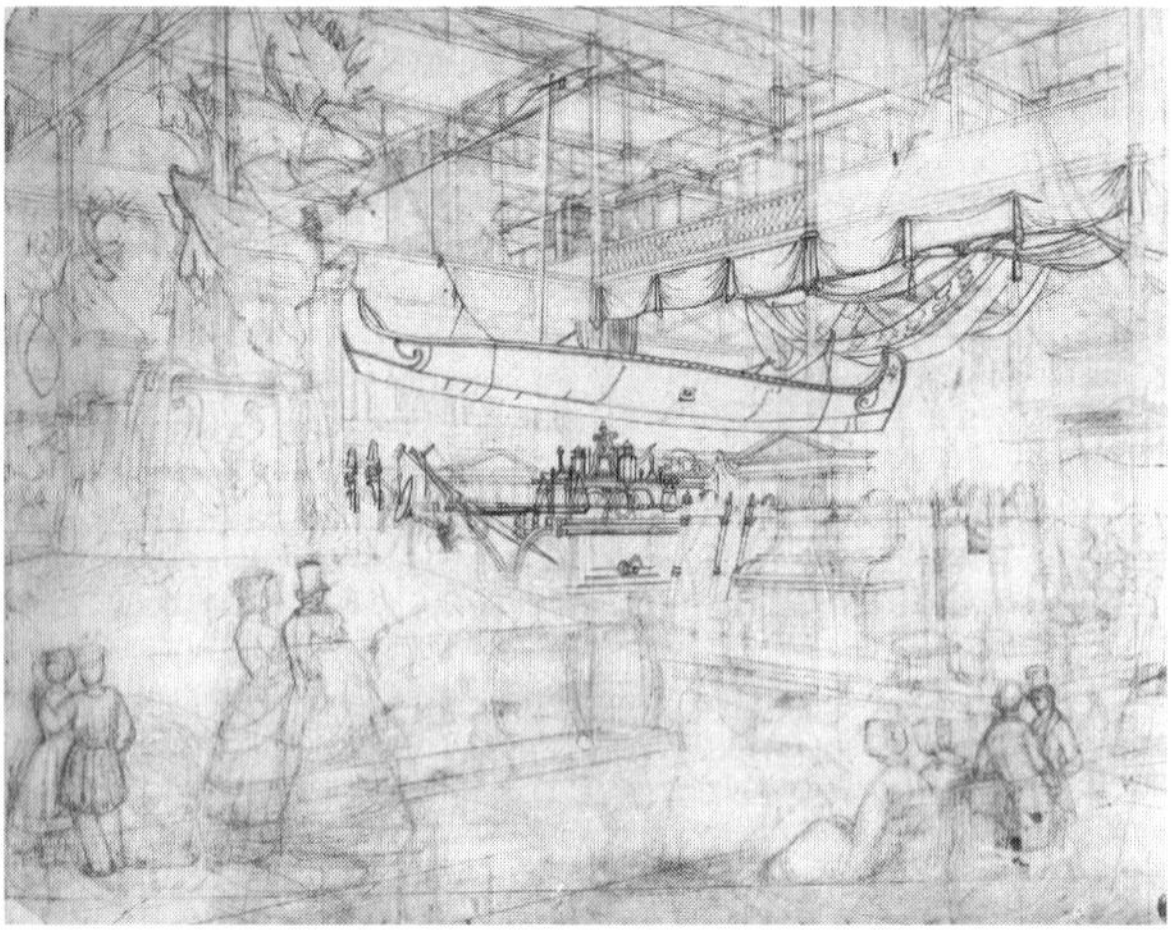
図6-4. 同、ゼムパーによるカナダ展のスケッチ（透視図）、1851年

国ごとの展示設計は万国博全体の規模と比較すれば小さなものだったが、ゼムパーは、その内部に多種多様の展示品を組み合わせて一国の文化と産業の姿を空間的に視覚化する作業を行うために、当然のことながら、ジョセフ・パクストン（Joseph Paxton, 1801–65）設計の「ガラス張りの温室建築」の特性を調べ、理解に努めた。カナダの展示は比較的に規模が大きく好評だったが、いずれにしても、ゼムパーの名前が公式カタログに記されることはなかった。

だが、ゼムパーにとって何よりも有意義だったのは、展示品と展示のプロセスを、全体にわたって直に観察できることだった。とくにアフリカ、北アメリカ、極東からのプリミティヴな出展品が、初めて目にする驚くべき実例となって、彼自身がまさに『建築の四要素』でまとめたばかりの理論を、さらに深める結果となった。なかでも彼の注意をひいたのは、後に『様式』第二巻（一八六三）にその図が示される、トリニダードからの実物大の「カリブの小屋」だった。[9]

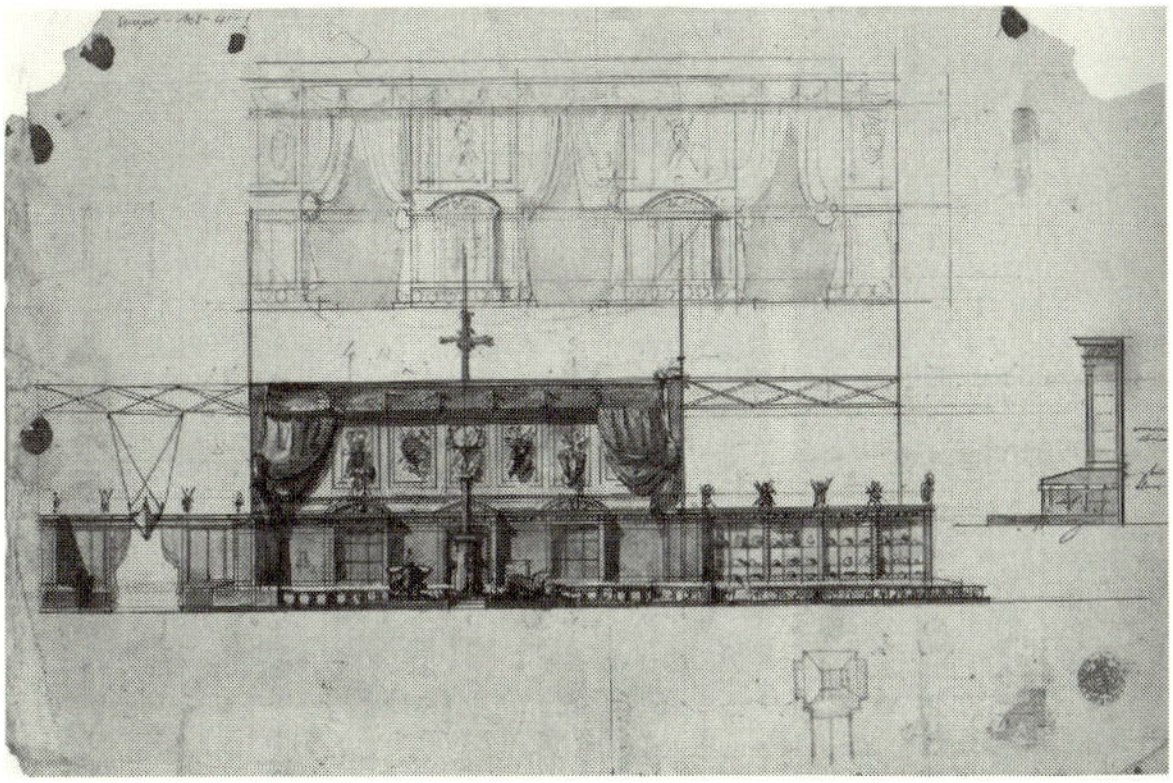

図 6–5.　同、ゼムパーによるカナダ展の立面図（部分着色）、1851年

すでに閉会の前から、大盛況の博覧会から得られる収益金、会場建築（クリスタルパレス）、展示品の扱いについて、さまざまな意見が出されていた。公式の議論の口火を切ったのはアルバート公である。アルバート公は、サウス・ケンジントンの広大な土地を購入して、ロンドンのすべての科学的・芸術的な組織を統合する「文化複合体」構想を発表した。素材・機械・工芸・美術を統合した万国博覧会の理念を継承して「全ての芸術の統合と協働の可能性」を追求するという計画について、議論は一一月まで続いた。ゼムパーが『科学・産業・芸術』を執筆し、「国民の芸術的趣味の向上のための提言」について大幅加筆するのは、この頃である。

具体的な手を打ったのは、再びコールだった。彼は「デザイン学校

(School of Design)」のためのデザイン・ミュージアム創設に向けて、博覧会の収益金で、展示品を購入することを決めた。それが今日のヴィクトリア&アルバート・ミュージアムのコレクションの基礎をなしている。一八五二年一月には、全てのデザイン学校とロンドン校のデザイン・ミュージアムが、商務省(Board of Trade)によって統合されて、「実用芸術局(Department of Practical Art)」となった。その統括責任者に就いたのがコールである。そして一八五二年一月二九日にゼムパーは、ドイツ・オーストリア訪問から帰国したコールに一通の書簡を書き、チャドウィックからも概容を聞いていた新設の「実用芸術局」の教員に応募した。(10) すでにコールは、ドイツ旅行中にドレスデンに立ち寄ってゼムパーの設計による建築をじかに見て、彼の内部で、ゼムパーの存在が次第に大きくなっていた。

四月末にはコールから、金属装飾に関する歴史的視座からの包括的なカタログの作成を依頼され、ゼムパーはヨーロッパ各地の友人・知人に連絡をとって資料を集め、八月前半に『金属と固い材料を用いた実用芸術―その技術・歴史・様式』(11)と題するカタログをコールに提出する。八月一九日にゼムパーは、コールから「実用芸術局」教授内定の知らせを受け、約一ヶ月後には商務省から正式の採用通知を受けた。そこには、「金属製品に応用される装飾芸術の原理と実務の教育」担当の教授に任用、とあった。

『科学・産業・芸術』の執筆過程

ロンドン万国博覧会は、一八五一年五月一日正午に開会、同年一〇月一一日(土)に閉会した。ただし、日曜日を間におき、一三日・一四日には出展者・関係者に無料公開して、一〇月一五日に最後の幕を閉じた。

ゼムパーは、すでに開会直後から、この大博覧会についての考えを公表するつもりだった。開会直後の五月三日に、『ロンドン画報』のドイツ語版のために博覧会の記事を書く要請を受けたのが、最初の機会だった。ゼムパー資料室にその草稿と思われる「草稿九四」が保管されている。

二度目は、博覧会が大いに人気を博している最中に、親友のプロイセン人ローター・ブーヒャー(Lothar Bucher)とその意義と今後の可能性について話し合ったときに、議論に触発されて書いたものだが、刊行には至らずにゼムパー資料室に草稿だけが残っている（「草稿九五」）。

『科学・産業・芸術』に発展していくのは、三度目に執筆の機会を得た時だった。博覧会も閉会に近づいた一八五一年一〇月四日に、フィーヴェーク宛書簡（一八五一年一〇月一七日付）でも言及しているように、ドイツ系日刊紙の連載コラムのために、ゼムパーが博覧会について文章を書き始めたのが、直接のきっかけになった。三枚の「草稿八七」が残っているが、この三枚はいずれも原稿の書き出しを推敲するだけの、まさに断片である。

①草稿八八

一〇月一一日つまり博覧会の閉会日に、『科学・産業・芸術』の最初の原稿になるものを書き終えて、一〇月一七日に、ロンドンに滞在していたフィーヴェークの息子に、彼の父に渡すようにとその原稿を委ねて、この時、別に写しを作成した。その写しが「草稿八八」[12]として残されている。

四九枚から成る「草稿八八」は、『科学・産業・芸術』の成立過程に関する重要な情報を与えてくれる。第一点は、「科学・産業・芸術」というタイトルが書かれ、それに「ロンドン産業博覧会の閉幕に際しての考察」という副題が付き、著者名「ゴットフリート・ゼムパー、建築家」、脱稿の日付「一八五一年一〇月一一日」が続くという表紙の構成が、すでにこの時点で現れていることである。

『科学・産業・芸術』というタイトルについては、次の「草稿八九」では別のものに変更されており、このタイトルがフィーヴェークによるのだろうと推測された時期があった。しかし正確には、「草稿八八」に付けていた主題と、「草稿八八」の副題と内容的には似ているが主張がより明確になっている「草稿八九」の主題は、ともにゼムパー自身によるもので、フィーヴェークは、前者をそのまま主題に、そして後者を副題に変えて、ゼムパーに了解をとった上で本のタイトルとしたのである。[13]

第二点は、「草稿八八」の内容が、七章構成の『科学・産業・芸術』の前半の三章に相当するものだということである。

そして第三点は、刊行された『科学・産業・芸術』には、ローマ数字のⅠからⅦの数字を使うだけで、いわゆる章題がないのに対して、この「草稿八八」には「Ⅰ．科学」「Ⅱ．芸術産業」「Ⅲ．造形芸術」と章題が付けられていることである。この三つの章題は「科学・産業・芸術」という全体のタイトルと関連しており、大幅に加筆して七章にする前は、タイトル・章題・内容が緊密に関係付けられたコンパクトな論文だったと考えてよい。

すでに触れたように、最終的には『科学・産業・芸術』は七章構成になっているが、第Ⅰ章から第Ⅲ章までは内容が「草稿八八」とほぼ一致しているから、更なる推敲と加筆の必要を訴えた一一月一日付のフィーヴェーク宛書簡から判断して、一〇月後半から一一月にかけて第Ⅳ章以降の四章分が加筆されたと考えてよいであろう。

②草稿八九

この推敲と大幅加筆を経て「草稿八九」が誕生した。「草稿八九」は八八頁あり、英語で書かれているが、この英語訳の草稿のもとになるドイツ語の草稿は残っていない。その表紙に当たる位置に「国民の芸術的趣味とその発展方法に関する考察」というタイトルと著者名など「G・ゼムパー、ドレスデン王立建築学校の元校長」が書かれている[14]。

この英語訳は、刊行された『科学・産業・芸術』全体にほぼ対応する内容だが、英語力の劣る人物、おそらくゼムパー自身による翻訳と考えられ、何度か手直しを試みた跡がある。内容は最終的に刊行された本と多少異なるが、そう本質的な違いではない。

そして一二月に、ゼムパーは、この英語版の草稿のもとになったドイツ語草稿（現存せず）を、最終稿としてフィーヴェークに送り、ドイツ語で刊行された。

『科学・産業・芸術』の内容分析

『科学・産業・芸術』は、縦二〇センチ、横一二センチ、厚さ五ミリ程度のサイズの小冊子で、表紙、「ドイツの読者へ」と題された序が二頁、そして目次はなく、直接本文が続く。この序の末尾に、「ロンドン、一八五一年一一月二四日」とある。すでに言及したように、表紙には「ロンドン、一八五一年一〇月一一日」がそのまま印刷されているが、この一一月二四日が加筆後の最終的な脱稿の日付と考えてよい。

なお、筆者がコピーを所有するカールスルーエ工科大学図書館所蔵の同書の場合、フィーヴェーク宛のゼムパー書簡（一八五一年一〇月一七日付）に出てくる、あの『比較建築論』の出版案内をいっしょに綴じ込んで、司書の手によって固い別の表紙が、その上から付けられている。

すでに述べたように、本文では章題もなく、七つの章の冒頭にⅠからⅦのローマ数字が書かれているだけである。本文全体の頁割を見ると、各章は一（三―一〇）、Ⅱ（一一―二七）、Ⅲ（二八―三五）、Ⅳ（三六―三九）、Ⅴ（四〇―六〇）、Ⅵ（六一―七二）、Ⅶ（七三―七六）となっている。

以下、簡単に七章の内容を概観し、詳述すべき重要な概念をピックアップする。

第一章

第一章は、「博覧会が閉会して、まだ四週間経つか経たないかである。ハイドパークの会場跡には、がらんとした建物内部に、まだ荷造りもされずに展示品が一部はそのまま放置されている」という書き出しで始まる。閉会からすでに約四週間が経って、この「世界的現象」としての博覧会の意義と影響、閉会後に博覧会の残したものの活用について、分析して提言しようという姿勢が前面に出ている（三頁、引用・参照する原書の頁を示す。以下、同じ）。

ゼムパーは、万国博覧会に、当時の世界が凝縮された姿を見る。それは「古代バビロニアにおける言葉の混乱の伝説」を思わせるもので、「一八五一年の建物（クリスタルパレス）」は、まさに「バベル（の塔）」そのものであった。「そこに世界中の人々が自分たちの製品を持ち込んだ。しかし、この混乱こそが、これほど全般的でかつ明確にその原因と影響を世界全体が今日まで認識できなかった社会の異常さを、浮き彫りにしたのである」とある。

混乱を生んでいるのは当時の科学とか知に「内在する矛盾」であって、それは「普遍的な文化哲学的問題（culturphilosophische Fragen）」だとゼムパーは言うのである。その解を見つけて提言することが、この著作刊行の目的であって、彼はすでに「会期中から博覧会の会場に何度も足を運び、その解を求めてきた」と書いている（四―五頁）。

ゼムパーによれば、混沌を克服する世界の秩序付けは、「比較」によって世界の諸現象を適切に「分類」し「配置」することを通して実現される。つまり彼にとっては、ミュージアムも博覧会も、「分類」によって世界の秩序を視覚化する貴重な場である。その方法には三つのプランが考えられると彼は言う。

「最初で、もっとも単純なのは、展示会場を隅から隅まで歩いて様々な国の製品を次から次へと描写するという案だが、これは、あまりにガイドブック的である」。

「第二案は、王立委員会の決定にしたがって万国博覧会で実際に採用された①原料、②機械、③製造品、④美術という四分類だが、私はこの案も放棄した」とゼムパーは言う。なぜなら、この方法は「ただ見かけ（外観）に頼り素材を第一要因と考えて、モノの秩序をさかさまにしたものだった」からである（五頁）。

分類は、「内的なつながり」つまり「必要」「モチーフ」といった、製品が生まれる「最初の、最も本質的な要因」に基づいて行われるべきであり、そこから関連する素材や手段（道具・機械）へと分類の細分化が進められるべきであった。このように述べたところで、彼は第三の独自の案として、「建築の四要素」に基づく分類法を提案する（六―七頁）。この彼の提案については、後に詳述する。

続けてゼムパーは、科学の発達にともなう素材・道具・機械の急激な増大と、それによる生産・制作プロセスの根本的な変化が、芸術領域に浸透して様々な混乱を生じているという、「バベルの塔的な」状況の原因分析に進む。

「必要は科学の母である」というが、「その発明は、もはや以前のように生活上の不自由・不足を除いて楽しみを求める手段ではなくなり、不自由・不足や楽しみが、発明品を作って売るための口実となって、物事の秩序が逆転してしまった」。つまり、ゼムパーのいう「投機（Speculation）」のために発明され製造されるものが増え、しかも今では「最も困難で骨の折れる仕事が、科学から借用した手段によって、簡単に成し遂げられる。最も硬い斑岩や花崗岩がチョークのように切られ、ロウのようにつるつるに仕上げられる。（略）ゴムやグッタペルカ（筆者注：グッタペルカの樹液から作られるゴム状物質）が化学処理されて、木・金属・石の彫刻などの様々な模造品に使われているのである」(九―一〇頁)。

第二章

科学の発達に対する批判は章が変わっても続き、第二章は、「半ば野蛮な諸民族、とくにインディアンが、そのすばらしい芸術産業のいくつかの点でわれわれを凌《しの》ぎ、われわれは、これらの点では科学の発達によってはほとんど成果を上げていないことを白日の下にさらしてしまった」という文章で始まる。万国博覧会は、芸術産業の現状を原始と近代の世界を比較して把握するには絶好の機会であった。「これほど多くの技術的進歩にもかかわらず、われわれのものは、形態美や適切さや合目的性の点で、彼らのものよりもはるかに劣っている」(一一頁)。「今日の状況が芸術産業にとっては危機的であって、高等芸術にとってはもはや致命的であることを示す証拠はいくらでもある」(一二頁)。

このような状況下で必要なのは、「避けるべき岩礁や砂洲を描き、取るべき正しいルートを示す海図のような実践的ガイド」としての「趣味論/美学」である。そして、「その趣味論が確立しようと努めてきたものの中心を占めるのが、芸術における様式であった」(一四―一五頁)。

この様式確立に役立つ実践的ガイドの求めに、ゼムパーは数年後に主著『様式』執筆に取り掛かり、みずから応える。その意味で、この一節は彼の建築思考の新たな展開を示すものである。

ここでゼムパーは初めて様式概念に関する独自の定義を試みているが、その内容は、彼の建築思考がどう展開して主著『様式』の執筆に結び付いていくのかを知るには、きわめて重要である。

第三章

科学と投機の影響が、新しい芸術産業よりもむしろ彫刻や絵画などの高等芸術に「致命的打撃」として現れていることを、さらに詳述するところから始まる。というのも、産業製品とは違って、彫刻や絵画などの高等芸術は、「市場のためにつくられる」とか「買い手を喜ばせて購買意欲をそそる」といった動機とは、本質的になじまないからである。実際に、万国博覧会の第四分類「美術」に出展された数多くの彫刻作品は、「まだ健全さを感じさせる胸像や肖像彫刻を除けば」「いかに堕落し、不健全な状況に陥っていることか」と、ゼムパーの厳しい批判が続く（二九―三〇頁）。

ここで彼は、今日われわれが「脱構築」とか「解体」の概念で表そうとしている芸術文化的行為に通じる、興味深い考えを示している。産業芸術にしても高等芸術にしても、「それらが未消化のままの要素で作られる限り、われわれ自身のものと言える新しいものは何も生まれない。それらは、われわれの血肉となっていない。どれも、確かに注意深く集めようとされているが、まだ解体が十分ではないのである」。「何か良いもの、新しいものが誕生するには、その前に、既存の芸術類型（Kunsttypen）に対するこの解体（Zersetzung）の過程を、産業、投機、そして生活に応用される科学が、完全に終えていなければならない」（三〇―三一頁）と彼は言う。

ゼムパーは、社会も芸術もサイクルを描いて螺旋状に発展すると考える。だから、新しい時代が始まるには、先行する時代が終わらねばならない。「一つの時代の始まりと終わりは一致する」と言い、加えて、「われわれは一つの新しいサイクルの出発点に到達している」と強調する。

ここで彼は、再び「建築の四要素」の叙述形態を使って、太古から同時代に至る「古いサイクル」を辿ってみせる。

「数千年前、贅沢は粗野なテント、巡礼宿、要塞、そして野営テントの内部に存在した。当時、建築はまだなかったが豊かな芸術産業はすでにあって、市場と交易、それに盗賊が、家を芸術産業の贅沢品つまり絨毯・布・道具・壺・装飾品によって仕上げた。このことは、今日もなおアラブ人のテントで見られ、人類の完全性の限界に近いと思われるほど高度に文明が発達した現代でも、同じ現象を見ることができる。（略）ではサイクルが始まるに当たって、ここに述べた前建築的な時代の後に何が続くかを見てみよう。理念が、元々は人々の建設本能に起源を有するモチーフを捉え、それを立体的に扱って、社会の建築的形態を作り出していった」（三一頁）

と述べ、エジプト、アッシリア、ギリシア、さらには中世へと過去のサイクルを辿っていく。このように「古いサイクル」

を辿った後で、前述のように、「われわれは新しいサイクルの出発点に到達している」と結論付けたのである。

第四章

第四章は短く、明らかにコールたちが進めようとしている「芸術の応用による産業製品のデザインの向上」という計画を意識して、その計画が成果を上げるための要点を指摘する。

ゼムパーによれば、旧タイプのアカデミーの教授や芸術家たちと産業を組み合わせるだけでは、むしろ状況は悪くなる。改革として進めるべきは、まず、新しい時代の必要・理念を理解し、さらに時代が提供する素材や技術を使いこなす実践能力に長《た》けた芸術家を教師として登用し、彼らに力を発揮させる教育システムを新たにつくることである。そうでなければ、真に「われわれの」芸術とか芸術産業は育たず、ただ装飾や既存の芸術類型の折衷に新奇さを求めるもので終わってしまう、と彼は指摘する。

第五章

第五章は比較的長く、万国博覧会の出展品を個別に分析して、イギリスの芸術産業と教育が抱える問題点を具体的に指摘しようとしている。冒頭にゼムパーが要約して書いている通り、フランスと比較して、イギリスの国民性にまで立ち返り、国民の趣味の教育に関する改革を進めるために、今後取り組むべき課題の所在を明らかにする。

「ロンドンでのあの大事業によって明らかになった国際的、社会的、そして文化 - 哲学的な問いの大部分、とくにここに提起された問題に関して、最も検討を要するのはイギリスとフランスの両国である。イギリスでの趣味の教育の改革案を提示するという目標へと以下の考察を正しく導くために、芸術産業と芸術の現状に関して、両国の国民性を比較してみたい」(四〇頁)。

第六章

第六章では、イギリス国民の趣味向上に必要な教育手段が、以下の順序で提案される――一．コレクション、二．講義、三．

スタジオ教育、四．競争と褒賞《ほうしょう》。

教育には実物に触れることのできるコレクションが不可欠であり、その構成は、彼の提案する四分類（陶芸・織物・木工・石工）に従ってなされるべきこと。講義もまた、コレクションと密接に結びつき、同じ分類システムに従うべきこと。そして、重要なテーマの一つとして様式論が教えられるべきこと。さらに、スタジオでの創作実習、技能習得と進歩のために競争と褒賞制度を導入すべきこと、などについて論が展開されている。

ここで指摘された、「建築の四要素」の分類を用いた「講義」と「コレクション」の構成に関しては、このすぐ後で、再び取り上げたい。

第七章

第七章はアメリカを扱う。実に短い章で、しかも終章。論ずる必然性が必ずしも明確ではないが、執筆当時の彼がなお、安住の地として自由の国アメリカを考えていたことが、最後にアメリカを扱う章を書かせたと考えられる。

だが、ここで展開される、自由の国アメリカでこそ「最初の、真に国民的で、新しい芸術が花咲くだろう」（七三頁）という主張が、芸術には自由が必要だという、ゼムパーの終生変わらぬ信念から出たものであることは、確かであろう。

「建築の四要素」に基づく展示の分類

万国博覧会で王立委員会が採用した分類法によれば、ガラスという素材が使われていればモチーフが全く異なっていても、つまりグラス容器、鏡、シャンデリア、壺、装身具のいずれも、同じカテゴリーに入れられ、同じ場所に集めて展示される。しかし、ゼムパーによれば、産業博覧会の展示に使われる分類は、見学者が展示品を相互に「比較」して差異を見つけ、差異のもつ長所や短所を分析し、どう造形すればより良い製品をつくり出せるか、その方向性を探り出して次の創造に活かすという発明工夫（Erfindung）のプロセスに沿うべきである。この意味で、製品生成に内在する「必要」「モチーフ」に基づく分類でなければならない。それによって、たとえば同じ容器を比較して、どのような素材を、どのような形態にして、どのように仕上げれば美しいか、使い易いか、が分かる展示でなければならない。

ここでゼムパーは、第三の、内在的な要因すなわち彼自身が『建築の四要素』で到達した根原的な「要素」あるいは「モチーフ」に基づく分類法を紹介する。

「私が構想したプランは建築的なもので、炉、壁面、テラス、屋根という住居の要素に基づく。そして高等芸術、あるいは象徴的意味での高等科学を包含する第五分類が、これら四要素の協働として考えられる」（七頁）。

これでは博覧会での工芸品などの展示分類に即座には使えないが、ここに著書『建築の四要素』にはなかった「第五分類」という考え方、しかも、それが「四要素の協働」として示されていることが重要である。よく見ると、第五分類となる高等芸術も高等科学も、単数形で定冠詞が付けられている。この高等芸術が彫刻や絵画を指すとは考えられないが、かといって、ゼムパーはそれが建築だとも書いていない。同様に、四者の協働としての高等科学が建築学だとも明言はしていない。

彼はさらに『建築の四要素』で到達した考えを援用して、この分類法が「対象と形態をそれらの原モチーフ（Urmotive）に基づいて整理し、併せて、作用する諸条件からそれらの様式を導き出す」ものだと言う（七頁）。この後半に出てくる「作用する諸条件から導き出される様式」という考え方は、この後、実用芸術局教授時代に行った一連のロンドン講義でさらに発展させられて、やがて主著『様式』に結実する。そういう意味で、ごく短い言及であるが、ここに「建築の四要素」と「様式」という二つの概念が現れていることにも、特に注意を喚起しておきたい。

「様式」の定義と一八四三年の書簡

第一章で「建築の四要素」とともに「様式」の概念を提案した後、第二章では、その「様式」概念に関する考察がさらに深められる。

「様式という言葉はあまりに多種多様な解釈を許してきたがゆえに、概念としての存在根拠を失ったと見る者も少なくないし、実際、その意味するところを芸術家や真の芸術通には感じ取れたとしても、それを言葉で表現するのは難しい」と断ったうえで、「おそらく、このように言うことができよう」と、その定義に入っていく。

「様式とは、基本理念と、その基本理念を芸術作品へと具体化するに当たって変形を促すかたちで作用する全ての内的・外的な因子(Coefficiente)、この両者が芸術的意味へと高められつつ前面に現れたものである。ゆえに様式喪失とは、この定義に従えば、基本理念の無視と、制作に供された素材を美的に利用する際の拙さから生ずる、その作品の欠点のことである」(一五頁)。

この様式概念の定義を支える「基本理念」、その「具体化」による基本形態あるいは原形態の発生、内外の因子の作用を受けることによる基本形態あるいは原形態の無限に多様な「変形」と、その結果得られる自然界のように豊かな「現象」の世界という考え方は、一八四〇年代以来のゼムパーの建築思想を支えたもので、遡ればゲーテの自然論・芸術論に行き着くものである。筆者はすでに、ゼムパーの一八四三年九月二六日付のフィーヴェーク宛の書簡にこの思想が見事に要約されていることを、同書簡をパラグラフ毎に分析して示した(本書第四章参照)。驚くことに、ゼムパーは、ここで行った様式概念の定義をさらに説明するのに、再びあの書簡の一節を、ほぼそのまま使っている。まずは、書簡の第六パラグラフである。

「自然がモチーフの多様性にもかかわらず単純で節約的であって、同じ形態が繰り返し再生するが、そのままではなくその被造物の形成段階と存在条件に応じて無限に変形されて、ある部分は別の形になり、ある部分は短くなったり長くなったりして現象するのと同じように、技術的芸術(technische Künste)もまた、ある種の原形態(Ur-formen)が基本にあって、それが根原的理念に規定されながら常に再生を繰り返し、その近傍で作用する状況に条件づけられることによって、無限の多様性を生み出す」(一五頁、右線は筆者による)。

そして、これに書簡第七パラグラフの第二、第三センテンスが続く。

「その結果、ある組み合わせでは本質的なものとして前面に出てくるが、類似する別の組み合わせでは、ただ示唆的にのみ現象する。逆に、最初の組み合わせでは、その痕跡も萌芽も全く認められなかった部分が、後者では、多くを語り、他を圧倒しながら前面に出てくることもある」（一六頁）。

さらに、順番が入れ替わり、書簡第七パラグラフの第一センテンスが、多少表現を変えられて、この後に続く。

「理念の最も単純な表現としての基本形態は、形態のさらなる生成に用いられる道具のみならず特に素材によっても多様に変形していく。そして、作品の外にあってその造形に作用する重要な要因として、多くの影響因子がある。たとえば、場所、気候、時代、慣習、所有関係、その施主の階層と社会的地位などである」（一六頁）。

かつて書簡に書いた文章をほぼそのまま再利用しているので、ゼムパーの様式に関するこの思想が一八四〇年代の早い時期に起源を有し、さらにはゲーテの自然論・芸術論にまで遡り得ることが容易に分かる。

では、全く同じ内容の反復かと言えば、実は明らかに差異がある。一八四三年の書簡との違いのほうに着目した場合に興味深いのは、かつては自然界を参照しながら多様な変形の末に得られる「建築」とか「芸術」、あるいはそれらの「形態」とか「表現」について論じていたものが、この定義では「様式」という概念に統一されていることである。論理構造はほぼ同じで頭だけをすげ替えるように、「様式」という概念を主語に置いているのである。

この置き換えは、右線を引いて示した箇所でも行われており、特に注目すべきは、一八四三年書簡では「建築」の語だったが、ここでは「技術的芸術」の語に置き換えられていることである。この後のロンドン講義のなかで、それがより確かなものになっていく過程を辿ってみなければならないが、広く「技術的芸術」に対象を広げたうえで、それらの「様式」について考察するという主著『様式』のフレームワークが、ここに現れたと考えてよいであろう。

教育改革の提言と、再び「建築の四要素」

ゼムパーは、求められている改革の基本方針は「目的に合わせ、できるだけ全般的な、国民の趣味向上のための教育を施すことだ」と述べて、まずは直に接して学ぶためのコレクションの創設を提案している。

ゼムパーは、自律し完結した世界としてのコレクションを構成する、①陶芸、②織物（絨毯と編み物を含む）、③木工（大工、家具職の仕事を含む）、④石工と技術者の仕事という四つの分類を挙げ、それぞれ歴史・民族誌学・技術の視点から展示構成が行われるべきだという。

彼はここでも、陶芸コレクションには土器だけではなくて、関連するガラス・石・金属を用いたものも含むべきことを述べたところに長い脚注を付けて、モチーフが同じであれば、たとえ素材が異なっていても同じコレクションに含むべきことを強調している。

「陶芸コレクションは、柔らかい塊を練って形づくる、溶かして型に入れて作る、槌でたたいて作るといった生成過程をたどるものを各々グループに分けて、その全てを包含しなければならない。火をつかう産業の大部分がこれに含まれる。この科（Familie）は、いわば共通の中心となる炉の周囲に集まるものである（以下、略）」（六四頁脚注）。

このような「分類」に関する説明も、今後ロンドン講義を経て『様式』に至るまで、ゼムパーによって何度か繰り返しなされることになる。

提案の第二項目となる講義に関してゼムパーは、「芸術と産業に関する講義は、ある意味でそのコレクションを解説するものだから、同じ場所で行われなければならない」と書き出す。教育カリキュラムとしては、「産業芸術の四つのコレクションとその協働」に対応して五つの専門講座を設けることを提案する。すなわち、

①（最も広義の）陶芸に応用される芸術
②（最も広義の）織物産業に応用される芸術
③（最も広義の）家具職・大工仕事に応用される芸術
④（最も広義の）組積仕事とエンジニアの科学に応用される芸術
⑤比較建築論。建築が中心となる上記の四要素の協働。

そして、この第五の項目には脚注が付いており、そこには、「筆者は、かねてより、部分的には本論にも反映している原理に基づく比較建築論について執筆しており、その最初の分冊が、一八五二年の復活祭には、ブラウンシュヴァイクにあるフィーヴェーク&息子という出版社から刊行される予定である。既刊の『建築の四要素』（フィーヴェーク&息子、一八五一年刊）も参照されたい」（六八頁）とある。

第五分類に関しては、それを「高等芸術」「高等科学」とのみ書いていたが、ここでは「建築」「比較建築論」と踏み込んだ表現になっている。『建築の四要素』では四つの要素が「四つの原技術」に対応させられていた。だが、「原技術」とはロマン主義的な表現であって、具体的にそれが何を指すのかが実に分かりにくかった。それがここでは、「四つの産業芸術あるいは技術的芸術」つまり「四つの工芸」という具体的で同時代人にも容易に理解できる表現に置き換えられている。この「産業芸術」への着眼こそ、ロンドン万博あるいはそれを実現させたコールがゼムパーに及ぼした影響の結果に他ならない。四つの要素の統合としての建築という構想は当初からあったが、漠然と統合を考えるのではなく、実際に四つの産業芸術（工芸）の職人たちが協働する状況を思い浮かべながら、彼は「四者の協働としての建築と比較建築論」という表現も導入したのである。その協働の状況とは、クリスタレスパレスの内部にカナダなどの参加国の展示を、家具職人などと共につく

り上げながらゼムパー自身が経験したものであった。

四つの産業芸術（工芸）の協働、そして様式

本章を結ぶにあたって、ゼムパー研究の場合、いかに史料批判が重要であるかを確認するところから書き始めたい。草稿も含めて可能な限り関連の史料を検証して、研究対象とする著作が、表題・章題・本文構成に至るまで真にゼムパー自身の判断によるものであるか否かを確かめることの重要性である。『科学・産業・芸術』も精読すれば、前半三章と後半四章との間に、二つの論文の合体かと思われるほどの差異がある。この差異の究明が、同書執筆と刊行の過程・動機を調べ直す作業へと広がった。

本章では、出版社主フィーヴェークとの交信、それにゼムパー資料室所蔵の草稿の分析を重ね合わせるによって、執筆過程を解明した。同書の後半四章は途中で加筆されたことが、その時期とともに明らかになり、執筆・刊行の確かな背景と動機が分かってきた。

動機の解明には、当時のロンドンでゼムパーが置かれていた状況、殊にヘンリー・コールとの関係を探らねばならなかった。ゼムパーは亡命者でありながら、コールたちの助力によって、一八五一年ロンドン万博では、いくつかの国の展示設計を担当して、この世界的イヴェントを内側から体験し、さらに万博閉会後に進められた「国民の芸術的趣味の向上のための」文化・教育制度改革では、新設の「実用芸術局」の教授に採用された。ここで『科学・産業・芸術』の内容を見ると、前半三章は、科学・産業・芸術の混乱に対する批判とその克服のための新たな「世界の秩序付け」としての「分類」の提言を、そして後半は、「イギリス国民の趣味向上に必要な」新しい産業芸術（実用芸術）教育に関する提言を、主として含むことが分かる。後半四章の加筆時期とその内容から判断して、同書を万博閉会後にコールたちが進めていた文化・教育改革に対する提言とすることが、執筆・刊行の直接の動機だったことは疑いない。

そして、もう一点。ゼムパーの建築思想の展開に『科学・産業・芸術』はどう位置づけられるのか。ここで注目すべきは、

同書では前半三章でも後半四章でも、提言内容が、彼独自の理論的な立脚点から構想されており、しかもその独自の立脚点となるのが「建築の四要素」の理論だということである。

しかし、彼は『建築の四要素』（一八五一）の内容を単に要約したわけではない。その理論的枠組みを維持しつつ、「要素」を「産業芸術」という概念に置き換えて、四つの産業芸術の協働による、高等芸術としての建築、高等科学としての比較建築論、という新たな構想に発展させているのである。

そして、最後に強調すべきは、同書に「様式」概念の定義が現れ、産業芸術・技術的芸術を対象として様式を捉える「実践的ガイド」の必要性が強調されていることである。ほぼ一〇年後に刊行される彼の主著『様式』（一八六〇―六三）が、この「実践的ガイド」に他ならない。そのフレームワークの提示と様式概念の定義が共に初めて示された点で、『科学・産業・芸術』が、彼の思想の展開に重要な役割を果したと評してよいであろう。

注記

（1）Gottfried Semper, *Wissenschaft, Industrie und Kunst* (Braunschweig, 1852).

（2）ゼムパーからフィーヴェークへの書簡。Herrmann, *Semper und Eduard Vieweg*, pp.199–237.

（3）筆者が入手したカールスルーエ工科大学図書館所蔵の『科学・産業・芸術』には、この「出版案内」が綴じ込んである。この「出版案内」から『比較建築論』が序章と一一セクションで構成される予定だったことが分かる。英訳が Mallgrave & Herrmann, *The Four Elements of Architecture*, pp.168–173 収録。

（4）*Wissenschaft, Industrie und Kunst: Vorschläge zur Anregung nationalen Kunstgefühles. Bei dem Schlusse der Londoner Industrie-Ausstellung* / Von Gottfried Semper, ehemaligem Director der Bauschule zu Dresden / London, den 11. 0ctober 1851 / Braunschweig / Druck und Verlag von Friedrich Vieweg und Sohn / 1852.

（5）正式名称は“The Society for the Encouragement of Arts, Manufactures and Commerce”である。絨毯・陶磁器などの工芸品に限らず各種の新作機械の製作と販売促進がその創設の中心課題だった。創設一七五四年。

（6）S．ギーディオン『機械化の文化史―ものいわぬものの歴史』（栄久庵祥二訳、鹿島出版会、一九七七）三三一―四一頁。

（7）松村昌家『水晶宮物語―ロンドン万国博覧会一八五一』（リブロポート、一九八六）九五―一〇一頁。

（8）ザクセン・コーブルク家出身のアルバート公がゼムパーの後ろ盾になったという説を、ヘルマンは否定して、ゼムパーと公との最初の出会いは一八五五年二月だと主張する。Herrmann, *im Exil*, p.50, 脚注一六四参照。

（9）Semper, *Der Stil*, II, 1863, p.276.

（10）万国博覧会後の「実用芸術局」創設と教育制度改革へのゼムパーの「協力の申し出」即ち実質的な就職活動については、Gert Reising, *Kunst, Industrie und Gesellschaft. Gottfried Semper in England*, in Vogt et al. ed., *Die Mitte des 19.Jahrhunderts*（1976）, pp.56–63. Herrmann, *im Exil*, pp.126–27.

（11）*Gottfried Semper, Practical Art in Metal and Hard Materials: Its Technology, History and Styles*, Victoria and Albert Museum Library.

（12）草稿八七、八八、八九についてはHerrmann, *Theoretischer Nachlass*, pp.99–100参照。

（13）ヘルマンは一時期、同タイトルがフィーヴェークによると考えていたが（Herrmann, *Semper und Eduard Vieweg*, p.210）、それを訂正した。Herrmann, *Theoretischer Nachlass*, p.99参照。

（14）*Remarks upon artistic taste among the People and the means of its development* by G.Semper, late Director of the R.School of Architecture at Dresden.

第七章　様式と被覆―ロンドン講義第一回を中心に

ゼムパーは、一八五二年七月に政治亡命者が雇用されるに必要な手続きを行って、八月一九日にはコールから新設された実用芸術局の教授採用に関する知らせを受け、一ヵ月後には商務省より正式の通知を受けた。採用に当たって求められた職務は、「金属製品に応用される装飾芸術の原理と実務の教育」であった。

一八五二年九月に仕事始め。教授就任講義は一八五三年五月二〇日だった。そして、一八五三年は一一月と一二月にロンドンのマールバラ・ハウス（Marlborough House）で連続講義を開催し、五四年にも同時期に講義した(1)。

一八五三年一一月一一日にマールバラ・ハウスで、ゼムパー教授はこの年の第一回講義をしている。この第一回講義は、後述するように、ゼムパー教授のロンドン講義の中でも最も重要なものと評されるもので、それをこれから分析したい。

一連のロンドン講義のなかには、講義録が全く残っていないものもあれば断片のみが残っているものもあるが、一八五三年一一月と一二月に行われた連続講義については、ヘルマンが、日付を特定する試みを行っている。一つを除いて、ゼムパーの論文を集めた『小論集（*Kleine Schriften*）』（一八八四年、再刊一九七九年）に収録されているので、その掲載頁も併記しておく。

- 「古代民族における壁面・壁体構造の展開」（一一月一八日）――『小論集』三八三―九四頁
- 「容器の分類」（一一月二五日）――同　一八―三四頁
- 「容器の部位について」（一二月二日）――同　三五―四二頁
- 「陶芸のタイプと様式の展開への素材とその加工技術の影響」（一二月九日）――同　四三―五七頁

・「屋根の形態と構造に関する講義録の断片」（一二月一六日）
・「いくつかの建築様式の根原について」（一二月二三日）　　――同　二六九―八二頁
タイトルはドイツ語に翻訳して編集する過程でハンスが付けたものである。[2]
ヘルマンは『ETHチューリヒにおけるゴットフリート・ゼムパーの理論的遺稿、カタログと解説』（一九八一）で、ゼムパー資料室にある草稿の類も精査し、ロンドンでのゼムパー講義の息子ハンスによるドイツ語訳についても詳細な注釈を加えている。このヘルマンの史料批判、それを引き継ぐマルグレイヴの作業が示すところでは、もともとゼムパーの思想表現に曖昧な点が少なくないところに、それを明確にするためにハンス自身の解釈と説明が加えられたことで、論旨が大きな誤解を生む方向に歪められていることが判明したのである。ここでは、ヘルマンとマルグレイヴによって史料批判に基づいて復原された、ゼムパーの英語によるロンドン講義録によって考察を進める。
これから分析する初回講義（一一月一一日）も『小論集』二五九―九一頁に収録されている。初回講義に関してはゼムパー資料室に、草稿一二二と草稿一二四が所蔵されている。草稿一二二が実際に講義に用いられたものであり、草稿一二四はその下書きであって、実際に使われた草稿一二二とは、いくつか内容上の違いがある。繰り返しになるが、この草稿一二二に「比較様式論の一体系に関する試論（*Entwurf eines Systems der vergleichenden Stillehre*）」というタイトルを付けたのはハンスである。[3]
草稿一二二は、独自の様式論に至るまでの経緯、すなわちキュヴィエ、フムボルト、デュランなどの先人の足跡に触れながら、それとの比較を通してみずからの様式論の主たる視点を説明する内容から始まる。
以下、草稿一二二と一二四からの引用箇所を示す場合、[4]最初に一二二か一二四かを示し、次に、英文講義録の頁番号（これはマルグレイヴが編集過程で付けたもの）を書くことにする。たとえば、草稿一二二の一頁目は（一二二／一）と表記される。

草稿一二二の分析

①新しい様式論へ—比較解剖学・古生物学から

しばしばゼムパーがパリの植物園（Jardin des Plantes）の他、ジョルジュ・キュヴィエやアレクサンダー・フォン・フムボルトなどの著作に言及するゆえに、彼の建築論が古生物学、比較解剖学、とくに進化論を積極的に取り込もうとしてきたかのような印象を与えてきた。実際、草稿一二二でも、冒頭から長くキュヴィエの思想に言及している。

「私がまだパリで学生だったころ、私はしばしば「植物園」に通い、あたかも魔法の力に誘われるかのように陽光に満ちた庭園から、原始世界の動物化石が現代の被造物の骨や殻などと一緒に陳列されている部屋へと引き込まれたものでした。
　そのすばらしいコレクションはキュヴィエ男爵（筆者注：一八三二年ルイ・フィリップから爵位の授与）の仕事ですが、ここではわれわれは、動物王国の最も複雑に発達した全ての形態を包含する「タイプ」を認識することができます。われわれは、ここで、全ての多様性と無限の豊かさを具えながらも「基本形態」と「モチーフ」に関しては最高に経済的でもある、進化する自然を見ているのです。それは、同じ骨格（skeleton）が繰り返し現れるものの、個別の発展段階やこれらが充足すべき実存条件により変形されて、無限の多様性を生み出しています。そこでは、われわれは、ある部分が除外され、また別のある部分はただ示唆される程度に残っているのを見ることができますが、それらが、別の個体では極端に発達していることもあります」（一二二／三—四）。

ここで注目すべきは、「タイプ」「基本形態あるいは標準形態」「モチーフ」などの比較解剖学の基本概念に言及しつつ、キュヴィエの仕事が最終的には「様式の教義」への道を拓くものだと讃え、同時に、ゼムパー自身が何を目指すかを明確に示していることである。自然が多様で豊かで、それぞれが生命を帯びた被造物を生み出す際の「発明方法」を、内省しつつ学ぶことによって、芸術・建築の様式論を新たに構築しようというのである。目指すのは、様式を静的に分析することではなく、動的で、新たに発明（創造）する方法を指し示す様式論だと、彼は言葉を続ける。

「われわれは、その単純さにもかかわらず自然のこのような多様さと豊かさを観察しますと、アナロジーに拠《よ》らずとも、それが、手による創造とか産業芸術の作品とほとんど同じであることを理解できるはずです。それらは、自然の創造物と同様に、〈タイプ〉に最も単純に現われるいくつかの〈基本理念〉によって結合されています。しかし、これらの標準形態は、それらの特質が求める要件、創造の進歩の段階、あるいはそれらの具体化の条件ともなるその他の影響とか環境などによって、無限の多様性をこれまで生み出し、現在も生み出し続けています。

人工的に生み出された形態のそのようなタイプのいくつかを辿ることや、その最高の発展形態まで段階的進歩を追うことは、今後、さらに重要になるでしょう。キュヴィエ男爵が探究した成果を、芸術、特に建築にアナロジーとして応用する方法は、全体への明確な洞察を得ることに多少なりとも貢献するはずです。おそらくそれは様式の教義、そして一種のトピックあるいは方法の基礎を形作るでしょう。いかに創造するかというトピックあるいは方法は、キュヴィエのような偉大な自然学者がその崇高な科学のために成し得た以上の自然な発明方法へと、われわれを導くかもしれません」（一一二／四―五）。

実際、ハンスはこのような父ゼムパーの言説を読んで、父の思考と当時の生物学を含む自然科学との結びつきを確信しただけではなく、その自然科学よりもゼムパーの思考が「一歩先に」進んでいることを強調した。たとえばハンスは、ダーウィンの進化論との関係についても、「ダーウィンによって語られたこれらの一連の思想に関しては、ダーウィンがあの画期的な著作を刊行するよりも、実際にゼムパーは、たった一歩だが確実に前に進んでいた」と書いたのである(5)。

ジョセフ・リクワートもまた、ハンスの言葉に引きずられるように、『種の起源』（一八五九）は、『様式』の基本的な構想が固まるよりも、ずっと後に刊行された」と書いている(6)。

②単なる「比較」ではなく原理・法則・システムへ

ゼムパーとキュヴィエとの接点を振り返ってみると、ゼムパーは一八三〇年にパリに滞在していた折に、フランス・アカデミーでのキュヴィエとサンティレールとの論争を非常に近いところで耳にしたに違いないのである。キュヴィエは化石動物を研究して比較解剖学を打ち立て古生物学を確立したフランスの博物学者である。キュヴィエの「システム」とか「分類」の細かな内容がゼムパーに影響を与えた可能性も否定できないが、キュヴィエ自身、その意味を限定的に狭く捉えている。それは、厳密に事実を記述するシステムほどの意味であって、アリストテレスやリンネの伝統における「大カタログ」に相当するものである。ゼムパーは、これを導入して自らの様式論においても「自然な発明方法」を示したいとの希望を語っているが、あくまでも、そうありたいと目指したのだった。確かに、ほぼ一〇年後に刊行した最後の大著『様式』では、彼は建築あるいは芸術の進化・発展を辿るにあたって、徹底して経験主義的に、かつ歴史的に叙述を試みた。この講義でのゼムパーは、方法に関する主要概念を他分野から借用し、芸術・建築の錯綜した状況を秩序立て、その全体把握を試みるという方針を語ったのである。

同様に、ゲーテに近いフムボルトの著作に対する「ほのめかし」もまた[7]、理論全体を参照したというよりもアレクサンダー・フォン・フムボルト特有の「タイプ」の概念を参照したに過ぎない。フムボルト自身の説明によれば、この「タイプ」概念は一七九〇年代のゲーテの形態学（Morphologie）に起源を有するものであった[8]。フムボルトがゲーテに会ったのは、一七九四年のことだった。しかも、その要点は、ゲーテ自身が願っていたように、全ての植物や動物などを「最小限の数の基本的タイプ」に還元しようというものである。これは、『建築の四要素』における、建築の多様な現象をたった四つの要素で捉えようというゼムパーの試みに、一種アナロジカルなヒントを与えた。しかし、ゼムパーが本当に学んだのは、そのタイプがこの世界にどう現象するのかという一点であった。フムボルトは探検家で地理学者でもあり、機器測定をつかった正確な文化人類学的・博物学的な情報、とくに美しく生き生きと描かれた多数の図版などが、ゼムパーの思考に強い刺激を与えたに違いないが、重要なのは、そこに「タイプが現象している」という点であった。

ゲーテは、「タイプ、つまり原形態（Urform）」を、現実に自然界でも発見できると考えていたが、のちには彼は、この概念を、一つの「理念」として捉えるようになった。ゲーテが自然科学界に登場するのは、『人間にも動物と同様、上顎の顎間骨が認められること』（一七八四年）と『植物のメタモルフォーゼ試論』（一七九〇年）の二つによってだが、ここに、彼の形態学の根本思想が現れていた(9)。

ありとあらゆる動物と植物は、「タイプ、つまり原形態」と考えられる原動物、原植物のなかに包摂され、この点で根原的な同一性を示す。しかし同時に自然は原動物、原植物のフレームの中に留まりつつも、どこまでも際限なくメタモルフォーゼする。その現象は多種多様で、自然界には無限の差異が生まれる。これまで本書でも何度か言及したように、ゼムパーが建築論の主導的モチーフとしたのは、ゲーテのこの理論である。

建築の世界で、この比較研究の重要性に気づいたのは、キュヴィエやフムボルトとほぼ同時代人のデュラン(一七六〇—一八三四)である。ゼムパーは原稿一二一で、デュランの比較研究に関する業績とその限界について、次のように明快に論じている。

「私が述べているような試みを行った著述家はごく少ないし、このごく少ない人々も、ただ特殊な例を追ったものなので、それを参照すると、当初に思い描いていた目標から、無意識のうちに離れてしまうのです。

フランス人のデュランは『パラレル』(10)やその他の建築に関する著書のなかで、おそらく、それに最も肉薄した人物ですが、その彼もまた、ナポレオン時代の全般的な傾向に影響され、芸術家とは到底言えないエコール・ポリテクニクの学生のために一種の「概説書」を書くことを求められて、方向を見失ってしまいました。彼が誤ったのは定型とか決まり文句の一覧表づくりに陥ったことで、それらをつなぐ有機的法則を示す代わりに、ただ機械的な方法でそれらの分類を試みたのです。現在われわれが所有しているような芸術的知識の多くの重要な分野が、当時はまだ、ヴェールに包まれた状態でした。デュランが実現させようと努力していた仕事が実現するには、まだ機が熟していなかったのです。しかしながら、彼の本は、比較理念を内包していたという点で特筆に値するものです」(一二一/六—七)。

一八三四年の『覚書』時代のゼムパーは、ヨーロッパ中からエコール・ポリテクニクに集まってデュランの講義を聴き、また彼の著書をむさぼり読んだ若者たちが、その後、歴史的遺構を訪ねてはそれを模写し設計の素材に使おうとする動きを、皮肉も込めて厳しく批判していた。

全体の輪郭・配置を学び適度に装飾をほどこすという歴史的建築の参照方法が、一八三〇年頃までの一般的傾向だったこと、一八三〇年代以降の歴主義の高まりとゼムパーの中での新しい建築観・装飾観の形成が軌を一にした動きであったことなどについては、本書でもすでに指摘した。一八四〇年代にはゼムパーみずから建築論を構想し始め、一八五〇年頃にはその「建築論」を「比較建築論」に変更する。同時に、被覆論が急速に形をなしていくが、この段階に至って彼は、デュランが何を目指していたかを、改めて理解したのである。

ゼムパーの場合も、ゲーテの自然学・形態学の根本理念に着目した時点で、「比較」という方法が彼の理論形成に不可欠のものとなった。だが比較分類しつつ直観によって原理・法則を見出すことこそが目標となるべきなのに、ややもすれば「機械的に分類する」次元に留まってしまうことが多い。デュランも、あまたの彼の弟子たちも、そうだった。

デュランによって新しい時代が求める建築に関する包括的なカタログはつくられた。しかし、その先にある真に生命ある建築を生み出すための理論、すなわちゼムパーの考える実践美学は、これから構築していかねばならない。そう目標を定めた時に、ゼムパーは、デュランの業績とその限界も理解できたのである。

③創造・発明を促す実践美学であるべきこと

草稿一二二が重要だと評されるのは、「様式」への着目、比較を通しての原理（たとえば被覆原理）の把握など、後の『様式』執筆の基本方針となるものが、ここに明確に示されているからである。さらに、同草稿を読み進むと、『様式』のさらに重要な特徴二点が現れている。まず、次のように、実践美学であるべきことが強調される点である。

「最近、同じ原理に関していくつかの試みが行われているが、どれも成功していません。その分、むしろ特殊な領域に関するものに、より豊かな成果が得られています。毎日、増え続ける材料が、考えようとする者をほとんど圧倒せんばかりです。イギリスでもフランスでも、あらゆる時代の芸術や建築の作品について記録・報告・図版の刊行が増えて、種類も多様化する一方ですが、ドイツ人は美学を体系化し、美術史の最良の本も世に送り出しています。

にもかかわらず、とくに建築・産業芸術の領域において、芸術の実践に、それに見合う進歩がありません。この現象は、全ての知識が芸術創造の力を萎えさせるのではなく増強させるまでに至っていないことを、再確認させるものであるように思われます」（一二二／七―八）。

④工芸（産業芸術、実用芸術）への着目

そして、続いて強調されるのは、すでに『科学・産業・芸術』に現れていた、建築の美とか様式の分析に工芸（産業芸術、実用芸術）を含むべきだという主張である。ドレスデンのアカデミー教授時代に、建築設計に加えて建築の歴史と理論に関する講義を始めた理由も明かされる。フィーヴェークから著作出版の問い合わせがあったときに「建築論」を世に送り出したいと回答して実際に「建築論」の出版契約に至ったが、そもそもの動機に関係する、当時彼がアカデミーで続けていた講義について語られている。

あの当時は、関心がもっぱら建築に向けられていた。だが、様式を正しく捉えるためには、広く工芸から共通理念の現れを追わねばならない。この考え方が後に『様式』執筆の基本方針の一つとなるが、それが、ここでは次のように語られる。

「この必要を最初に感じた時から、私はドイツの芸術アカデミーの一つで建築に関する講義を行いました。当然のことながら、これらの講義は、多かれ少なかれ同種の内省に基づくものでした。しかし今や、私の社会的立場が変わり、同じ問題を考察しても私自身の視点が変わってきています。当時、私は実用芸術（産業芸術）と建築との関係にあまりに関心を払っていませんでした。今では、建築の歴史が実用芸術の歴史とともに始まったこと、また、建築における美と様式の法則はその手本を産業芸術のそれらに有していること、といった事実について、私は、以前よりもはるかに強く確信しています。

プロポーション、シンメトリー、ハーモニーなどの法則と、装飾の伝統的な形態、そしてわれわれがモールディングと呼ぶような建築の形態要素ですらも、建築が自立した芸術として成立するよりもはるか前に、部分的に産業芸術の領域で創造され実践されていたのです。異なる建築様式のそれぞれの性格は、生活上の最初の必要に対応する最初期の産業芸術が示すいくつかの特徴的形態に、明確に表現されていました」(一二二／八—一〇)。

⑤「クラス」概念の現れ—工芸の中の被覆芸術と陶芸

ロンドンに移り、万国博覧会の展示を見て、コールたちと議論を重ねる間に、ゼムパーの内部で次第に、建築様式の形成に工芸(産業芸術、実用芸術)の占める比重が高まっていく。この変化が『科学・産業・芸術』(一八五二)に現れていたことは既に指摘した。草稿一二二になると、この工芸の捉え方がより明確になってくる。前出のように、「プロポーション、シンメトリー、ハーモニーなどの法則と、装飾の伝統的な形態、そしてわれわれがモールディングと呼ぶような建築の形態要素ですらも、建築が自立した芸術として成立するよりもはるか前に、部分的に産業芸術の領域で創造され実践されていた」というのである。建築様式の本質と考えられる「法則」も「装飾」も、建築がまだ粗野な状態で自立した芸術になる前に、工芸(産業芸術)の領域で実践されていた、と彼は考えた。これが次の一文、「異なる建築様式のそれぞれの性格は、生活の最初の必要に対応する最初期の産業芸術のいくつかの特徴的形態に、明確に表現されていました」の意味である。

草稿一二二がさらに重要な意味をもつのは、『建築の四要素』(一八五一)では、工芸的なものが建築の四つの要素に関連する原技術として語られていたが、『科学・産業・芸術』、そして草稿一二二(一八五三)と時間が経過するにつれて「建築の四要素」という枠組みが後退して、工芸としての「分類」が前面に出てくる点である。ロンドンでは、「実用芸術」をどう分類・体系化して、それに合わせた教育体系をつくり上げ、実際に学生を教育して実用芸術全般の水準を引き上げるかが問われていたのである。

この点に関連して決定的に重要な意味をもつのは、草稿一二二に、工芸を「クラス分け」する考え方が出てくることである。どう変わっていったのかを、『建築の四要素』から辿り直してみることにしよう。

a.『建築の四要素』（一八五一）

『建築の四要素』では、その核となる思想が、次のように示される。定住と火の利用について述べる冒頭部分は、ウィトルウィウスの記述に倣っていると考えてよい。

「狩猟、戦争、そして荒野の中を放浪した後の人間の定住と休息の最初の印は、最初の人類がパラダイスを失った時と同様に今日もまた、炉の設置であり、生き返らせ暖を与え調理を可能にする火をおこすことである。その炉の周囲に最初の人間集団が構成される。その周囲に最初の同盟が結ばれ、その周囲で最初の素朴な宗教概念が礼拝の慣習へと発展した。社会のすべての発展段階を通して炉は、全体が秩序を得て形をなすための聖なる焦点となった。

炉は、建築の最初の、最も重要な、倫理的要素である。その周囲に、他の三つの要素が集まる。屋根、囲い、そして土盛りである。この三者には、火を保護するという消極的で、そして炉の火にとって敵対的な三つの自然要素に対する防御的な意味合いしかない。

（略）気候、風土、相互の位置関係、異なる民族的資質などの下で異なる人間集団が形成されるのに合わせて、建築の四要素の組み合わせは、ある要素がより発達すれば他の要素は引っ込むという具合に、様々に異なる。

と同時に、多種多様な人間の技能も、この要素に対応して生まれてきた。陶芸、後には金工が炉の周囲で、治水技術と石工が土盛りの周囲で、屋根とその支持体の周囲では木工が、それぞれに発展した。

では、囲いに関しては、どのような技能が発展するのだろうか。それは、壁面仕上げに他ならない。つまり茣蓙《ござ》織り職人とか絨毯織り職人の技術である[11]」。

これを整理すると次のようになる。

- 炉　―　陶芸、のちには金工も含む
- 土盛り　―　治水技術と石工

・屋根及び支持体　―　木工
・囲い　―　壁面仕上げ、すなわち織物技術

『建築の四要素』のこの箇所は重要なので、少し長めに引用したが、改めてよく読んでみると、最後に言及したからといって、囲いとそれに対応する壁面仕上げすなわち織物技術が最も優先順位が低いと、ゼムパーが考えていたわけではないことが確認できる。自らの建築論のもつ最も独創的な点と考える囲いと壁面仕上げ（織物技術）を、それだけ取り出して強調しながら説明するために、最後に残しただけだと考えてよい。

最も自然状態に近い人間にとっての「必要」という観点から見れば、「火」が最初に来ることを認めてもよいが、果たして陶芸につながるような「炉」が最初に来るだろうか。石を並べたり太い木を並べたりして炉の枠をつくることは早くても、陶芸的に炉枠をつくることが、それほど早く行われるだろうか。人々が協力してまず行うとすれば、火をおこし、雨、風、雪などからその火と我が身を守る「囲い」をつくることが、ほぼ同時に、最初に来るように思われるのである。

そこがどのような場所か。ゼムパーが書くように、その人間集団の置かれている場所・状況によって、建築の四要素の現れ方もまた、「ある要素がより発達すれば他の要素は引っ込むという具合に異なる」と考えるのが、正しいのではないか。ウィトルウィウスが『建築書』第二書に詳しく書いているように、洞窟住居が最初に現れる場合があれば、簡単な小屋が最初に現れる場合もあるのではないか。多くのウィトルウィウス論者のように、洞窟住居と小屋住居のどちらが早いかなどと頭を悩ませる必要もない。どちらにせよ、そのときに原始の状態に生きる人類が、ただ生きるために必要とする次元を超えて精神的・文化的な営みとして身近にある材料を用い、自分たちの手を使って、協力し合ってつくり出したものとしては、「囲い」が最初だったとのではないか。ゼムパーは、そう考えるのである。

その一つの証拠が、一八五一年のロンドン万博の会場で見た「カリブの小屋」であった。全てが粗野で、生きるのに必要な状態をなんとか満たすものでしかない小屋建築だが、唯一囲いの部分だけに文化・芸術への心配りのようなものが感じられるとゼムパーは言う。彼は、この意味で次第に精神的・文化的営みの歴史を扱う「文化史」の視点を強調するようになる

が、その観点に立てば、原始の状態でも、身近な自然材料を用いて手で複雑に発達したものをつくり出す可能性が高いのは「囲い」であり、それをつくり出すための「壁面仕上げの技術」ではないかと考えたのである。

b.『科学・産業・芸術』（一八五二）

ここでは諸芸術の分類も、教育のためのコレクションの分類も、そのコレクションを用いる講義も、「建築の四要素」の分類法にしたがうべきことが、繰り返し論じられる。

ただ『建築の四要素』と大きく変わるのは、人類の歴史の始原まで遡ると、「建築芸術はまだないが豊かな芸術産業がすでにあった」時代、すなわち「前建築的な時代」が存在していたことを、ゼムパーが強調していることである。彼によれば、その成果を「より立体的に扱い、社会の建築的形態を作り出していった」のが、この後に来る「建築的時代」なのである。

ゼムパーが最終的に、教育カリキュラムとして「産業芸術の四つのコレクションとその協働」に対応する五つの専門講座を提案する時、次のような順序になっている。

一）（最も広義の）陶芸に応用される芸術

二）（最も広義の）織物産業に応用される芸術

三）（最も広義の）家具職・大工仕事に応用される芸術

四）（最も広義の）組積仕事とエンジニアの科学に応用される芸術

五）比較建築論。建築が中心となる右記の四要素の協働

c.草稿一二二（一八五三）

草稿一二二では、「エレメント（要素）」という表現が使われており、『建築の四要素』以来のこの概念が彼の思考から消えていないことは明らかである。しかしながら、これまでと大きく異なる点は、特にキュヴィエを参照しつつ、新たな実践・創造（発明）に至るための分類システムの重要性について盛んに論じたうえで、工芸（産業芸術、実用芸術）としてのクラス分けに進んでいることである。しかも、理念とタイプに基づくクラス分けである。

彼の提案する分類が、単純な「素材」や「技術」に基づくものではないことは、彼自身が繰り返し説明してきた通りである。ゼムパーは、工芸の全領域を、タイプによって四つのクラスに分類する。

「第一のクラス

被覆の芸術あるいは産業にそのタイプを有するすべてのものを含む。編物が、この非常に広いクラスの重要な一分野をなす。このクラスはまた、薄い表面（surfaces）によって物を覆い、保護するその他の多くの方法も含む。

第二のクラス

陶芸にその手本を有するもの。最初の編物に似て、製陶がこの第二クラスの重要な一分野をなす。このクラスは、陶芸を接点とするその他多くのプロセスを含む。

第三のクラス

木造にタイプを有する製造一般。その起源を木造に有する諸形態の重要性は、建築の歴史ではよく知られている。

第四のクラス

そのタイプを石造、そしてステレオトミー（stereotomy）すなわち固い塊から形態を切り出す技術に有するもの。

建築作品は、そのタイプが右の四つの異なるクラスに属する要素の組み合わせになります」（一二二／三三一―三五）。

このように工芸が、「タイプ」にしたがって四つの「クラス」に分けられ、順序としては最初に「被覆」、そして「陶芸」と続く。注目したいのは、英語の「サーフェス」という語がここに導入されていることである。ドイツ語のBekleidungと英語のsurfaceが、同一の現象を指す。ゼムパーはこれまでポリクロミー、壁面、そして被覆の語を使って空間境界にあらわれる現象を論じてきた。では、同様の現象を英語で論じる場合には、どのような概念を用いるのか。この問いに答えるように、ゼムパー自身がロンドン講義で、英語ではサーフェスという概念を用いている。二十世紀に入って特に英語圏で、たとえば「インターナショナル・スタイル」が論じられるとき、サーフェスが主要概念として使われていることとも符合する（本書第十一章参照）。

ゼムパーの目指すところは、多元的で多様でもある建築現象の全体を、キュヴィエやフムボルトが試みていたように、いくつかのタイプを想定し、そのタイプが現実の条件下で具現化し多様に変形していくという、一つのシステムで捉えることである。最終的には全体を覆うシステムの構築を目指し、講義ではタイプあるいはクラスに則《のっと》って論じていく。

「このシステムを説明し尽くすことは、私には、あまりに骨の折れる仕事ですが、この件についても、恐らくいくつかの有用な貢献ができると思います。そのために私は、以下の五つの講義を予定しています。

一、織物産業を含む、被覆の産業に応用される芸術
二、最も広い意味で、陶芸に応用される芸術
三、木造と、この産業に関係するその他の領域に応用される芸術
四、石造と、これにアプローチする他の産業分野に応用される芸術
五、統括する建築の力のもとで右の四つの要素が協働するモニュメンタルな芸術

この一連の講義の枠組みでは、金工に言及する余地はないかに見えますが、その理由は、金属が一次素材ではなく、そのタイプが金属を素材として具現化される前に、すでに別の素材で出来上がっていたからです。しかしながら私は、今や私自身の専門となっている金工について、少し細部まで踏み込んでみるつもりです」（一二二／三五―三七）。

ゼムパーの講義が、ロンドンの実用芸術局の金工を担当する教授としての講義であったことを忘れてはならないが、工芸（産業芸術、実用芸術）全体を「比較しながら、共通のタイプを有するものを同じクラスに入れて、合計四クラスに分類すること」が提案されているのである。工芸の教授となってゼムパー自身が、社会的立場が変わったこと、それに伴い建築を含

む芸術全体の捉え方も自《おの》ずと変わったことを強く自覚している。少なくとも『建築の四要素』を書いた時には、建築と工芸との関係に注意を払っていなかった。『科学・産業・芸術』になると、建築の歴史が工芸（産業芸術、実用芸術）とともに始まり、建築の美と様式の法則は原像（Urbild）を工芸に有していると考えるようになった。建築と強く結びつきながら自立もしている工芸に関する評価が彼の内部で高まり、そこから講義での「工芸のクラス分け」との取り組みへと発展しているのである。

d．『様式』（一八六〇）

織物芸術を含む被覆が最優先される理由は、『様式』第一巻で、正確に説明されている。

「故に、織物芸術と陶芸では、織物芸術が無条件に優先権を有する。というのも、それこそが原芸術（Urkunst）だからである。陶芸も含めて他のすべての芸術は、それぞれのタイプやシンボルをこの織物芸術から借用するが、織物芸術自体は完全に自立して現象し、タイプをみずから形づくるか、あるいは自然から直接借り受けるのである。様式の最初の原理が、この最も根原的な芸術・技術において形成されたことは疑いない[12]」

そして、工芸のクラス分けは『様式』第一巻の「プロレゴメナ」の次にくる位置、いよいよ「織物芸術」の本論が始まる前の位置に、「工芸のクラス分け（Klassifikation der technischen Künste）」という題で収められている[13]。四頁ほどの内容だが、この論の展開も一八五三年講義（草稿一二二）に従うものである。

最終的に、『様式』二巻（一八六〇―六三年）の構成は、以下のようになっている。

一、織物芸術　約五一〇頁
二、陶芸　約二一〇頁
三、テクトニク（Tektonik）、大工・家具装飾　約一四〇頁

四、ステレオトミー（Stereotomie）、石工　約一三〇頁
五、金工　約一一〇頁

この五番目の金工が、他の四つの工芸とは根本的に性格を異にすること、しかしながら、ゼムパー自身がロンドンで教授として担当する領域なので論考の対象に含むこと、の二点についても、すでに草稿一二二に説明があった。

草稿一二二を読んだ後に『様式』の構成を見ても、その構成に意外性はないが、織物芸術が約五一〇頁あって、これだけで第一巻を構成し、そのヴォリュームは陶芸の二・五倍あり、テクトニク・ステレオトミー・金工の四倍から五倍に近いものに膨れ上がっている。

ドレスデン時代の講義における様式への関心

ゼムパーがドレスデン時代に担当した講義は建築史と建築論の二科目だが、ゼムパー資料室に保管される講義資料から確認できる範囲に限定しても、たとえば一八三四年の建築史の講義では、「芸術、理想、美、様式などの諸概念の定義」が語られ[14]、一八四〇―四一年の建築論の講義を聴講した学生のノートにゼムパー自身が修正・加筆を加えたものによれば[15]、住宅・庭園・教会などについて古代・ビザンチン・ロマネスク・ゴシック・ルネサンス・バロックなどの様式的特徴が語られている。

この後も両講義では、住宅・教会などの建築類型によって、また条件（民族、時代、気候、材料など）の違いによって、建築が異なった様式で現われることを論じているが、ゼムパーの関心は次第に「始原」での建築のあり方に向かっていく。これまで述べてきたような「原形態」や「原モチーフ」の探究が、彼の関心を占めるようになるのである。

一八四八年秋の建築論講義（草稿三一）は、「囲いと屋根という二つの原形態の、近世までの建築の展開への決定的影響」（八―一七葉《フォリオ》）と「最も純粋に現われた原モチーフの、古代・中世・近世の住宅への影響」（一九―二一葉）が論じられた注目すべき講義であった[16]。ドイツ語の Ur- という接頭語で表現される事象の「根原（Ursprung）」に対する関心と考察は、す

でにドレスデンの教授時代から現われていたのである。
この探究の末に到達したのが、『建築の四要素』（一八五一）で示される、「根原においては、建築は四つの原要素から成る」という結論であった。時代・民族・気候・材料などの異なる条件下で、ビザンチン、ロマネスク、ゴシック、ルネサンスなどの様式的差異が生じるのは、文明が現れ、文化が発達する長い時間が経過した後のことである。だが言うまでもなく、変形の果てに現れた「様式的差異」を論じること自体は、ゼムパーの関心を引くものではなかった。というのも彼の関心は、混乱を排除し、秩序づけ、その結果得られる性格が明快で生き生きとして美しくもある様式の創造（発明）にあったからである。だから、彼の書く建築論は発明論（Erfindungslehre）でなければならないし、実践美学（Praktische Ästhetik）でなければならなかったのである。

様式は、歴史主義にとって核となる概念である。歴史主義的思考を典型的に示し、その理論を構築したと考えられるゼムパーの建築論の構想・執筆過程のどこで、どのように、その様式概念が現れるかは、きわめて重要で、かつ興味深い問題なのである。

その様式概念が、『科学・産業・芸術』（一八五二）で言葉通り建築論の核となって登場してくる。もはや個別の様式（ゴシック様式、ルネサンス様式、バロック様式など）の説明ではなく、「様式とは何か」という問いに答える定義が試みられている。

様式概念の定義

一度、『科学・産業・芸術』（一八五二）における様式概念の定義に立ち戻ってみよう。

「様式とは、基本理念と、この基本理念を芸術作品に具体化する際に、変形を促すかたちで作用する全ての内的・外的な因子、この両者が芸術的意味へと高められつつ前面に現れることである」[17]。

実はこれまでも指摘したように、ここで語られる基本理念や基本形態、あるいは原モチーフや原型が存在して、それが内的・外的な条件あるいは因子の作用を受けて具体化してくるという考え方は、ゼムパーがフィーヴェークに宛てた書簡（一八四三年九月二六日付）に書いたものであった。彼は、あの時の文章を「主題」として、つまり楽曲を特徴づけ展開させる核となる楽想のように使って、みずからの主要な論文・著作・講義をつくり上げてきたのである。

具体化した結果が、理念のもつ自由さを表わす一つの創造（発明）となり、自然な象徴として美と性格を備えたものであるためには、そもそも基本理念をどう捉えるべきか、変形を促すかたちで作用する全ての内的・外的因子にどう対処すべきかを、彼はその折々の条件に対応して表現を多少変えながら、これまで論じてきたのである。

たとえば、理念の具体化によって誕生するのが「建築」だったこともあれば、「技術的芸術（すなわち工芸）」だったこともある。それが「様式」という概念に置き換えられて、さきほどの定義になったのである。

外的である影響因子として考えられるものも、次のように挙げられている。

「理念の最も単純な表現としての基本形態は、形態のさらなる生成に用いられる道具のみならず特に素材によっても多様に変形していく。そして、作品の外にあってその造形に作用する重要な要因として多くの影響因子がある。たとえば、場所、気候、時代、慣習、所有関係、その施主の階層と社会的地位など(18)」。

①草稿一二二

そして草稿一二二になると、次のように様式の定義が数式表現で試みられる。

「様式概念は、以下の方法によって芸術作品において達成される成果を意味します。一つには手段を芸術的に使うこと、二つには制約を観察すること、によってであります。この制約とは、どの場合においても常にその解を変形させていく種々の外的条件の他に、仕事とか課題そのものに含まれる内的条件を意味しています。

すべての芸術作品は一つの結果です。あるいは数学の表現を用いるならば、その具体化に作用する変数となる無限数の量とか力の、一つの関数です。

U＝Cx, y, z, t, v, w

変数の一つないしは幾つかが変化すれば、結果も同様に変化し、細部や全体的姿に一つの明確な性格を付与するに違いありません。もし明確な性格がない場合、それは様式を欠いているのです。（略）芸術作品が具体化するにあたって作用する影響は、二種類に分かれます。第一のクラスは、その作品に内在する要件であって、自然と必要に関する法則に基礎を置き、常にどのような状況にあっても同じです。第二のクラスは、一つの芸術作品の出来栄えに影響するような外的影響と呼んでよいものです。

第一のクラスに属する様式の教義の部分には、基本理念、芸術家が作品のモチーフと呼ぶもの、あるいは、これらの基本理念が視覚化されたものとしての初期形態が含まれます。ここでいう初期形態とは、理念のタイプのことです」（一一三一／一五一一七）。

ゼムパーは、UやCの記号が何を意味するかを書いていないが、Uが様式であり、Cは、彼の説明によれば「基本理念」、「芸術家が作品のモチーフと呼ぶもの」、あるいは「基本理念が視覚化されたものとしての初期形態」を指す。そして、「初期形態」とは「理念のタイプ」のことだとも、彼は説明している。

では、なぜ「基本理念」が様式にとって重要であるかを、彼は次のように説明する。「基本理念」の大切さは、これまでも繰り返し主張してきたものであった。

「どのような芸術作品でも、最初の理念が、たとえ起源（始原）から遠ざかろうとも音楽における主題と同様にその作品の全体構成を貫いていれば、芸術的感情を満足させるものになります。その際に、芸術家がいかに鮮明に基本理念を着想するかが最も重要だということは確かです。かくして新しいものが、コピーに堕すことなく古いものの上に加えられ、単なる流行の影響を免れることになります」(一二二／一七)。

そして、同じくCを構成する「タイプ」の概念についても、草稿一二二では詳しく説明している。

「タイプとは、必要によって規定される原形態であって、その具体化に用いられる最初の素材によって、すでに変形を受けます。そして、素材も方法も具現化の度に変化します。ですから、彫塑的にあるいは絵画的に視覚化されたタイプは、すでに何度か変化した原形態の姿です。このような変化を経て視覚化した形態すなわち様式は、必然的にコンポジットな様式になっています。それは、一方でタイプ、諸条件、この様式に採用された古い素材などに適合しながら、他方では、新しく選ばれた物質や加工方法にも合った様式になっているからです」(一二二／三〇)。

②草稿一二四

草稿一二二と草稿一二四を一読して気づくのは、建築あるいは芸術の様式現象が、草稿一二二では、U＝Cx,y,z,t,v,wと表現され、草稿一二四では、より関数表現に近い形でY＝C(x,y,z,t,v,w…)と表現されていることである。すでに述べたように、実際に一八五三年一一月にゼムパーが講義原稿として使ったのは草稿一二二であり、草稿一二四はその下書きだった。この両者の内容は、同じではないどころか、極めて重要な二点で異なっている。一つは、様式の定義を数式で表した上で、その数式に使われたアルファベット記号の意味を説明する箇所である。そして、もう一つは、草稿一二四で『建築の四要素』に立ち戻り、簡単に四要素について説明した後、建築の「様式」を視覚化するのは実は「被覆」に他ならないと強調しつつ、その被覆を詳述する箇所である。

ハンスは、英語で行われた父のロンドン講義をドイツ語訳して『小論集』に収める時に、数式による様式の定義に関しては説明が明快な草稿一二四を用い、さらに草稿一二四の「被覆」について詳しく述べた箇所を、「被覆芸術」という小題を付けて、草稿一二二の後ろに付けたのである（二八五―二九一頁）。こうして、『小論集』二五九―二九一頁に収められた「比較様式論の一体系に関する試論」が誕生した。しかも『小論集』では、ハンスは数式をさらに関数表現に近づけて、Y＝F（x,y,z etc.）と書き改めている。[19]

ここでは、ハンスによって変更された部分を取り除いてゼムパー自身の草稿に立ち戻り、ゼムパーが意図した「数式による様式の定義」を明らかにしておきたい。二つの草稿を比較すると草稿一二二では、わざわざ数式表現にした意図が理解できないほど説明に活かされていない。それに対して草稿一二四の説明は、以下のように、格段に分かり易くなっている。

「すべての芸術作品は一つの結果であって、数学的な術語を使うならば、それは、芸術作品の具体化にかかわる変数（variable coefficients）である無限定数の因子（agents）すなわち力の、一つの関数（Function）になります。

Y＝C（x, y, z, t, v, w,…）

この公式で、Yは総合的な結果を表し、x、y、z、t、v、wは相異なる多様な因子を表しています。そして後者は、ここでは文字のCすなわち関数（function）によって表現される一つの定まった方法で協働します。

これらの因子の一つないしは幾つかが変われば、結果としてのYも同様に変わります。もしxが（x＋a）に変われば、総合的結果も今はYとしていますが全く違ったUになるでしょう。しかしながら原則的には、その総合的結果も同一性（アイデンティティ）を保ち、あくまでも文字Cで表現される一定の関係によって、変化後も変化前と結び付いているのです。

同様に、x、y、z、tなどが同じでも、もしCが変化すれば、Yは先ほどとは違ったかたちで変化します。因子x、y、z、tなどが変化しなくても、Yは、Cの変化が起きる前とは基本的に違うものになっています」（一二四／五）。

何度も言うようだが、草稿一二二よりもこちらのほうが格段に分かりやすい。Cが変化するとYが変化する。もしCが一定であってもx、y、z、tが変化すると、やはりYが変化する。関数表現にすると、この対応関係が非常に明快に伝わる。しかし、その対応が直接過ぎて、芸術的というよりも数学的であり機械的でもある。

実際の、様式の変化はもっと複雑であって、ゼムパーがよく言うように、「同じモチーフや形態であっても、その被造物の形成段階と存在条件によって、ある部分は別の形になる場合もあり、ある部分は長くなったり、時には短くなったりする」のである。「別の形になる場合」もあって、変化を単純に数量的に表せるわけではない。この直後にゼムパーは、以下のように書いて、芸術現象は関数的でも機械的でもないことを強調する。

「おそらく、芸術問題は数学的なものではなく、美術における総合的結果を計算によって捉えるのはほとんど不可能だという声が上がるでしょう。これは正しい。そして、私は、いかなる場合にも単なる内省や計算が、生まれつきの才能や自然な趣味の欠けたところを補うとは信じない人間です」（一二四／六）。

だからゼムパーは、芸術について誤解を生みやすい草稿一二四は使わずに、むしろ曖昧で分かりにくくもなっている草稿一二二のほうを講義に使ったのであろう。しかしハンスは、この部分については草稿一二四のほうを採用するばかりか、数式そのものを、より関数らしくY＝F（x, y, z etc.）と書き改めたのである。

続けてゼムパーは、文字Cについて説明する。Cは、「基本理念」であり「モチーフ」であって、これら自体が始原において、「初期形態」すなわち「理念のタイプ」を身にまとうのだと言う。

「文字Cは、いつ、どのような状況においても同一である、自然法則や必要に根ざす産業とか芸術などのそれ自体の作品を生む要件だと理解できます。たとえばコップは、どの民族、どの時代においても、その全体的な特徴は同じです。それが木、土、ガラス、金属、あるいは他のどんな素材であったとしても、基本的に同じです。つまり、芸術作品の基本理念は、流行や素材や地域的条件から自立した、用途や目的に基礎を置くものです。

芸術家は、これを、その芸術作品のモチーフと呼びます。このモチーフは一般的に、その最も単純で最も純粋な表現を、自然そのものとか初期形態に有しています。産業芸術の始原において、人を介してこの初期形態を身にまとうのです。これらの自然で初期の産業形態は、理念のタイプと呼ばれます」（一二四／六―七）。

外的な影響因子x、y、z、tなどの作用によって「基本理念が具体化して現象する」ことを、実に明快に述べている。

「それでは、私が公式においてx、v、t、wなどの文字によって示した、最終的な結果を生み出すあの因子群についてお話ししましょう。これらは、われわれの手による具体化に作用して、基本理念の現象を変形させていく種々の媒体です」（一二四／九）。

そして、ゼムパーは、これらの外的な影響因子を、次のように三グループに分ける。

「ここで、もう少し、これらについて詳しく述べておきます。その数は限定できないが、明確に三グループに分けることができます。これらの因子の第一のグループは、素材、製作方式、あるいはその製作にあたって問題となるプロセスで構成されます。第二のグループは、芸術的な表現に対する場所的・民族学的な影響、気候、宗教・政治的な制度、そして、その他の民族的な状態の影響などです。

第三のグループは、すべての人間的な影響を含み、芸術作品に個別の性格を付与するものです。これは、二重の性質を帯びています。芸術作品の具体化への人的影響には、製作を指揮する者、つまりは芸術家と、その製作の実際の作業者の両方が考えられるからです。

芸術作品の具体化に対するこの三種類の相異なる影響が、様式というあの重要な芸術概念のそれぞれに意味を与えます」（一二四

／九―一〇）。

草稿一二四に描かれた「様式」と「被覆」の結びつき

ロンドン講義（一八五三）の時点で、以上のように様式についての認識が深まっていた。ゼムパーは、様式を物質・構造・素材などと同じ「物自体」としてではなく、理念の「現象」として捉えるべきことを繰り返し主張するようになっていた。

様式は、「物自体」としての壁体とは区別され、「現象」としての壁面と同義と捉えられる被覆に他ならないとも考えられるようになっていく。「被覆芸術」という小題を付けて『小論集』に収録したのは息子ハンスだったとしても、草稿一二四で、様式と同じほど被覆を重視してその考察を行ったのはゼムパー自身である。

①被覆芸術を最初に論じる理由

ここでもゼムパーは、まず、陶芸ではなくて被覆芸術を最初に論じる理由から述べる。被覆芸術の特徴は、いわゆる実用性を超えて芸術的にも文化的にも発達し易く、モニュメンタルな装飾に最初のモチーフを与えたという点にある。それゆえに、芸術教育全般に他のどの工芸よりも影響を与えることにもなった、と彼は言うのである。

「では、さっそく、被覆芸術に関する最初のクラスを、詳しく見ることにしましょう。もしそれが古さゆえに、つまり、それが人類の芸術における最も早い試みであるがゆえに、最初にくるというのであれば、それは疑わしいかもしれません。しかし疑いなく、それはモニュメンタルな装飾に最初のモチーフを与えることによって、他のものよりも早く芸術教育全般に影響を与えたのです。まず、この視点から考察して、その後に衣服とかその他の生活用品など、それが具現化した例へと考察を広げていきます」（一二四／一四）。

②「文明社会」と「工芸（産業芸術）」という視点

ゼムパーは、ここでは全く『建築の四要素』と同じ順序と内容で、建築を構成する四要素を説明する。違うのは、「産業芸術」と「タイプ」という概念が説明に使われている点である。『建築の四要素』と同じ内容の部分を繰り返さないが、書き出しは次のようになっている。

「産業芸術のこの分野は、建築の実体を構成し、居住と文明と人間性の聖なる象徴である炉の自然な保護となる三者の中でも、少なからず重要な建築の一要素に、最初のタイプの位置を提供します。この産業芸術について詳しく述べる前に、ここで建築を構成する四要素について簡単に説明しておきましょう。

第一に、中心としての炉、

第二に、保護する屋根、

第三に、囲い（enclosure）、

第四に、基礎（substruction）、

です」（一二四／一六）。

しかし、「囲い」の説明になると、二つの変更点が顕著になってくる。漠然と歴史上の始原に遡るのではなく、一つ目は、人類の「文明社会の始原」に遡ることを強調する点であり、二つ目は、そこで、「建築」ではなく「工芸（産業芸術）」の現れを観察しようとしている点である。文明社会の始原だから工芸（産業芸術）がそこに現れているはずで、歴史的な検証作業が具体的にイメージできる。原始の人類が洞窟に住み着いて火を焚《た》く状況を想像するだけでは、火の燃える場所が、果たして炉と呼べるものになっているか否かすら、全く定かではない。「文明」と一条件が加わるだけで、かなり洗練され発達した道具の存在が想定できるというわけである。

そして、この観点に立つと、「文明という土台に立って人類によってなされ、今なお続けられている産業芸術の最初の試

み」は陶芸、木工、石工のいずれでもなく「衣服と敷物」だというのである。これが、全ての産業芸術における最初の試みである。

彼は、「囲い」のところで発達する工芸（産業芸術）を「織物職人や壁掛け・カーテン職人の技術」と表現するが、それが「衣服と敷物」として現象する。だが始原においては、「衣服と敷物」として現れるものの、全く粗野な状態で身を守り所有と非所有を区別する程度なので、まだ「装うこと（dressing）」を知らない。

「では、私が囲いと呼んだ建築的構造物の上では、どのような技術分野が発達したのでしょうか。織物職人や壁掛け・カーテン職人の技術です。この奇妙な主張には、根拠の説明が必要でしょう。

文明という土台に立って人類によってなされ、今なお続けられている産業芸術の最初の試みが、衣服と敷物だというのは事実です。産業のこの部分は、装うことを全く知らなかった種族にも知られていたようです。彼らは、大地の湿気からの保護や、彼らの所有物を非所有物と分離するために、織物芸術の粗野な物を使っていました。この種の最初の粗野な例として、垣根、つまり大地に固定された木の枝の折り合わせがあります」（一二四／一九）。

③民族学の示す未開種族との比較・類推

そして、この「始原」を考える際に民族学の成果を積極的に導入することが、方法として新しいと言えるであろう。人類の始原を直接目で見ることはできないが、それに代わって、民族学の示す未開種族の文化との「類推（アナロジー）」を、積極的に使おうというのである。

「民族学にもその例を見ることができます。かなり良く発達した装飾芸術と一種の建築すら有する或る民族の場合ですが、その建築的なモニュメントは豊かに装飾され着色された囲いとその柱でしかないのです。ニュージーランド人です。彼らの文明は非常に早い発展段階で止まり、それは中国人の場合と同じです。むろん後者は、停滞に陥った時には、すでに高度に発達しておりました」（一二四／二〇）。

④ウルヒュッテ（原小屋、原始の小屋）の評価

ここで描かれる小屋の姿は、一八五一年のロンドン万博の会場で彼自身が見たという「カリブの小屋」とほぼ同一である。この小屋建築は全体に粗野であって、芸術性の観点から評価すべきものは皆無に近いが、「豊かに装飾され着色された囲いとその柱」に被覆芸術の始まりを見ることができると、彼は言う。

後の『様式』第二巻の二七六頁に、建築の四要素が揃った「ウィトルウィウス的な原始の小屋」の例として、この「カリブの小屋」のスケッチが示されるが（図7-1）、その説明は、驚くほどに素っ気ない。ここに書くように、非常に近い状態を示すニュージーランド人、中国人の例についても、「囲い」の部分に僅かに芸術性や文化性が感じられる程度だと書いている。

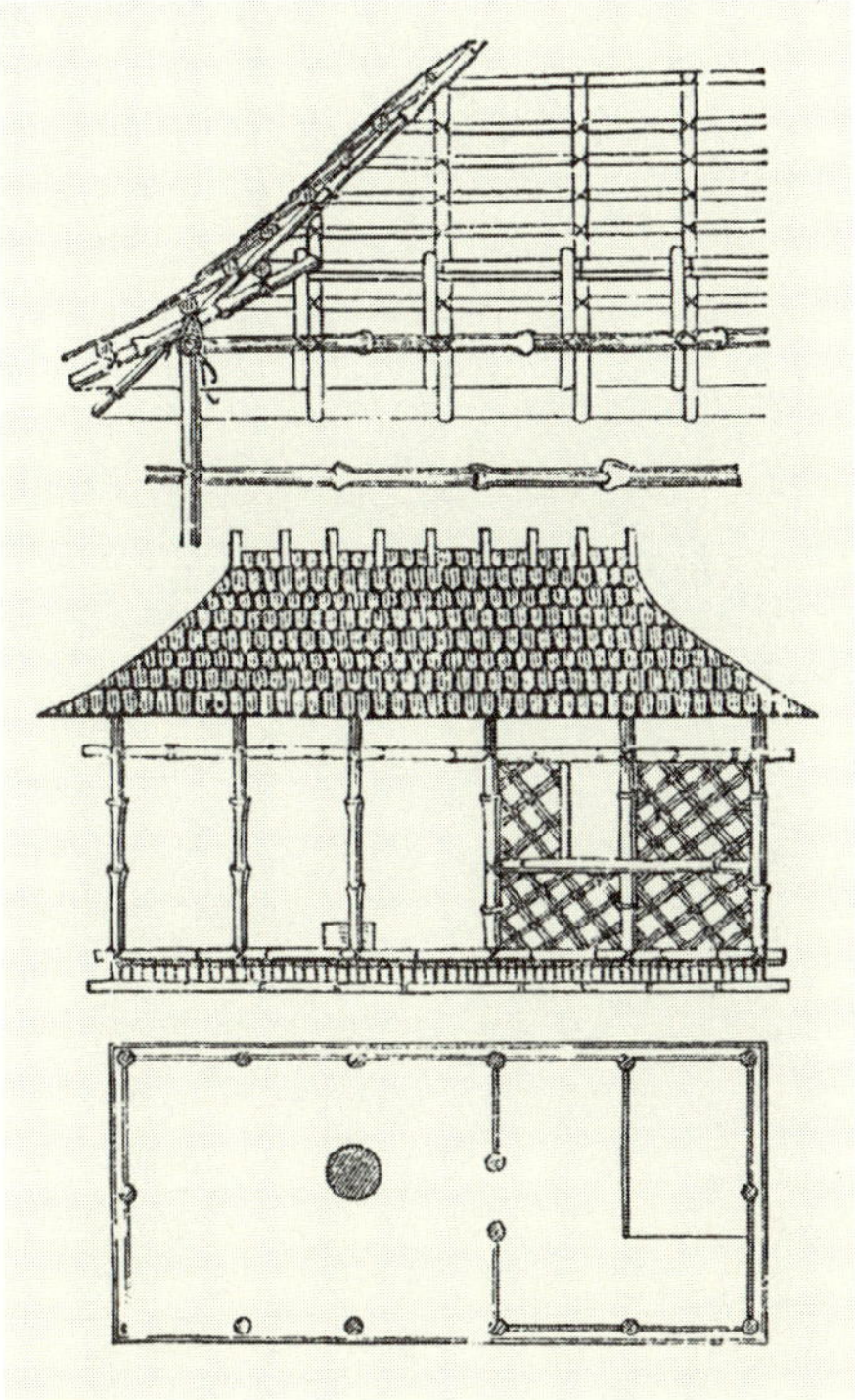

図 7-1.「カリブの小屋」、ゼムパー著『様式』第2巻、276 頁掲載

つまり、『様式』における「ウィトルウィウス的な原始の小屋」に対するゼムパーの評価が、最初に示されたのが、この草稿一二四であった。

⑤「空間分離」の理念・タイプ

さらに、草稿一二四を読んでいこう。最

初期に存在した「衣服や敷物」がどのように作られていたかは説明されていないが、編む・織る・組むといった技術が展開を示すのは第二段階に入ってからである。展開期になると、編物・織物を「空間分離」のために吊り下げる現象も見られるようになる。それは、「空間分離」の理念とかタイプの真の表象となるものであって、構造体として存在するだけの壁体とは異種であり、同じく空間境界をつくる壁面の仕上げや装飾と同種のものであった。

「第二段階では、木の枝によって編物・組物をつくり、やがて彼らは、草や植物繊維などを織る試みを始めます。自然を手本にして動物の皮とか木の枝を使って、空間の分離、天候や敵からの保護のために吊り下げるものを垣根と一緒に用いるようにもなります。このような織物・編物の吊り下げは、石や木でつくられる壁体よりも、はるかに先行するものでした。

そして、織物と掛け物が空間分離（separations of space）の起源ですから、当然のことながら、これらの産業芸術の発達は、壁面の仕上げや装飾に大きな影響を及ぼしました。このことは、堅固な壁体がつくられるようになっても変わりませんでした。壁の掛け物や被覆は、〈空間分離〉の理念の真の表象でありタイプでもあります」（一二四／二〇―二一）。

⑥壁体と壁面の違い

壁体と壁面は、理念としてもタイプとしても別のものだということが、草稿一二四でも強調される。壁体は、空間分離とは違って強度・耐久性・安全性のために必要なものであって、その配慮が必要なければ、簡単な掛け物だけで十分である。それが、いわば、見える壁面であり壁の表象である。

ドイツ語には、壁体つまり壁の物自体を指すMauerと、壁面つまり壁の表象あるいは現象を指すWandという二つの言葉がある。

「この掛け物が、眼に見える壁です。その背後にあるものは、〈空間分離〉の理念とは全く無関係です。その分厚い石壁は、他の二次的な配慮、たとえば強度・耐久性・安全性などのために必要とされているだけです。このような二次的な配慮を必要としないところでは、掛け物だけが空間分離の手段として用いられます。そして分厚い石壁が必要とされた場合でも、それは見える壁、つまり多彩色の掛け物や織物などの表象を内側で支える骨組みでしかありません。

だから、建築における最古の装飾のほとんどが、織ったり格子に組んだりする仕事から生まれたものです。これらの作品は、さまざまな色の自然素材を捻り合わせたり織り合わせたりするプロセスの自然で優美な産物なのです。

ドイツ語には、壁の見える部分を指す言葉があって、Wandと言います。それは、織られた素材を意味するGewandというドイツ語と共通の語源を有し、ほぼ同じ意味です。壁の構造的部分には別の名称があり、ドイツ語でMauerと言います。二つの語の存在は、非常に示唆的です」(二二四/二二一―二二二)。

「被覆」における変形・代替

数式表現を使って、工芸の理念・タイプをCとして、そこに作用するx、y、z、v、wなどの因子(素材・技術などの諸条件)が変化することによって、最終的に得られる表象あるいは現象(U)が変化することについては、すでに考察した。理念・タイプあるいはモチーフとしての「空間分離」や「被覆」がCに当たる。人類の創意に富む本能が、壁体の被覆(空間分離)に新しい手段を生み出し続け、そこには多様な因子が働く。その結果、新しい被覆が次々に創造されていくのである。

「〈空間分離〉の理念的表象が意味するところは、伝統的な織物や掛け物が別の被覆によって取って代わられても、同じです。人類の創意に富む本能は、倦むことなく、壁体の被覆に新しい手段を生み出し続け、実に多様な理由がこの創造に関係します。経済性、贅沢志向、涼しさの求め、耐久性と、その理由は様々です。

産業のあらゆる分野が、これに対応すべく導入されてきました。最も古く、最も重要な代用品の一つは、壁職人によって提示されました。つまり、壁をスタッコによって被覆することです。それが、自立した芸術としての絵画の発展を生みました。そこから、壁画がローマ人までの古代民族にその起源を有していることが否定しえないこと、また、同じことが中世の壁装飾にも当てはまることを、いずれ検証することになるでしょう」（二二四／二二一―二二二）。

空間分離あるいは被覆の理念・タイプの具体化に、工芸（産業芸術）の他分野の素材や技術が使われることも当然起こり得る。たとえば、それが陶芸になる場合もある。

「陶芸は、多彩色の優美な襞《ひだ》のある掛け布に、別のかたちで置き換わります。釉薬のかかった煉瓦です。この発明はおそらくアッシリア人の天才に負うのでしょう。（略）古代アッシリアの釉薬煉瓦の手法は、たとえばモザイク画のように、さまざまな色タイルを用いて装飾を作り出すという後代の発明とは、全く無関係だということです。建物の基礎の部分を除いて、アッシリアの壁画は、構造的原理とも無関係です」（二二四／二二四―二二五）。

被覆の理念・タイプを具現化するのに、木工・金工・石工の材料や技術が使われることもある。木製パネルによる壁面被覆は、たっぷりと襞をとった布による被覆と同じほどに豊かなものである。あるいは、それが金属板による被覆の場合もある。さらには、花崗岩、大理石、アラバスター、斑岩《はんがん》、その他の固い高価な石の薄板を用いた例を、アッシリア、ペルシア、エジプト、ギリシアの建物の壁面被覆に見ることができる。このような混成的な素材と手続きは、必然的に様式のバリエーションを次々に生み出すが、しかしながら、それらは全て、共通の起源となる古い伝統的な「タイプ」の境界を超えていない。つまり、木、スタッコ、テラコッタ、金属、石などの被覆に応用された絵画・彫刻・工芸は、織物や刺繍作品に特有の様式に依存したままなのである。

『様式』における様式概念の定義について

ところが、改めて『様式』を読み直してみると、この「様式」概念を定義する章か節があるべきなのに、それがないことに気づく。これは、不思議なことである。すでに述べてきたように、ゼムパーは、『科学・産業・芸術』で「様式」を定義し、さらに草稿一二二と一二四で、数式表現まで使って定義しようとしている。

「理念」・「モチーフ」（「タイプ」・「基本形態」）―「条件」―「現象」の関係が、Y＝C（x, y, z, t, v, w,………）の数式表現と、YとC、そしてx、y、zなどの因子の記号を使った説明によって、非常に理解しやすくなっている。

しかし、たとえば、Yが単なる現象で終われば、ゼムパーが生きた時代・社会が求めていたモ、ニ、ュ、メ、ン、タ、ルな芸術表現には至らないであろう。何ごとにせよ、目指すところに到達するには、目指すものを「理念・モチーフ」として、すなわちCとして捉え直す必要がある。CとYについて、さらに踏み込んだ説明がほしい。Yは、結果としてあらわれる現象を指し、「様式」と捉えることも可能だが、ゼムパーは、Y（あるいはU）が様式を指すとは明記していない。あるいはまた、Yは具体的には被覆にあらわれる現象であって、この数式表現は被覆論の骨子を分かりやすく表現するものでもあるが、彼は被覆とか被覆論とどう関係づけられるかについても明記していない。

というのも、ゼムパーは、このような数式表現では芸術の多元性・多様性・複雑さ・深遠さは表現し切れず、むしろ誤解を招くと考えていたのである。実際に、一八五〇年代から六〇年代にかけて、多元的で、どこか深遠ですらある歴史主義建築が、モニュメンタルな表現を獲得して、まさにピークに向かおうとしていた。ウィーンではリンクシュトラーセの建設が始まり、沿道に壮麗な盛期様式による公共施設が建ち並ぶ時代（一八六〇年代後半～八〇年代前半）に突入しようとしていた。

この数式表現が伝える「理念・モチーフ―条件―現象」という三段階の概念の結びつきは、一八四三年九月二六日付の書簡でフィーヴェークに伝えた比較建築論の中核をなすものだった。確かに、当時のゼムパーはまだ「比較」を付けず、単に「建築論」と表現しており、「比較」の語を使い始めるのは後のことだが、この三段階の概念の結びつきこそが、「比較建築論」の、そしてゲーテの形態論を造形芸術の領域で捉える「芸術形態論」の中核をなす思想であった。この理念・モチーフから始まる芸術現象の生成に関する記述を、『様式』のさまざまな箇所で見ることができるが、ゼムパーは、それによって「様式」の定義をこれ以上深める方向には進んでいない。

「様式」の定義らしい箇所を探せば、『様式』第一巻「プロレゴメナ（Prolegomena）」のⅥ‐Ⅶ頁に、次の一節がある。

「経験的な芸術論（すなわち様式論）は、純粋な美学でも抽象的な美の教説でもない。この後者は形態をそれ自体として考察し、その立場によれば、美とは個々の形態が共に働いて我々の美的感覚を満足させ喜ばせる、一つの全体的な効果のことである。そこでの全ての美的特性は、それゆえに集合的性質を帯びている。すなわちハーモニー、律動、比例、対称などである。

それに対して、様式論は、美を産物あるいは結果として統一的に捉える。決して、合計とか並列では捉えない。様式論の探究は、形態それ自体ではなく理念・力・素材・手段に関するもので、いわば、形態生成の前提とか条件が重要になる」。

この「様式」の定義らしきものの意味を正しく理解するには、ここに至る過程での、ゼムパーの「テクトニク（Tektonik）」との取り組みを調べてみる必要がある。彼は、まっすぐに「様式」の定義に進まず、カール・ベッティヒャー（Karl Bötticher, 1806–89）が主張していた「テクトニク」概念を取り入れて、より豊かで普遍性のある様式論を構築しようと考えていたと思われるのである。[20]

「テクトニク」への関心の現れ

前出『様式』第一巻「プロレゴメナ」での「様式論」の説明に、「ハーモニー、律動、比例、対称など」という、これまでは、彼がいう経験的な芸術論としての様式論には用いなかった、形態とか形態美に関する抽象性の高い純粋美学の表現が使われていることに、読者は気づくであろう。

一八五五年夏にゼムパーはロンドンからチューリヒに移った直後、フィーヴェークに「建築よりも工芸を先行させるかたちで構想した、形態世界全体に関する包括的な著作に取り組んでいる」と書簡で伝えているが、実は、この純粋美学を思わせる箇所は、その著作『形式美の理論（*Theorie des Formell-Schönen*）』（草稿）に書いた内容を、ゼムパーが「プロレゴメナ」に組み込んだものである。

その『形式美の理論』の草稿が、ゼムパー資料室に「草稿一六八—一八一[21]」として保管されている。この草稿が重要なのは、「まえがき（Vorwort）」（草稿一七八）が『様式』の「プロレゴメナ」に使われたことに加えて、その「序章（Einleitung）」（草稿一七九）にゼムパーが到達した「テクトニク」の定義が入っていることである。

テクトニクは、刊行された『様式』二巻では、テキスタイル、陶芸に続いて三番目に“Tektonik（Zimmerei）”として扱われる。つまり、家具づくりを含む木工とか大工仕事（Zimmerei）と同義の概念としてテクトニクが使われているのである。当時は二十一世紀の今日に似て、建築のあり方や建築に関係する職能が大きく変化していた時代だったから、ここでも伝統的な意味での木工・大工よりも、もっと広い意味に解釈してよいであろう。たとえば、『様式』の正式の書名である“Der Stil in den technischen und tektonischen Künsten oder praktische Aesthetik, Ein Handbuch für Techniker, Künstler und Kunstfreunde”を見た場合、technische Künste が常に工芸（産業芸術）を意味していたことを考えれば、tektonische Künste が再び木工・大工に関係づけられることには、なにか違和感が拭えない。この本が、技術者、芸術家、芸術愛好家のための実践的な手引書（Handbuch）だというのであれば、tektonische Künste は、工芸ではなく絵画・彫刻・建築などの高等芸術を指す概念として、ここに導入されたのではないか。第六章『科学・産業・芸術』で述べたように、ゼムパーが、四つの工芸の他に、この四者が協働する「高等芸術」の存在を考えていたことを思い出してもよい。そして、もう一つ参考になるのは、ゼムパーが同時期に、“Theorie und Geschichte des Stils in der Baukunst und den übrigen technischen und bildenden Künsten in ihren Beziehungen zu der Baukunst”という書名を考えていたことである[22]。この場合、「技術的（technisch）」と対をなすのは「造形的（bildend）」である。技術芸術（工芸）と彫刻・絵画などの造形芸術の対比ならば、誰もが誤りなく理解できる。しかも技術芸術（工芸）と造形芸術の両者を含むならば、ゼムパーの新しい本は、芸術の全領域をおおうことにもなる。ところが、ゼムパーと出版社の間で「これでは、本のタイトルとして平凡ではないか」といった内容のやりとりがあって最終的には、bildend に代えて、すでに数年来、彼が考えていた新鮮な響きの tektonisch を導入したようなのである。(23)

結局、テクトニクという語は、『様式』においては、中途半端な導入の仕方で終わっている。それは、木工や大工の仕事に本質が現れるもののようだが、果たして、いかなる意味なのか。『様式』では十分に展開されなかったように思われるが、「テクトニク」の概念によってゼムパーは、そもそも何を意味しようとしたのか。それを、草稿一七九を読んで確かめることにしよう。

宇宙芸術としてのテクトニクの定義

ゼムパーは、草稿一七九では、次のように「テクトニク」を定義する。

「テクトニクは自然を手本とする芸術だが、そこで手本にするのは具体的な現象ではなく、自然が成立し創造する際にしたがう全体の法則性と個々の規則である。自然は我々の前に、その法則性と規則を通して完全性と理性の精髄として立ち現れてくる。それに対して、テクトニクの領域は現象世界であって、その作品は空間の中に形態と色彩をともなって我々の眼前に現れる。

テクトニクは、真の宇宙的芸術（kosmische Kunst）である。ギリシア語のコスモスは現在生きているどの言語にも同義語のないもので、世界秩序と装飾を同時に意味する。テクトニクな芸術像が示す、普遍的な自然法則とのハーモニーが、その装飾に他ならないのである。つまり、多かれ少なかれ意識的行為によって、人は装飾する対象に、自然の法則性を視覚化して浮かび上がらせるのである。

すでに自然人が文化の最も早い段階に、みずからの身体の装飾に表していたような宇宙的本能は、文化の向上に伴って産業製品にも、陶器や道具類、あるいは炉の覆いや住居にも現れるようになる。この宇宙的本能が人類の作品に必然性の刻印を与え、それによって人類の作品が、芸術的な手や理性的に自立して働く器官を通して、いわば自然創造のように現象してくる」[24]。

以上の定義によれば、テクトニクは、自然の秩序と法則に従って誕生し、世界秩序と装飾を同時に体現するものである。この場合、装飾を通して自然の秩序を視覚化するとも言える。装飾という行為は、自然人においては身体の装飾となって現れ、やがて産業製品に、そして建築にも現れる。あくまでも現象世界にあって、形態や色彩をともなって現象してくるものだが、それがテクトニクだ、とゼムパーは言うのである。

テクトニクとその他の芸術との関係

もう少し、ゼムパーの「テクトニク」についての説明を聞こう。

「宇宙芸術としてのテクトニクは、互いに模倣せず自立して、音楽とダンスとともに三極構造をなす。互いに模倣せず、各々が異なった方法で表現するにもかかわらず、この三者には、課題の宇宙的把握と、素材に理想を表現する方法に、共通性がある。（略）テクトニクの理想は静的宇宙であり、音楽のそれは動的宇宙である。しかし、静力学が動力学を含むのと全く同じで、静的なはずのテクトニクの内部で潜在的な運動が脈打ち、動的なはずの音楽にも静的な平衡が含まれている。ギリシア人は、この二つの芸術の親密な関係を知っていた。だから彼らは、両方の芸術を調停する理論に、高貴な原理を打ち立てることができたのである。彼らは、両方の芸術に通じる形式美の特質に同じ表現、たとえばハーモニー、対称、類推、律動、リズムを用いた。（略）これまで言ってきたことは、三つの造形芸術（絵画、彫刻、建築）相互の外的な関係に関するものである。テクトニクは、より深く彫刻と絵画の領域に浸透している。この両者は、最も単純な配置を決める際にも、グループ分け、輪郭や塊の配置構成、彩色の決定にさえも、対称や比例などのテクトニクな法則に助言を求めねばならない。[25]

これが、ルモーア（Rumohr）が諸芸術の家政（Haushalt）と呼んだ、建築とその他の造形芸術との関係である。この家政という表現は、独立した彫刻と絵画の成立にテクトニクが支配的であると同時に従属的でもあって、巧みに関係を調整しつつ参加することを、実にうまく表現している。

かくして、テクトニクは、二つの造形芸術の深奥に関与することによって、両者が完全に自立した状態にあっても、共に自らの領域に引き込むことができる。

この関係は、テクトニクの領域の最も外側の境界に影響する。だが、この領域への入口を指し示すのは単純素朴な製品であって、それはこの芸術が最初に活動し始めたところである。私が言っているのは装飾であって武器・絨毯・衣服・什器《じゅうき》・道具などのことだが、要約すれば実用芸術、いわゆる産業芸術のことである(26)」。

テクトニクが何を指すのかが、まだ判然としない。この文章を読んでいると、途中から「建築」が「テクトニク」に置き換わったようにも感じられる。テクトニクは、まずは絵画と彫刻に働きかける存在と読める。絵画も彫刻も含む全体を秩序付けるという意味で、テクトニクは、ゼムパーが考える全てを統合する存在としての建築と同義のように思われるが、この場合の建築は単なる物でも単なる現象でもない。それは法則とか規則をつくり体現し、まさに形式美を有し、ハーモニー・対称・類推・律動・リズムなどを本質とする芸術なのである。

ゼムパーは、それが自然法則と調和し、宇宙秩序を具現化する「装飾」を内有する芸術だということも強調する。単なる抽象的な全体概念であってはならない。具体的な形態や色彩を伴いつつ、全体を構成するものでなければならない。それがテクトニクの装飾だが、装飾と言えば、ややもすれば単なる物、単なる現象と捉えられやすい。そうではなくて、一つひとつの言葉が意味連関をもって一つの世界をなすのと同じで、装飾もまた、意味のある形態言語として宇宙をなし、より大きな宇宙につながっていると、ゼムパーは言いたいのである。

このような装飾の現れる層が「被覆」であり、ゆえに「被覆」もまた、単なる物ではないし、単なる現象でもない。このことを誤りなく伝えたいがためにゼムパーは、「テクトニク」概念を導入しようとしていたのである。

実践美学としての様式論

『建築の四要素』（一八五一）、『科学・産業・芸術』（一八五二）と大著『様式』（一八六〇―六三）をつなぐ位置にある、ゼムパーの「ロンドン講義」（一八五三―五四）は、前の二著書に表れていた「四要素とそれに対応する四つの原技術」、そして「象徴的な形態言語を生み出す点で建築に先行した産業芸術（工芸）」、「理念・モチーフが、現実の様々な条件の作用を受けつつ、一つの現象に具現化した結果としての様式」を巡る思想を、さらに展開させた。特に重要だったのは、これまで見てきた一八五三年一一月一一日開催の初回の講義（草稿一二一と一二四）である。

それはキュヴィエらの比較解剖学・古生物学の方法論に学びつつ、新しい様式論を構築したいという抱負から始まった。そして、それが単なる比較ではなく、多様な建築現象に潜む原理・法則・システムを捉えて、そこから創造し発明していく実践美学であることが、何度も強調される。

『科学・産業・芸術』では簡単に触れただけだった、建築に先行する工芸（産業芸術）への着目について、より詳しく論じられた。そのうえで、「タイプ」に基づく「クラス」ごとの分類法を導入して、『建築の四要素』にあった「聖なる炉とそれを保護する三要素」というロマン主義的な思想からの脱却が図られた。

神秘主義的でロマン主義的な思考方法から、より自然科学的で実証的でもある建築論（建築現象論）への転換である。これが、ゼムパーによれば、時代が求める「考える建築家」がなすべき仕事でもあった。「ロマン主義的」傾向から、科学的で実証的でもある「厳格な」傾向への展開。この展開は、ゼムパー個人の思考がこの方向に向かっているだけではなく、たとえばレナーテ・ヴァーグナー＝リーガーの研究が示すように、ウィーンという都市の建築全体が、ロマン主義的歴史主義から厳格な歴史主義に移行していたこととも符合する。

工芸が四クラスに分類されて、第一のクラスに「被覆」の芸術と産業、第二のクラスに「陶芸」が配される。しかも第一のクラスに、「サーフェス」概念が加えられているところが、二十世紀、二十一世紀における被覆原理の世界的広がりを予示するものになっている。「被覆」を優先させる背景には、「織物芸術と陶芸では、織物芸術が、無条件に優先権を有する。というのも、これこそが原芸術（Urkunst）だからである」という考え方があって、これは『様式』に引き継がれていく。

もう一つ注目すべきは、様式概念が数式表現を使って定義されたことであった。その内容は、すでに『科学・産業・芸術』の中で示されたものだが、ゼムパーにとって最も重要で自ら独創的だと考える「様式」の捉え方であった。

被覆は、なんらかの表現に使われる壁面あるいはサーフェス、言い換えれば、様式が具体的に現れる場所に他ならない。「理念」「モチーフ」によって、たくさんある「タイプ」「基本形態」の中から一つが選ばれ、それが素材・技術・気候風土などの「条件」の作用を受けて、「現象」として具現化してくる。結果として得られた「現象」が、「被覆」とか「様式」とか呼ばれるものである。これが、ゼムパーの様式論であり被覆論であった。

この草稿一二二と一二四で彼が確信をもって語った内容が大著『様式』と『小論集』にまとめられて、新様式を創出しようとする者にとって、まさに実践的な手引きとなった。その影響を受けた者には、十九世紀の歴史主義の建築家だけではなく、オットー・ヴァーグナーのような、世紀末に「近代建築（Moderne Architektur）」を探究する次代の建築家たちも含まれていた。思想的に影響を受けたというよりも、ゼムパーの「被覆論」の最大の実践者は、ウィーン世紀末のオットー・ヴァーグナーだったと言ってもよいであろう。

注記

（1）Mallgrave, *Gottfried Semper*, p.216.

（2）Herrmann, *Theoretischer Nachlass*, pp.154–77.

（3）Ibid., pp.159–166.

（4）本章での草稿一二二と一二四の分析には、『小論集』ではなく、H.F.Mallgrave によって整理・復原されたゼムパー直筆の英語による講義録を資料とする。Gottfried Semper, *Outline of a System of Comparative Style-Theory*. RES: Journal of Anthropology and Aesthetics 6, Fall 1983, pp.5–31（London lecture, 11.Nov.1853).

（5）Hans Semper, *Gottfried Semper—Ein Bild seines Lebens und Wirkens*（Berlin, 1880）, p.4.

（6）Joseph Rykwert, *Semper and the Conception of Style*, in Vogt et al. ed., *die Mitte des 19.Jahrhunderts*, p.77.

（7）Alexander von Humboldt, *Kosmos—Entwurf einer physischen Weltschreibung*, 4 vols.（Stuttgart-Tübingen, 1845–1858）. 第一巻の序章「自然享受の多様性と宇宙的法則の科学的究明に関する導入的考察」に、多様な自然現象に宇宙（世界）の法則の現れを見る考え方が書かれている。

（8）フムボルト『自然の諸相、熱帯自然の絵画的記述』（木村直司編訳、ちくま学芸文庫、二〇一二）によれば「フムボルトが最初にゲーテの面識を得たのは一七九四年のことである」（二〇頁）。興味深いのは、フムボルトらの前でゲーテが口述したり朗読したりしたと言われる「骨学から出発する比較解剖学総序論の第一草案」とか「比較解剖学総序論第一草案最初の三章に関する論述」に論じられるのが、タイプ（原型）の問題なのである。ゲーテ『形態学論集—動物篇』（木村直司編訳、ちくま学芸文庫、二〇〇九）参照。

（9）他に、ゲーテの形態学あるいはメタモルフォーゼの思想については、ゲーテ『自然と象徴—自然科学論集』（高橋義人編訳、冨山房、一九八二）、ゲーテ『形態学論集—植物篇』（木村直司編訳、ちくま学芸文庫、二〇〇九）などがある。

（10）Durand, *Recueil et parallèle des édifices de tout genre, anciens et modernes*（Paris, 1799–1801）. 邦訳にデュラン『比較建築図集』（長尾重武編、玲風書房、一九九六）がある。

（11）Semper, *Die vier Elemente der Baukunst*, pp.54–56.

（12）Semper, *Der Stil*, I, p.13.

（13）Semper, *Der Stil*, I, pp.9–12.

（14）Herrmann, *Theoretischer Nachlass*,p.77, Ms.19.

（15）Ibid., p.79, Ms.25.

（16）Ibid., p.81, Ms.31.

（17）Semper, *Wissenschaft, Industrie, Kunst*, p.15.

（18）Ibid.,p.16.

（19）Semper, *Kleine Schriften*, p.267.

（20）Herrmann, *Zur Entstehung des "Stil,"* p.97.

（21）Herrmann, *Theoretischer Nachlass*, pp. 118–125, 217–249. ヘルマンは、この草稿が一八五五—一八五九年に書かれたと考えている。

（22）Herrmann, *Zur Entstehung des "Stil,"* p.105.

（23）テクトニク（Tektonik）の概念は、Karl Bötticher, *Die Tektonik der Hellenen*,（Potsdam, 1844–52）に使われたもので、同概念をいかにゼムパーが自家薬籠中のものにしようと努めたかについてはHerrmannの論文*Semper und Bötticher*, in Herrmann, *Theoretischer Nachlass*, pp.26–40を参照のこと。Mallgrave, *Gottfried Semper*, pp.219–221も併せて参照されたい。

（24）Herrmann, *Theoretischer Nachlass*, p.217.

（25）Carl Friedrich von Rumohr（1785–1843）,『イタリア研究（*Italienische Forschungen*）』三巻（一八二七―三一）などの著書がある。ゼムパーは一八三三年イタリアで会って大いに啓発されて以来彼に敬意を払い続け、一八四三年ドレスデンで彼のための墓標を設計している。なお、ルモーアの著作の邦訳として、『料理術の精神―ある美術史家の食卓』（中山典夫訳、中央公論美術出版、二〇一六）がある。

（26）Herrmann, *Theoretischer Nachlass*,pp.218–220.

第八章　装飾と被覆

前章で、ロンドンでの初回講義を中心に、「様式」と「被覆」に関する要点を読み取った。初回講義は、ゼムパーが、なぜ大著で様式を論じることになり、その様式を論じるのに織物芸術を最も重視して、「被覆論」という極めて独創的な思想を打ち立てるに至ったかを説き明かす、きわめて重要な講義であった。だが、それ以外の講義でもゼムパーは、「様式」「被覆」を構成する「装飾」について傾聴すべき思想を語っている。それを、本章で整理しておきたい。

象徴的形態言語としての装飾、その現れとしての被覆

ゼムパーが人類史の「始原」に強い関心を向けていたことには、ゲーテとも縁が深かったヘルダーの『言語起源論』（一七七二）からの影響があると、筆者は考えている。特に、後年になってゼムパーが唱える「文明社会の始原」という考え方は、ヘルダーが『言語起源論』で言語の起源を考える際に示したものに近い。

もう一度振り返ってみると、ゼムパーは、ロンドン講義の草稿一二四で、産業芸術（工芸）の歴史を遡る際に、漠然と「人類史の始原」はと言わずに、正確に「文明社会の始原」と表現している。文明社会の始原ならば、産業芸術（工芸）の萌芽も確認できる。人間なのか類人猿なのかの区別もつかないほど、はるか遠い過去のことを言っているわけではないのである。この観点からゼムパーは、「文明という土台に立って人類によってなされ、今なお続けられている産業芸術の最初の試み」は「衣服と敷物」だと主張したのである。もう一つ重要な点は、彼が「衣服と敷物」が全ての産業芸術における最初の試みだと主張していることである。

ヘルダーは、「人類の野生のままの根原語」と、後に人間がつくり上げる洗練された言語、すなわち「理性と社会の産物としての言語」とを区別して、次のように書いていた。

「後に人間がつくったあかぬけした言語は、人類の野生のままの根原語から数えてほぼ四世代目にあたる変種であって、何千年にわたる長い変化過程を経た後に、再びそれ自身の何百年間の生涯を通じて、洗練され教化され人間化されてきた。理性と社会の産物であるそのような言語は、自分の生みの親の幼児期の言語をもはや殆ど知ることができないか、あるいは全く知ることができない。しかし、古代の野生の言語は、根原語に近ければ近いほどその名残《なご》りを一層多くとどめている」(1)。

しかも、ヘルダーは、全ての根原語には自然の音が響き残り、それが言語の根に生気を与えると考えた。ヘルダーと同様にゼムパーもまた、生き生きとした、生気に満ちた建築の姿を求めて、始原への探究を試みたのである。そして、工芸担当の教授だったロンドン時代のゼムパーは、自然とのつながりを保ちながら人類が新たにつくり出すものを、「建築」と呼ぶよりも「工芸」と呼んだほうが正確ではないかと考えたのだった。

ただ、ここで重複を恐れずに解説を加えれば、チューリヒに移って再び建築担当の教授に戻ったゼムパーは、自然とつながりつつ世界の秩序を新たに構築し、さらに具体的に形態言語化された存在（彼はそれを装飾と考える）にすることを、「建築」と非常に近い、いや、同義だと言ってもよいほどの意味合いで、「テクトニク」と捉えるようになるのである。

ただし、ゼムパーは「テクトニク」の概念を、一冊の著作にまとめ上げるまで展開させなかった(2)。彼は、建築の四要素の一つ、ポリクロミーを含む「囲い」に関する独自の解釈をさらに深化させつつ、象徴的意味を帯びた装飾形態を集めた表面（すなわち被覆）での形態言語の発生・伝播・統合を扱う理論としての「被覆論」の執筆へと進んだのである。しかしながらゼムパーは、建築の様式にせよ被覆にせよ、宇宙と響き合い、宇宙的な秩序を内有するものとして捉えたかった。それゆえに彼は、宇宙芸術としての「テクトニク」に関する考察の成果を、なんとか「被覆論」に取り込みたかったのである。改めて『様式』のあの長いタイトルを見ると、それは「技術的」芸術と「テクトニク的」芸術での様式現象を扱うものになっていることに気付くであろう。

その時にゼムパーは、自然に近いものと人間社会の中でつくられたものという二分法をヘルダーから借用した。彼は象徴的形態言語を、自然に起源を有するものと人間社会の中で歴史的に形成されたものとの二つに大別したのである。

この後者に関しては、人間が長い歴史の中で生み出した構造形態そのものも象徴的形態言語となり得るという考えが示されている点に、留意する必要がある。構造形態の象徴化について、一八五四年のロンドンでの講義「建築的象徴について(3)」の中で、ゼムパーは次のように言っている。

「最初に、古い構造を想起させる伝統的象徴を挙げよう。というのも、それらはモニュメンタルな建築の一般的造形に対して最も大きな影響を与えているからである(4)」。

このように前置きして、四要素から発展した形態の象徴化を説明していく。例えば、「炉」から発展した祭壇もまた、それが「聖なるもの」の象徴になり得る。

「その祭壇状の形態を帯びたものが、聖なるものとして象徴的に扱われるようになる。祭壇状のペデスタルとか基壇の上に建築あるいは記念碑的なものが建設されることによって、その神聖化が行われるのである(5)」。

「屋根」の一つの形態である「切妻」も、神性の象徴の例である。アッシリア、エジプトにもその例を見出せるが、例えばギリシアでは、

「（切妻という）装飾形態は、なんらかの神性に捧げられた公共的建築に対してのみ用いられたのである[6]」。

「ペデスタルとか基壇」は「土台（盛土）」から発展したものである。そして「囲い」は装飾模様に、他の原要素に起源を有する象徴形態を利用することができるが、それ自体が「浮遊するものとか張られたもの」という理念を象徴することも、背後にある「構造的部分の機能を象徴的に表現する」ことも可能であった。

四つの「原要素」に固有の、あるいはそれらの相互作用によって生成する構造的形態は象徴化を経て、装飾の層すなわち「被覆」に吸収されてゆく。「炉」もまた、その形態が象徴化されて「被覆」に取り込まれる。ここに、『建築の四要素』に見られた「炉」と「囲い」の二元的構造が、「囲い」からさらに発展した「被覆」に統合された一元的構造に変わるのである。

原小屋（Urhütte）と装飾、あるいは被覆

①ウィトルウィウス論者に対する態度

当時の建築論者の多くが、ウィトルウィウスの解釈として、素朴な木造建築がギリシア神殿の直接のモデルだったと主張していた。しかし、ゼムパーによれば、その場合の「ギリシア神殿」は、南方の強い日差しの中に剝き出しで幻のように建つ蒼白の、骨格だけの建築のイメージで捉えられたものだった。彼の考えでは、それは野蛮人によって骨格だけに、そして単色に変えられた後の姿であって、元はポリクロミーを有して、そこに用いられる装飾が全て象徴的意味を伝えるものだった。ゼムパーによれば装飾は建築の本質的要素である。ゆえに当然のことながら、建築はその始原の状態において既に、「装飾」を伴っていなければならなかった[7]。

そこから『建築の四要素』では、建築の原要素の一つに、ウィトルウィウス論者の描く「原小屋」にはなかった「囲い」が、装飾で構成される層・被膜として挙げられたのである。「ウィトルウィウスの後、ギリシア神殿の単純素朴な木造小屋

起源について書かれた大阪の書物」が、芸術としての建築の本質を捉え得ず「実りのない思弁」に終わっているのは、一つに、この織り編まれた「囲い」という原要素の存在が正しく認識されていなかったからだ、とゼムパーは考えた[8]。

ゼムパーは、前章で述べたロンドンでの第一回講義（「比較様式論の一体系に関する試論」）において、デュランの『全種類の建築に関する比較図集（*Recueil et parallèle des édifices de tout genre*）』などの著述に見られる「比較論」の試みを、ゼムパー自身の試みの先駆けであり、また、その水準の高さは他者の追随を許さぬものだと評価した。しかし、続けて彼は次のように言う。

「デュランは、目録と雛形《ひながた》の作成に自らを失った。全てを水平方向に並列化し、機械的方法で対象の間に一種の結合を生み出してはいるが、相互の関係を生み出す有機的法則を示すに至っていない[9]」

この時、ゼムパーは、分類ではなくて有機的統合のための法則を示すことこそが「建築学（architektonische Wissenschaft）」の課題だと強調する。この統合する法則を発見したいという探究心が、未分化な状態すなわち始原での建築の存在様態に立ち戻り、そこから建築の変化の過程をもう一度辿り直す作業へと、彼を向かわせた。未分化な状態ならば統合の法則が人間の恣意が入り込まず自然にかつ客観的に存在するだろうと、彼は考えたのである。そもそも編むとか織ることを重視するのも、どのような素材・形態であるにせよ統合とか結合（の法則）こそが建築の本質だと信じていたからであった。

ゼムパーは、幾つかの原要素で建築を捉える『建築の四要素』で、ウィトルウィウスの「原小屋」の思想に最も接近した。しかし、『建築の四要素』に示される要素群は、「理念」「モチーフ」によって互いに重要度が変動するものだった。ある民族の建築では「炉」が発達し、別の民族の建築では「囲い」が大いに発達するということも起こり得る。「屋根」や「土台」に関しても同じである。まさに「理念」とか「モチーフ」によって価値の置かれ方が変わり、炉を木の枝や葉の屋根で覆っただけの「小屋住居」を初期形態（タイプ）とするものがあれば、炉と簡単な囲いだけの「洞窟住居」を初期形態とするものもある。このような像《イメージ》の変動性を、ゼムパーの「原小屋」をウィトルウィウス論者たちのそれと区別する最大の特徴として挙げることができるであろう。

この後、ゼムパーの中で、象徴的な形態言語の生成・展開・統合への関心が高まり、四要素の一つの過ぎなかった「囲い」が、他の三要素から派生する形態言語をも吸収して統合する「被覆」へと発展していく。と同時に、象徴的形態言語の発生が広く工芸の領域を含めて考察されるに至り、建築のみで原像を探る考え方とともに、「原小屋」を固定的に捉える考え方は、ゼムパー思想の中で後退していくのである。

②ゼムパーの「カリブの小屋」について

ゼムパーは「カリブの小屋」に三回言及している。ここでは少し的を絞り、この「カリブの小屋」に対するゼムパーの評価の変遷が、彼の思想の「被覆論」への展開を反映するものであることを明らかにしておきたい。

一八五三年のロンドン講義の一つ、「古代民族における壁面・壁体構造の展開」で、「一八五一年の大ロンドン博において植民地部門に展示されたカリブの小屋をモデルにしたスケッチ」（図7－1参照）を指して、彼は、

「個々の構成要素は、自立して自らを語り、他者と関連しない。この生硬で原始的な構造体は、その建主、建築家、装飾家の主張というものを全く表現していない。ただし、この編物（Matte）は、恐らく寝室である内部の小部屋を、炉のある開放的な広間から分離するのだろうが、これのみが、若干の芸術的技巧を示している。多様な色彩の樹皮からなる、この整えられた矩形の編物は、壁面装飾と建築装飾の起源を示すものである(10)」

と説明している。

また、一八五四年のロンドンでの別の講義「建築的象徴について」と、後の大著『様式』にも、「カリブの小屋」への言及が見られる。しかし、この建築的象徴に関する講義では、「カリブの小屋」は芸術としての建築ではない、単なる実用建

築としての住宅、あるいは技術的建築に過ぎない例として現れる。

「(カリブの小屋の)構成要素は、ただ偶然にそうなっているに過ぎず、それぞれが果たすべき機能(Funktion)に対応してそうなったわけではない。その柱は木の幹に他ならない。壁は木の間に吊るされた編物(Matte)に他ならない。その全体が芸術としての建築と何の関係もないのである」(11)。

「カリブの小屋」は、「図式的」で「構造的」な段階に留まった、むしろゼムパーがその初期から批判し続けていたウィトルウィウスの「原小屋」を例証するものに他ならない。この「カリブの小屋」の捉え方が、そのまま『様式』に受け継がれていく(12)。

以上のように、「カリブの小屋」の意味が、『建築の四要素』、ロンドンの二つの講義、そして『様式』の間で変化しているのである。講義「古代民族における壁面・壁体構造の展開」では、まだ、「カリブの小屋」の「囲い」に多少の芸術性を認めていたが、講義「建築的象徴について」になると、その「囲い」も全く芸術性を感じさせない「木の間に吊るされた編物」に過ぎないと言う。

というよりも、「壁面装飾と建築装飾の起源を視覚化する」はずの「編物」にも、何らかの芸術性を感じさせるものと全く感じさせないものがあると、ゼムパーは主張するようになる。芸術性を感じさせるものは、それを促す「理念」「モチーフ」が働いているはずで、それがなければ単なる編物でしかない。ゼムパーの関心は、むしろ、この違いのほうに向かい始めている。実際、一八五〇年代には歴史主義は盛期へと向かっており、時代は、「理念」「モチーフ」によって様式とその細部装飾を選んで、より芸術的で記念碑的《モニュメンタル》な建築をつくることを求め始めていたのである。

また、講義「建築的象徴について」には、「四要素」に彼自身が含めなかった「柱」への言及がある。ロージエ(Marc-Antoine Laugier, 1713–69)の原小屋説に対するゲーテの批判もあるように、「柱」を建築の原要素とするか否かは重要な問題であるから、もし彼がこれまで主張してきた、「柱」を含まない「建築の四要素」説を意識していれば、かくも不用意な「柱」への言及は差し控えたに違いないのである。[13]

これは、ゼムパーの内部で「建築の四要素」を自説の確固たるフレームワークとして維持する気持ちが弱くなっていることの現れに他ならない。彼の関心は、強く明確な「理念」「モチーフ」に基づく意図的表現としての芸術性とか言語性に向かっている。この前提となる「理念」「モチーフ」がなければ、建築の四要素のどれにも芸術性がないこともあり得る。このように考えることによって、彼は次第に「カリブの小屋」には芸術性がないと感じるようになっていたのである。前述したように、「カリブの小屋」には「囲い」が使われているが、それも芸術には程遠い図式的段階に留まっているというわけである。

ここでは「カリブの小屋」が例になっているが、『建築の四要素』では、四要素のあり方を示す例として「中国建築」が挙げられていた。ゼムパーは、講義「古代民族における壁面・壁体構造の展開」の中で再び、非常に早い時期に「建築の四要素」の典型を作り上げた例として中国建築を挙げ、次のように説明している。

「小芸術と文化全般に早い進歩を示し、文化の最初の芽がヨーロッパで成長し始めるはるか前に、この高い段階に到達していた民族がある。だが、その民族の建築は、今もなお、あなた方がこの単純な小屋に見るような発展段階に留まっている。中国人である。中国人の建築は、いつの時代も不変である。彼らの宮殿や神殿でさえも、今日、このカリブの小屋と変わるところがないのである[14]」。

断片的史料しか存在せず過去のある時代の建築の全体像が描けない場合に、なんらかの事情でちょうど問題とする状態で進化・発展を止めてしまった「同時代の未開人」に関する当時発達しつつあった文化人類学の研究成果を援用し、「類推」と「比較」の方法を用いて、その過去のある時代の建築の全体像を復原する。[15] ゼムパーは、彼自身が「カリブの小屋をモデルにしたスケッチ」と述べているように、この文化人類学的な「類推」と「比較」の方法を用いて、建築のある過去の姿を復原する。さらには、過去のある発展段階に留まった「カリブの小屋」や「中国建築」を、人類の長い建築の歴史の一段階に位置付けた上で、建築の芸術性（美と装飾）を積極的に求める立場からこの両建築について評価を試みる。この方法によれば、世界のどこにあろうとも人類の建築のある発展段階を伝えていると思われる未開人の建築は、貴重な「比較」の対象となる。だから、すでに『建築の四要素』でもゼムパーは、

「我々の時代においてなお十分利用可能な、そして世界の古い時代に関する、多くの示唆をここから得ることができる[16]」

と述べ、中国建築研究の意義を強調していたのである。

ゼムパーの建築史研究は、あくまでも厳密な学としての実証性を重んじるものだった。そして、そこで復原的に全体像を捉えようと試みられたゼムパーの「原小屋」は、「建築の四要素」の構想が生きている間は、「芸術としての建築」の進化の始まりに位置付けられるものだった。そもそも、ここで建築と訳している Baukunst というドイツ語は、厳密には、建築芸術という意味である。だが、『建築の四要素』では、各々の原要素が原技術に関係づけられていたが、どこまで技術で、どこから芸術になるのかが、明確に記されていなかった。それでも、古代のポリクロミーとの関連で捉えられた「囲い」は、最も芸術性が発露し易く、見て触れて、人間の五感に最も近い存在だったはずである。そこは何かを表現し、伝えるための場でもあった。しかし、そのような人間の五感に対応する空間境界としての「囲い」が「建築の四要素」の構想とともに後退することで、たとえ手仕事による織物・編物であってもそこに明確な「理念」や「モチーフ」がなければ、粗野な物としての屋根・壁体・土台などと変わらないものとなった。「理念」や「モチーフ」の有無が最終的な物のあり方を決定すると、ゼムパーは考えるようになっており、こうなると自然素材を組み立てた「原小屋」であっても、彼にとっては芸術性のない図式的で構造のみの段階に留まった建築の一例に過ぎなくなったのである。

パクストンとゼムパー

良い悪いの判断はさておき、「芸術性のない、図式的で、構造のみの建築」が存在するという考え方は、実はゼムパーの中には『建築の四要素』までは存在しなかった。彼の念頭にあるのは、前述のように、常にバウクンスト（Baukunst、建築芸術）だった。では、求められる機能を見事に充足するが、どう考えても建築芸術とは言いがたい建築の存在が、いつからゼムパーの意識を捉えるようになったのか。それは、すでに『科学・産業・芸術』の考察の折に触れたクリスタルパレスとの出合いが原因なのではないか。

造園家ジョセフ・パクストンは、一八五一年ロンドン万国博覧会のメイン・ホールであるクリスタルパレスを設計する際に、建築の贅肉と考える部分をそぎ落として、その建物を可能な限り構造的な要素に還元していった。それは、堅牢性・重厚性といった建築の固定観念に対する抵抗であったばかりではなく、建築の形態のみならず、建築に関する思考そのものにおいて、隠蔽・曖昧・虚偽といったものを徹底的に排除するものだった。

思えば、デュランの『建築講義要録』も、パクストンのクリスタルパレスのように図式的で、骨格のはっきりした建築像を打ち出すものであった。デュランは建物を図解するときに、ただ「先入観、気まぐれ、習慣」によって使い続けられてきたような部分を除去して、意味があり説明可能な要素のみを使って、建築をより簡潔で秩序あるものに描き直した。全ての建築が、それぞれに明確な特徴をもった建築タイプとして比較できるようにレイアウトされた。彼にとっては、過去のいずれの様式も、そのどの部分も等価であって、目的や必要によって、ゼムパーの用語によれば、理念やモチーフによって、選択可能なようにそれらがレイアウトされていた。

ゼムパーは、建築家であると同時に批評家・理論家であった。彼の中では両方の性格が表裏一体となっている。『覚書』（一八三四）では、多様な歴史様式を用いる同時代の建築家たちの作品に、彼はデュランの著作の表層的理解に起因する折衷主義を感じ取った。そこで、彼らのように様式に視覚だけでアプローチする素朴な態度を批判しつつ、この後、ゼムパーは様式（あるいは被覆）の原理的探究へと進んでいったのである。そして彼は、『建築の四要素』（一八五一）の中で、みずからの考える「原小屋」の四要素を提示した。全体の精神的中心としての炉、それを保護する囲い、屋根、そして土台という四つの要素である。

だがゼムパーが語ったのは、図解できないものであった。それは、あくまでも理念としての建築であった。建築全体もその要素も、理念であるがゆえに視覚化できない。視覚化できない理由を、ゲーテの言葉を借りるならば、次のように説明できるであろう。ゲーテは動物について語っているが、「動物」を「建築」に置き換えて読んでいただきたい。

「これは普遍的像であって、その中にあらゆる動物の形態が可能性として含まれており、それに従っていかなる動物も一定の配列で記述できる。（略）原型という普遍的な理念からすでに帰結されるのは、いかなる個々の動物もこのような比較のカノンとして設定されえない、ということである。いかなる個も全体の範型となりえないのである(17)」。

つまり、われわれが見ているものは、普遍的な理念が、ある時、ある場所という、特殊な条件下に現象したものであって、それは普遍性をもたない特殊な像に過ぎない。特殊な像のどの一つを取っても、その姿が、元の普遍的理念の姿を表すことはあり得ない。いかなる個も、全体すなわち普遍的な理念の範型とはなりえず、理念そのものを図示したり視覚化したりすることは不可能なのである。

だから、ゼムパーのいう四要素をともなう建築がいかなる姿なのかは、実は彼自身によっては、一度も図示されていないのである。「カリブの小屋」も、誤解されやすいが、決してゼムパーのいう「建築の四要素」を視覚化したものではない。ゼムパーの主張する「理念としての」建築の四要素は、現実の条件が働いて初めて要素同士の優先順位が決まり、それぞれの具体的な姿も決まってくる。「カリブの小屋」とは、そうした特殊な例の一つに過ぎず、決して彼の建築理念を図示したものではないのである。

ゼムパーは、一八五一年ロンドン万国博覧会のメイン会場となるクリスタルパレスの内部に、カナダ・トルコ・スウェーデン・デンマークなどの展示をデザインし、その際に、大博覧会の展示内容と会場建築そのものを存分に観察した。そして、この時の実体験やコールとその周囲の人々との議論を通して、彼は建築の前段となる「工芸」の重要性を認識するようになった。建築の美と様式を実際に形づくるのは「工芸」の領域に属するものだ、と。あのクリスタルパレスでも、彼が各国の展示空間をつくり上げるために実際に用いたものは、全て工芸に属するものだった。建築の美と芸術性は、剥き出しの骨格としての基礎・柱・屋根などにはなく、つまりクリスタルパレスにはなく、その表面（この場合は、内部の表面に）に被覆と

写真 8-1. スイス連邦工科大学（ETH）本館、ゼムパー、1858-63年、北ファサード。中央棟と左右の翼棟を僅かに前面に出して強調し、ファサード全体を上と下の二層に分けている。そして、翼棟以外は、上層をスグラフィートの被覆で仕上げる

写真 8-2. 同、北ファサードのスグラフィート

して現象するようなものなのである。

晩年の大著『様式』は、この被覆すなわち織物芸術に二巻のうちの一巻全部を割き、そこにどう美あるいは様式が現象してきたかを論じている。その核となる理論が、『様式』第一巻の二一七頁から二三八頁で論じられる「被覆原理」である。

後に、ゼムパーはチューリヒのポリテクニク（現在のＥＴＨ）に教授として招聘され、本館を一八五八―六三年に建てたが、その折に彼は「被覆原理」を建築設計に応用してみせた。特に注目すべきは北面のファサードである。中央棟と左右の翼棟をわずかに前面に出して強調し、さらにファサード全体を上下二層に分けて、翼棟以外の部分は上層をスグラフィートの被覆で仕上げている。スグラフィートの部分は、刺繡を施された布を掛けているように見える。この部分は、ヒューマンで優しくモダーンに感じられる。これは、間違いなくオットー・ヴァーグナーがウィーンのレンヴェーク三番に設計した住宅（パレ・ホヨース、一八九〇―九一）の先駆けと言える画期的なファサード構成であり、ゼムパーが自ら「被覆原理」を実践していたことを裏付ける作品である（写真8―1、8―2）。

しかし、スグラフィートが塗料、プラスターなどを塗り、乾かないうちに表面を掻いて、下地の対照的な色を浮き出させる建築や陶器の装飾方法であって、昔から使われていた技法だったので、特段、注目されなかったのである。

ＥＴＨ本館北ファサードのスグラフィートには、歴史に登場する著名な哲学者や科学者のポートレート、あるいはスイスを構成する州の紋章の他に、哲学・科学の基本理念となる言葉などが描かれている。ドレスデンのアドルフ・ヴァルター（Adolf Wilhelm Walter）とカール・シェーンヘル（Karl Gottlob Schönherr）が、一八六三年にゼムパーの構想に従って施工したもので、知的で生き生きとした雰囲気を周囲に発散する「被覆」となっている。[18]

注記

（1）ヨハン・ゴットフリート・ヘルダー『言語起源論』（大阪大学ドイツ近代文学研究会訳、法政大学出版局、一九七二）七頁。

（2）ゼムパー資料室所蔵の草稿一七九（*Theorie des Formell-Schönen*, Einleitung）に「テクトニク」に関する論考が含まれる。

テクトニクが宇宙芸術として定義されていることは前章で述べた。Herrmann, *Theoretischer Nachlass*, pp.217–37.

（3）Gottfried Semper, *On Architectural Symbols*, RES:Journal of Anthropology and Aesthetics 9, Spring 1985, pp.61–67 (London lecture). なお、マルグレイヴによれば、ETHのゼムパー資料室にある草稿一四二と一四一が、ゴットフリート・ゼムパーが一八五四年秋におこなった該当するロンドン講義の草稿である。一四二の中に一四一の部分への参照があるところから、一四一が旧版で一四二が新版と考えられる。だが、息子ハンスがドイツ語に翻訳して『小論集』に収録したのは一四一である。一四二では、ゴットフリート・ゼムパーは、様式一般に関する根拠の不確かな主張を自ら削除するとともに、文中の「構造的象徴について」と題するセクションがより浮かび上がるように表現を工夫している。このセクションは、カール・ベッティヒャーの『ギリシア人のテクトニク』（一八四四―五二）に多くを負っており、ゼムパーの関心が「装飾」に向かっていることを示している。

（4）Ibid., p.66. 元の英文講義草稿一九頁から引用。Semper, *Kleine Schriften*, p.296.

（5）Ibid. Semper, *Kleine Schriften*, p.297.

（6）Ibid., p.67. Semper, *Kleine Schriften*, p.298.

（7）Semper, *Vorläufige Bemerkungen*, p.223.

（8）Semper, *Die vier Elemente der Baukunst*, p.54.

（9）Semper, *Outline of a System of Comparative Style-Theory*（RES 6）, p.8. 元の英文講義原稿七頁になる。

（10）Semper, *Entwickelung der Wand- und Mauerkonstruktion bei den antiken Völkern*, in *Kleine Schriften*, pp.383–394.「古代民族における壁・壁体構造の展開」は、一八五三年一一月一八日におこなわれたロンドン講義。被覆原理を確立しようというゼムパーの最も早い試みを示すもの。この講義で彼は、壁面の被覆が中国、アッシリア、ペルシア、エジプト、そしてギリシアの建築で発展して、ギリシア文化の最盛期のポリクロミー神殿で頂点に達したと説いている。重要なのは、この講義原稿の存在によって、彼が被覆原理の有効性をすでにこの時点で確信し始めており、ETH本館の北面ファサードでそれを実践したと十分に考えられることである。ゼムパーの英文講義原稿のマルグレイヴによる復原編集については、*The Development of the Wall and Wall Construction in Antiquity*, RES: Journal of Anthropology and Aesthetics 11, Spring 1986, pp.33–41（London lecture, 18.Nov.1853）参照。この三三頁、元の英文講義草稿一頁から引用。

（11）Semper, *On Architectural Symbols*, RES9, p.62. 元の英文講義草稿四頁から引用。

（12）Semper, *Der Stil*, II, p.276.「想像によるものではなく、民族学から借用した木造建物の極めて現実的例」として提示し、それに「その全ての要素においてウィトルウィウスの原小屋に対応するもの」と説明を加えている。

（13）ゲーテは、ロージエの「原小屋」説を次のように手厳しく批判したのである。「現代フランスの哲人よ。必要に応じて発明する最初の人間が四本の柱を打ちこみ、その上に四本の棒を結びつけ、枝や苔をその上にかぶせたという、そんな説明にどういう意味があるのか。（略）さらに、君のいう小屋が、世界で最初のものだというのはまちがっている。（略）君は、これによっては君の豚小屋のための原理すら引き出すことはできまい」。ゲーテ「ドイツ建築」（一七七二）、世界の名著『ゲーテ／ヘルダー』三〇五頁。なお、この「原小屋」説を展開したマルク＝アントワーヌ・ロージエの著作には、邦訳『建築試論』（三宅理一訳、中央公論美術出版、一九八六）がある。

（14）Semper, *Entwickelung*, in Semper, *Kleine Schriften*, p.384. 十六世紀以降、カトリック宣教師達が伝えてくる中国は、既に古代において思想文化を高度に発達させた驚異の国であった。ところが、十八世紀半ばからヨーロッパの「進歩思想」の形成の中で、なぜ中国は古代の状態で「停滞」しているかが問題になってくる。そこから、進歩を阻害する要因の研究が始まるのである。市井三郎『歴史の進歩とはなにか』（岩波新書）、三三―三六頁参照。ゼムパーも、この新しい進歩思想が生み出した中国観に従っている。

（15）ヴィア・ゴードン・チャイルド『考古学とはなにか』（近藤他訳、岩波新書）の「民族学・民俗学による類推」（三〇頁）参照。

（16）Semper, *Die vier Elemente der Baukunst*, p.64.

（17）ゲーテ『形態学論集―動物篇』（木村直司編訳、ちくま学芸文庫、二〇〇九）八四頁。

（18）Mallgrave, *Gottfried Semper*, pp.237–38. 注（10）を併せて参照されたい。

第九章　ウィーンの十九世紀建築と歴史主義

レナーテ・ヴァーグナー＝リーガーの研究は、十九世紀を、さまざまな歴史様式が復興して乱立した時代、単なる様式折衷の時代と見ることの誤りを教えている。確かに、さまざまな歴史様式が乱立するだけで終わった都市もある。ゴシック、ルネサンス、バロックなどの様式が土着化し混在するままに十九世紀を迎え、そこに十九世紀の復興様式をいくつか散発的に加えただけで、この世紀を終えた都市もある。

だが、ウィーンのように、さまざまな歴史様式、しかもそれらの初期・盛期・末期様式の中から、「理念」・「モチーフ」に従って一つの様式形態を選択し、時代と場所の諸「条件」に応じて変形させて、「今《いま》」「ここ」に相応しい個々の様式現象を生み出し得た都市もある。

その場合に、選択された過去様式（ゴシック、ルネサンス、バロックなど）は違うのに、そこに作用する時代と場所の細かな条件の共通性のゆえに、最終的に得られた様式現象にも、十九世紀の中の時代毎に共通の傾向・特性が現れている。ここに現れた共通する様式特性の全体を「歴史主義」だとすれば、その歴史主義がウィーンの場合は、見事に初期・盛期・末期という軌跡を描くのである。

さらに注意を喚起したいのは、ヴァーグナー＝リーガーが古めかしい歴史主義という概念を、相異なる歴史様式が次々に再生された十九世紀の建築現象に単純に当てはめたのではなく、それを同時代の新しい研究成果に基づいた理論的枠組みとして導入している点である。同時代の新しい研究成果とは一九六〇年代に一世を風靡した構造主義のことだが、ヴァーグナー＝リーガーはネオ・ルネサンス様式、ネオ・ゴシック様式、ネオ・バロック様式などの個別の復興様式を表す概念ではなく、これらを全て包含する構造的概念として「歴史主義」という概念を導入した。文化人類学などに現われた構造主義は、一つの社会において無意識の層にあって個々の要素が変わっても特性を維持する全体的な体系すなわち「構造」があると考えた。ヴァーグナー＝リーガーはこの考えを受け入れて、十九世紀ウィーンという一つの社会を設定し、造形芸術上の多種多様な現象にもかかわらず根底に存在する「構造」として、「歴史主義」概念を導入したのである。

そして、彼女は「歴史主義」の変遷を次のように三時代区分で表した。この歴史主義概念の導入には、ニコラウス・ペヴスナーによる先行する十九世紀建築史の研究があった(1)。ペヴスナーが歴史主義に関して指摘した特性も、この三時代の区分と命名に活かされている。

第一段階＝ロマン主義的歴史主義（der Romantische Historismus）、一八三〇年頃～六〇年頃

その前の時代を支配した新古典主義的で立体幾何学的な様相がまだ色濃く残っている。しかし、古典古代とは異なる世界への憧憬が高まり、それを主観的に表現する傾向が出てくる。その結果、立体幾何学的形態の表層を、ロマン主義的空想を働かせた多様な歴史様式の装飾が覆うようになる。

第二段階＝厳格な歴史主義（der Strenge Historismus）、一八五〇年頃～八〇年頃

前の段階に強かった主観性と曖昧さに対抗して、客観性と正確さが求められるようになる。考古学の進展もあいまって様式理解の学問的正確さ、国家的な大規模施設を対象とするようになって現実の都市的・建築的な諸条件との整合性、過去様式を選択するときの客観的な根拠などが要求された。

第三段階＝末期歴史主義（der Späthistorismus）、一八八〇年頃～一九一四年頃

再び、立体幾何学的にマッスを構成する傾向と過剰なまでにその表面を分節し装飾する傾向が並行して進む。多彩色と複数の素材の組み合わせが好まれ、ピクチャレスクで、完結した形態よりも開放的な形態が多用される。時代精神のもつ歴史主義と共通する特質から、ユーゲントシュティール（アールヌーヴォー）あるいはウィーン・セセッションなどの世紀末の「新様式」が現れる。

ロマン主義的歴史主義（一八三〇年頃から一八六〇年頃まで）

歴史主義が、ロマン主義的な様相をともなって現れたもので、そこに現れる傾向は、フランスのボザールでアンリ・ラブルーストなどのゼムパーと同世代の建築家たちが示していたものと同じである。非古典的なものが好まれ、イタリア以外の中世と初期ルネサンスから装飾形態が引用される。

　ウィーン建築でロマン主義的歴史主義に最初の形を与えたのは、ブルク門を設計したペーター・ノビレ（Peter Nobile, 1774–1854）だった（写真9–1、9–2）。彼は時代の新傾向を把握するためにドイツを旅行するが、その時のスケッチブックにゴシック建築を研究した痕跡が残っている。ロマン主義的歴史主義の特徴は、唯一の過去への回帰ではなく、十八世紀までのヨーロッパ芸術の種々の成果を独自の表現の中に統合しようという意識の働きそのものにあると考

写真 9–1. ブルク門、ノビレ、1818–24 年

写真 9–2. 同、王宮側

えてよい。人々は、過去のさまざまな手本と自らの時代の要請を比較検討し、最終的にはあくまでも主観的判断から独自の解法を生み出そうと努めた。この場合の様式融合は「古代と中世の融和」に最大の関心を払うもので、造形的には水平性と垂直性の均衡が基本だった。ここにゼムパーやリヒャルト・ヴァーグナー（Richard Wagner, 1813–83）の作品や思想に見出される「総合芸術作品（Gesamtkunstwerk）」の理念が現れてくる。この場合の「総合化」は歴史的な装飾形態の統合を意味するだけでなく、彫刻・絵画の建築空間への統合も意味していた。ゼムパーの「被覆」とは、まさに「彫刻・絵画の建築空間への統合」の場所に加えて、その成果を意味するものだった。

この時代は宗教再生の時代でもあった。ウィーン内部だけでも夥《おびただ》しい数の教会が建てられた。だが必ずしもゴシック様式が主流になるとは限らない。盛期ゴシック様式の例は全くない。初期キリスト教、ロマネスク、ビザンチンなどに近い空間が好まれた。イタリアのルネサンス黎明期、南ドイツやオーストリアの中世末期の形態も多用された。フリーズの彫刻に現れる植物模様なども自然主義的に表現され、結果として、その形態は鈍重で曖昧な表現になっている。

この時代の色彩の好みはポリクロミーであって、強いコントラストに富んだ配色が好まれた。自然主義的表現が形態を鈍化し、色彩から輝きを奪い、輝きを補うかのように用いられた金色や銀色も、全体をおおう翳を隠せない。

ロマン主義的歴史主義に、色彩を積極的に利用する傾向が現れたことには、二つの理由が考えられる。一つは、ゼムパーたちの考古学的研究によって、理想とする古代建築が、それまで考えられていたような無彩色ではなくポリクロミーだったという認識が生れたことである。そして、もう一つは建築における誠実さを尊重する姿勢である。ここから、たとえばスタッコ仕上げは、壁体を構成する石や煉瓦を隠蔽し、これらの素材への敬意を欠くものだという考え方が出てくる。その結果、それまでウィーンにほとんど存在しなかったスタッコ仕上げを施さない煉瓦建築が数多く出現することになった。良質な煉瓦の効率良い生産が必要となって、実際、煉瓦工場が次々に建ち始める。煉瓦産業全盛の時代となった四〇年代以降は、赤煉瓦の他に（白）黄色の煉瓦、模様入りの装飾煉瓦なども生産されるようになった。

ロマン主義的歴史主義時代のもう一つの特徴は、建築に関する情報メディアの登場、建築に関する議論・評論の活発化である。中心となったのはフェルスター（Christian Ludwig von Förster, 1797–1863）であって、彼は一八一六年にドイツのバイロイトからウィーンにやってきた。一八一八年から数年間ウィーン・アカデミーでノビレの指導を受けた。彼は十九世紀ウィーンの建築家の中でも異彩を放つ博学多才の人で、一八五八年から始まったリンクシュトラーセ建設計画のマスター・プランを作成した建築家として知られるが、その他に数多くの住宅・教会・公共建築を手掛けた。

しかし、ウィーン建築に対する彼のさらに大きな貢献は、思想・批評の場となる『総合建築新聞（Allgemeine Bauzeitung）』を一八三六年に創刊したことである。この新聞は、すでに一八四八年の革命前から、十九世紀後半の「厳格な」歴史主義の到来を先取りするような正確で客観的な記事・論文を掲載し、社会の高まる関心に応えて建築技術・素材に関する新情報にも多くの紙面を割いた。素材をあるがままに用いて表現にまで高める主張は、論説の核をなすものだった。最も理想的なのは切石《きりいし》を、それに次ぐのは煉瓦を積んだ無垢の壁体であって、反対に最も激しく攻撃されたのはスタッコ仕上げだった。

また、フェルスターは革命前に、アトリエに多くの若い外国人建築家を出入りさせていた、当時のウィーンでは唯一とも言える進歩的な建築家だった。この若い建築家の中にハンゼン（Theophil von Hansen, 1813–91）がいた。彼は一八四六年にフェルスターに招かれてアテネから移り、一八五一年までは共同設計者となった。

ウィーンのロマン主義的歴史主義を代表する建築家の顔ぶれを整理すると、彼らは二つの世代にまたがっている。その第一世代は一八〇〇年前後に生まれたフェルスターたち。一八一〇年代に生まれた第二世代になると、古典主義の分析的精神で建築軀体を構成しつつ、その上に過去の様式形態を着せることによって新たな統一体をつくり出そうとする。彼らはそのまま厳格な歴史主義に入っていくが、ロマン主義の時代には意識的に「総合芸術作品」を追求している。ニュル（Eduard van der Nüll, 1812–68）、シッカーツブルク（August Siccard von Siccardsburg, 1813–68）、ハンゼン、フェルステル（Heinrich von Ferstel, 1828–83）などである。

フェルスターのユダヤ教会（設計一八五三―五八、施工一八五九）（写真9―3）には、ハンゼンが加わった可能性が大きいが、

写真9–3. ユダヤ教会、フェルスター、1853–59年

写真9–4. フライッシュマルクトのギリシア教会、ハンゼン、1858–61年

ここでも建築の外観は平滑な壁で支配され、立体幾何学的傾向が強い。逆に内部は鉄の柱とアーチが骨格を形づくり、開放的なギャラリーが周囲を巡る軽妙な空間となっている。装飾は一段と増え、考古学的発掘調査によって知られるようになったオリエントの諸様式の形態も使われる。「というのも、それらがソロモン神殿の諸形態を保持して、聖書の記す内容に合致する」からであった。その他、イスラム建築やゴシック建築の装飾も用いられているが、それらを統合して一つの空間、一つの建築が構成された。できるだけ壮麗に仕上げるために、材料にはモザイク、スタッコ、タイル、大理石、貝石灰などが使われ、壁画・天井画は金色で飾り立てられている。

　ハンゼンの設計によるフライッシュマルクトのギリシア教会（一八五八―六一）（写真9―4）は、もともと一七八〇年代に建てられた教会があって、「時代に相応しい確固とした外観を与える」ために改築を依頼されたものだった。旧ファサードは非対称で若干の歪みがあったが、ハンゼンはそれに規則性を与えた。街区の隅部に正面入口を配して、上方に向かって八角形の塔が立ち上がり、その上にドームが載る。八角塔の両側のファサードには、二連窓が二つずつ左右対称に並ぶ。窓アーチの上に同形の装飾帯を付けることで、ファサード全体に強い統一感を出している。煉瓦の生地を活かした仕上げは濃い煉瓦色ゆえに、この一画で特に目を引く。ハンゼンはディテールにビザンチン様式を選んだが、その理由を明確に示しており、「ビザンチン様式がギリシア的な儀式や礼拝の建築には最もふさしい」と考えられたからだった。

ニュル（意匠担当）とシッカーツブルク（構造担当）による宮廷オペラ座（一八六一—六九）（写真9-5）もまた、ロマン主義的歴史主義の作品である。博物館建築は厳格な歴史主義の時代に入ってから登場するのだが、モニュメンタルな劇場建築がこのロマン主義的歴史主義の時代に数多く建設された。

写真9-5. 宮廷オペラ座、ニュル＆シッカーツブルク、1861-69年

　宮廷オペラ座は、一八六〇年に国際設計競技の布告が出された。一八五八年に大環状道路であるリンクシュトラーセの建設が始まり、宮廷オペラ座はこの壮麗な道路空間を飾る最初の建築となり、ロマン主義的歴史主義の頂点と同時に最終の姿を示すものとなった。異なる多様な要素を統合して一つの統一体をつくり上げるというロマン主義的歴史主義の特質が、ヴォリューム構成から装飾にまで一貫して現れた建築である。

　平面構成は、中央に舞台と観客席、そしてその周囲にほぼ左右対称に階段室、ホワイエ、管理諸室が配される。諸機能の配置と動線処理は、実に巧みである（図9-1）。平たいドーム屋根がおおう中央部（舞台と観客席）が立面構成を支配するが、中央の高みから段階的に前面と側面に向かって高度を下げていく手法も、巧みで洗練されている。そして、表のリンクシュトラーセに対してロッジアで開く。

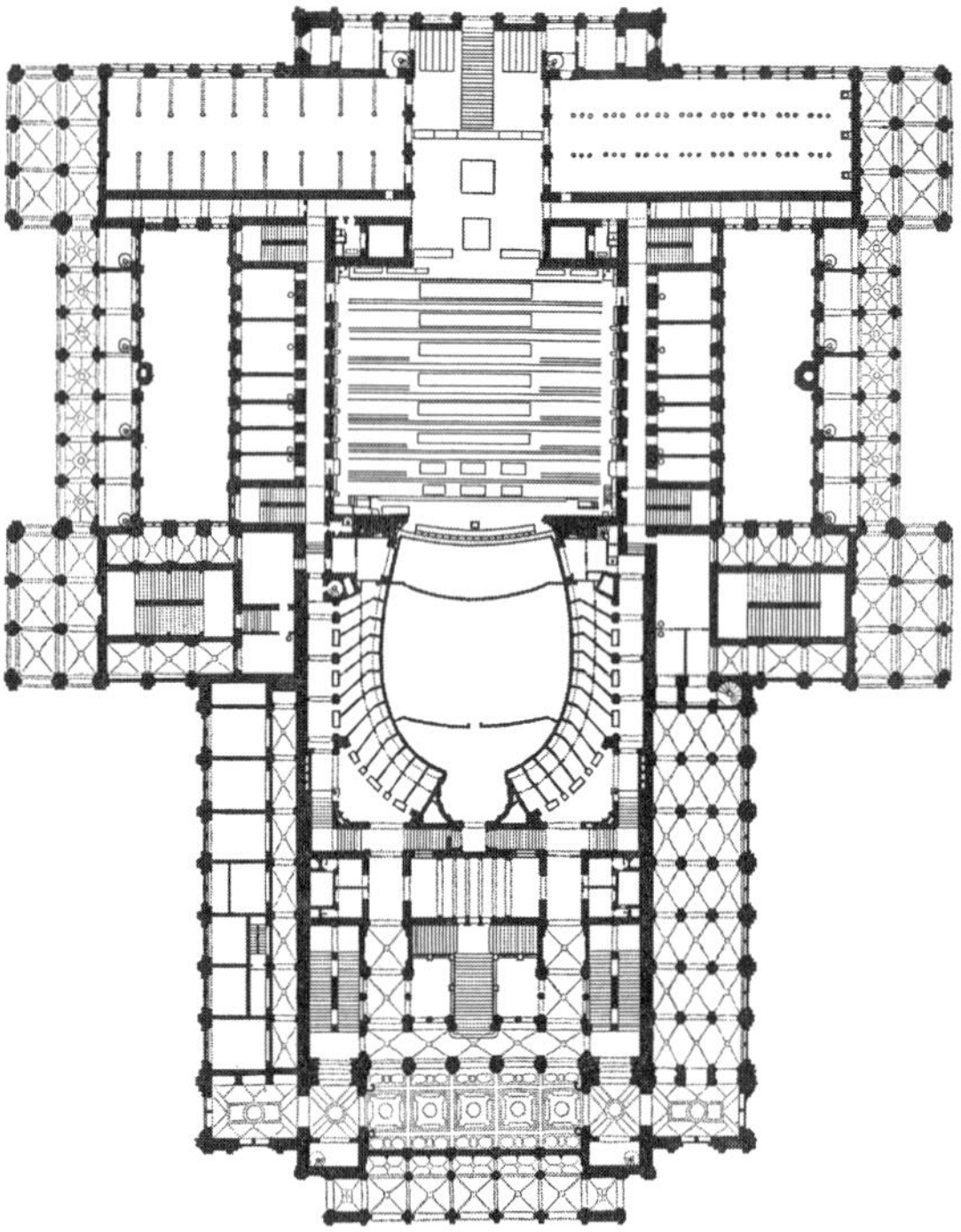

図9‐1. 宮廷オペラ座1階平面図

異なるヴォリュームが相互に貫入して、全く隙のない全体構成をつくり上げる。しかも関口部は一層目に偏平アーチを、二層目には半円アーチを用いて、それらが貫入し合うヴォリューム群を外から締め付ける帯であるかのように、層ごとに劇場建築全体の周囲を巡っている（写真9‐6）。装飾は基本的に「非古典的ルネサンス」とでも呼ぶべきもので、十六世紀のロンバルディア、フランス、ドイツに見られる形態を示している。

外壁は切石の単色が支配して、フェルスターやハンゼンたちが好んだ有色の煉瓦とは対照的である。その代わりに内部は、圧倒的なポリクロミーの世界となっている。各層をアーチ列が巡る正面の吹抜け階段（写真9‐7）は圧巻で、空間が相互貫入し、そこに人像彫刻や壁画・天井画が組み込まれて、社交のための「四次元的な時空間」が創出されている。

銀行・証券会館（現パレ・フェルステル、一八五六―六〇）（写真9‐8）は未だロマン主義的特性を明瞭に示して、次に来る厳格な歴史主義を代表する建築家フェルステルの初期作品である。同じくフェルステルの奉納教会（一八五六―七九）と同時期のものだが、この銀行・証券会館は様式的にはロマン主義的歴史主義に属する。異なる要素を統合して一つの統一体をつくり上げ、三連の半円アーチ窓を外観各層に繰り返し用いることで統一効果を強める。その装飾モチーフが「非古典的」

写真 9–8. 銀行・証券会館（現パレ・フェルステル）、フェルステル、1856–60 年

写真 9–6. 宮廷オペラ座、翼棟

写真 9–9. 同、中庭

写真 9–7. 同、内部、大階段

で個々の形態に切れ味を欠き、結果として壁体に沈んで見えるのは、宮廷オペラ座と同じロマン主義的歴史主義の特徴である。

これは銀行・証券取引所・店舗・カフェなどを一つの建築に統合したもので、一種の複合建築である。敷地が極端に不整形で、二本の通りが鋭角に交差する角地に主棟を配置して、それに裏側の広場から細長い棟を貫入させて、巧みな内部動線で両者をつないでいる（図9-2）。主棟の一階にカフェ、二階に証券取引ホール、そしてガラス天井が印象的で空間的にも優れた大階段室などが、最初に目をひく構成要素である。大階段室に入る前に正六角形の中庭がある。この中庭もガラス天井で半内部化され、中心に噴水が置かれて、これが複雑な建築複合体の中核をなしている（写真9-9）。

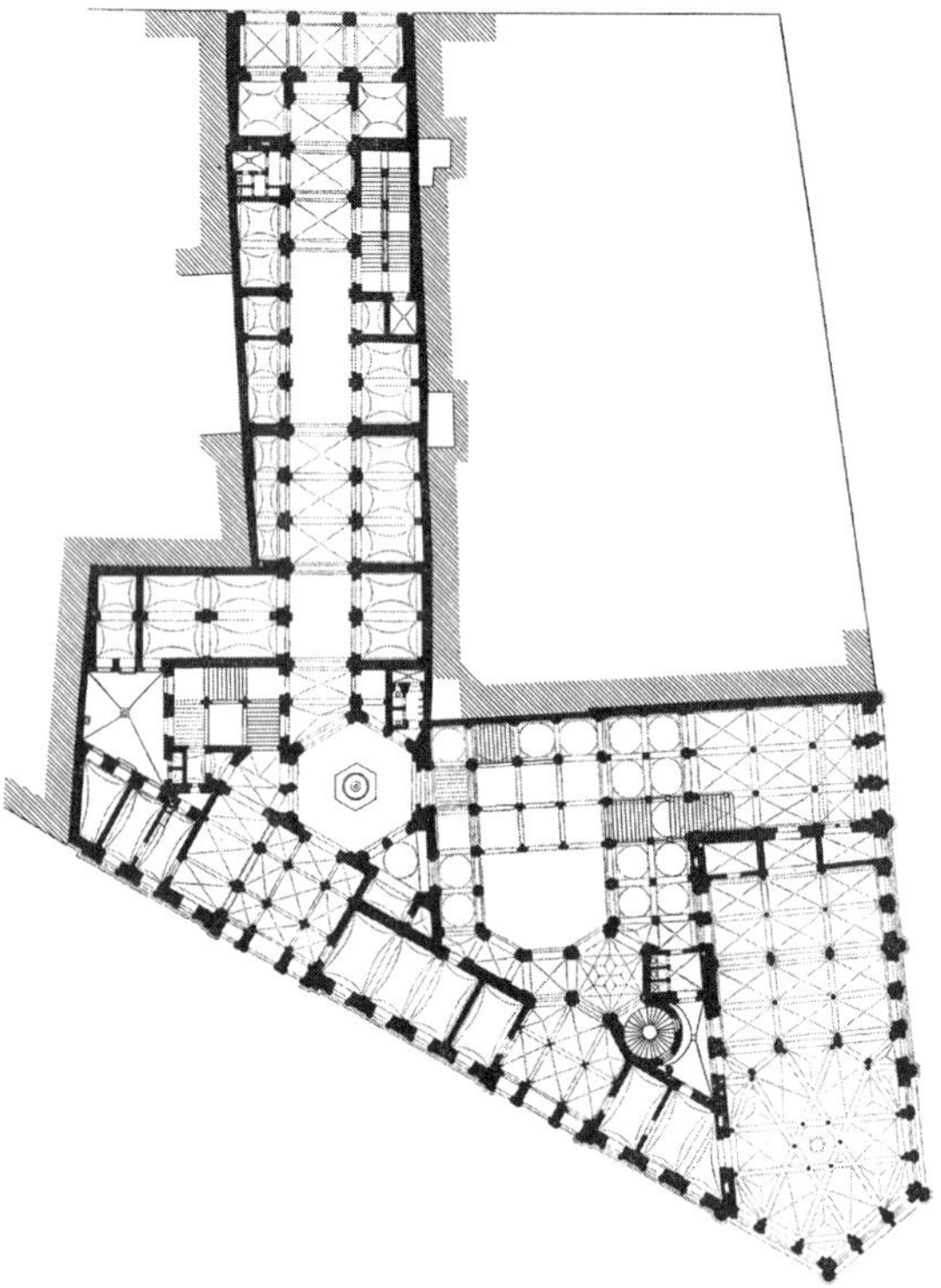

図9-2. 銀行・証券会館1階平面図

フェルステルの高い設計能力は平面・空間計画だけではなく、切石という素材の選び方にも発揮されている。この都市建築の視覚的効果に、切石という素材が占める割合は大きい。フェルステルは奉納教会にも切石を採用するが、ウィーンでは長く使われなかったものを復活させたのが彼で、これに続いて宮廷オペラ座でも切石が用いられたのである。

様式的には、全体的に中世城館の面影があり、反復して使われる三連窓の他に、鋭い窓縁飾り、蛇腹の強い水平線、太い八角付柱の垂直線が動きを縦横に分けて、ファサードに次の時代の厳格な相貌が現れ始めている。

厳格な歴史主義（一八五〇年頃から一八八〇年頃まで）

精神において厳格な歴史主義は、ほぼ一八五〇年頃に始まって、国家的な公共建築の領域を一八八〇年頃まで支配する。イギリスのハイ・ヴィクトリアン様式やフランスの第二帝政様式に対応するものである。

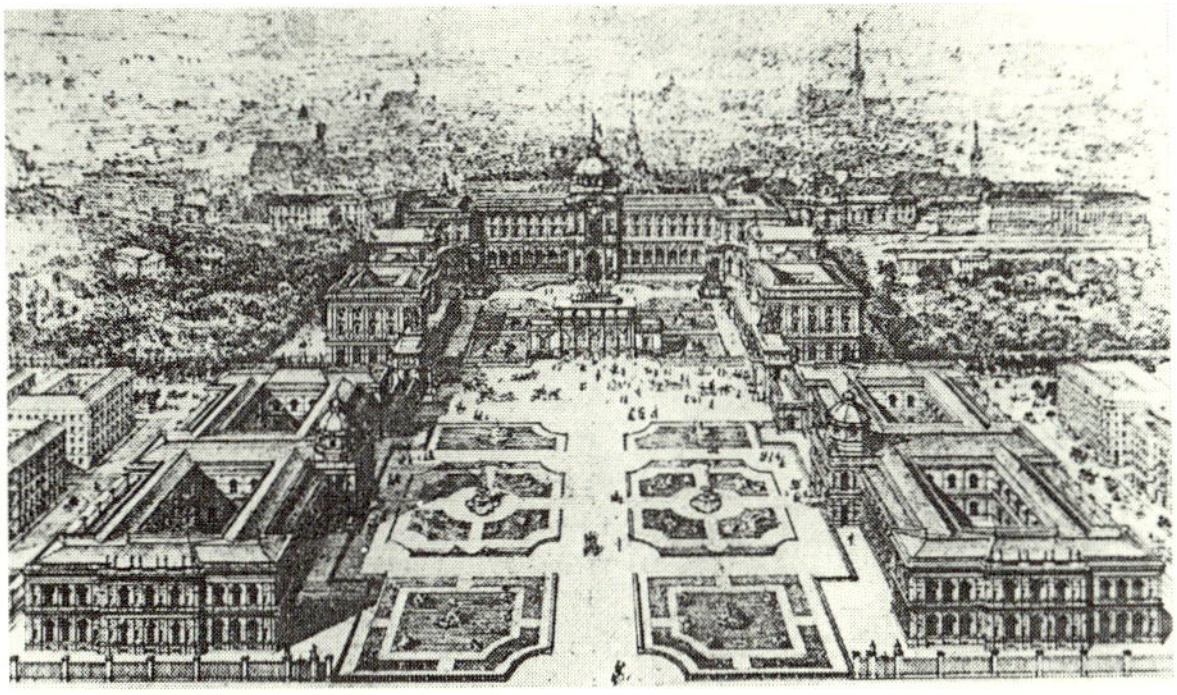

図 9-3. 皇帝フォールム、ゼムパー＆ハーゼナウアー、鳥瞰透視図、1869 年 6 月、ETH ゼムパー資料室蔵

ウィーンにおける厳格な歴史主義の展開にとって重要な基盤となり枠組みともなったのは、一八五八年以降のリンクシュトラーセの建設である。一八四八年の三月革命の挫折後、大部分の市民は新しい政治情勢に即座に対応して、危険な政治問題とは巧みに一線を画しつつ、そのエネルギーを経済的繁栄の実現に向けた。一八五一年頃からの数年間には、爆発的な景気の高まりで銀行・工場・鉄道などの建設が飛躍的に進んだ。激しい社会経済的変動の中で、主たる管理行政施設が集中する旧市街区と、人口増加が激しく生産施設が急増する傾向にあった新市街区や郊外とを結ぶ交通の障害となる市壁の取り壊しは、もはや避けられなかった。同時代のプロイセンは、徹底した合理主義で近代国家の体裁を急速に整えていた。それに比べれば、オーストリアの近代化は、むしろ皇帝フランツ・ヨーゼフ一世（オーストリア皇帝一八四八―一九一六、オーストリア＝ハンガリー帝国皇帝一八六七―一九一六）による絶対主義権力の強化を狙うものだった。新しい時代精神を抑圧するのではなく適切に対応することによって体制を維持し強化するのである。そこから古典主義的精神に支えられつつ、王朝風バロックが復活してくる。この兆しが建築・都市の領域にも明瞭に現われる。リンクシュトラーセ沿いに近代国

家の形成に必要な国会議事堂・大学・学校・市庁舎などの公共建築が次々に建設される一方で、それらの規模をはるかに上回るバロック的な王宮拡張「皇帝フォールム」計画（図9－3）が進む。このバロック的精神の下に当時の主要建築家たちが存分に力を発揮することによって、モニュメンタルな公共建築のみならず、その間に建つ民間の賃貸集合住宅群にも高い質が与えられ、あの統一的な都市景観が生み出されたのである。

では、厳格な歴史主義とは、いかなる建築芸術を意味するものなのか。

厳格な歴史主義にとってまず重要なのは、過去様式の「純粋要素（reine Elemente）」を獲得することだった。様式全体を対象とするのではなく、過去様式の個々の形態を整理し、類型化する。つまり、曖昧な部分は切り捨てて、明瞭で純粋なもののみを用いる。部分形態だけではなく構成原理についても、明瞭さと純粋さを追及する。そうして得られたものを用いて、新しい全体を組み立てていく。この時代の合言葉「様式の純粋性」とは、様式要素と構成原理の純粋性を意味していたのである。

それは、ロマン主義的歴史主義の様式融合とは根本的に異なるものだった。一見すると両者は同じ様式融合を目指しているかに思われるが、厳格な歴史主義は、「純粋な」を「学問的に確かな」あるいは「理論に基づいた」の意味に解釈した。可能な限り恣意性を排除しようと努める。だから、この時代が近代的で科学的な芸術史・建築史の興隆を促したのも偶然ではない。もし人々が種々の建築課題をそれぞれに相応しい過去の様式形態を用いて解決しようと望むならば、何よりも諸様式の純粋な要素とその純粋な構成原理を用いて行なうべきだと考えられたのである。

当時のウィーンにこのような考え方が広まった背景には、ゼムパーによるウィーンでの設計活動の他に、彼の著書『様式』（一八六〇―六三）の影響がある。この二巻構成の大著は、ウィーンの歴史主義の芸術観に決定的な影響を与えた。そして、もう一人忘れてならないのが、アイテルベルガー（Rudolf Ritter von Eitelberger, 1817–85）の活動であった。世代的には彼もまた、ゼムパーがそうであるようにロマン主義的歴史主義の建築家の世代に属する。一八五二年から彼はウィーン大学の美術史教授の職にあったが、一八六四年の「オーストリア芸術産業博物館」の創設は、当時の芸術界に彼が直接的に貢献したものである。ヨーロッパ大陸で最初の工芸博物館であって、同時代の芸術活動のために最良の手本を収集することを目的とし、それは芸術家たちに、あらゆる様式の純粋要素に立ち戻ることを可能にした。歴史主義が深まり、新古典主義の時代とは明らかに違って、「一つの様式の形態だけでは時代の要請の全てに対応できない」と考えられる時代になっていた。(2)「建築の構成要素の恣意的な処理は、見かけだけの模倣、建築的あるいは装飾的な形態の単なるコピーとして断固拒否される。われわれが個々の様式の純粋要素という表現で求めるものは、本質的に、それを生み出した様式の諸条件の正しい把握と結びつくものである。純粋要素は芸術家たちによって見出され造形されることによって、精神活動と芸術創造の一つの雄大な躍動空間（Spielraum）を可能にして、芸術家の想像力に何らかの支障をもたらすことは考えられない」。このような主張と不即不離の形で発達する歴史研究によって「純粋要素」が体系的に整理され、建築設計の実務にも提供されたのである。(3)

厳格な歴史主義の人たちは、純粋で客観的な構成手段を手にしたことで、そのような手段を持たず主観のみに基づいていたロマン主義的歴史主義を厳しく批判した。芸術的な独創性とか自己主張が、むしろ、ここでは嫌悪の対象となった。例えば、宮廷オペラ座を設計したニュルの場合、建築芸術では模倣のみでは何も達成できないと確信し、十八世紀までの芸術上の諸成果を融合して自己の様式を創り出すところに最終目標を置いて努力を重ねていた。しかし当時の批評は、「ロマン主義はただ主観に基づくものであって、ウィーン建築においては今や存在不可能となった」と書くのだった。(4)さまざまな研究書が刊行され、その中に類型的に図示された様式細部の例を以て、当時の人々は、客観的で正しくもある様式再生の保証を見出したと信じたのである。その結果、宮廷オペラ座は無様式だと非難され、ついには「シッカーツブルクとファン・デア・ニュルの建築には様式がない。ゴシックもルネサンスも二人にかかれば、みな同じ」の戯歌《ざれうた》まで出てくる始末だった。

ハンゼンやフェルステルのように両時代にまたがって活躍する建築家がいるために区別しにくいが、ロマン主義的歴史主義と厳格な歴史主義との間に一つの深淵が横たわっていることは確かである。それは世界観の違いにまで達するものであり、思想における観念論（Idealismus）と実証主義（Positivismus）の対立、あるいは絵画の世界での、自然科学者のように細密

写真 9-10. 奉納教会、フェルステル、1856-79 年

写真 9-11. 同、内部

に観察して描写する写実主義の台頭に、並行現象を見ることも可能である。

厳格な歴史主義の目標は、普遍的で客観的な様式を作り出すところにあった。それは国家を超えている。もはや国家様式とは何かと問われても、実例をもって答えられない。例えば、一八六〇年にバイエルン国王マキシミリアン二世（在位一八四八―六四）がこの問いを何人かの人たちに投げかけた時、ハンゼンは次のように答えている。

「今日ほどヨーロッパ形成が進んだ状況においては、特定の国家様式を発展させることは不可能である。というのも生活態度・習慣がどこも同じであり、格別に気候上の違いがあるわけでもないのだから、国家様式というものは成立し得ず、ただ個々に趣味上の傾向が出てきているだけである[5]」。

これは、「国家という理念を、何か一つの具体例で視覚的に示せるか」という問いに対する誠実な答えであって、具体的に諸「条件」が立てられれば一つの様式を現象させることが可能になるが、その「条件」が揃わなければ不可能だと、ハンゼンは答えているのである。質問を受けたのがゼムパーであっても、同じように答えたであろう。

さて、では、ここで代表的建築家とその建築作品の紹介に入ろう。

フェルステルの設計による奉納教会（一八五六—七九）（写真9-10、9-11）は、厳格な歴史主義による宗教建築の最初の例となった。一八五三年二月二七日の皇帝フランツ・ヨーゼフに対する暗殺計画が大事に到らなかったことを感謝して教会堂の建立が決定された。一八五四年三月三一日に公布された競技設計の要項は、二塔式、ギャラリー無し、二つの祈禱室、収容人員五〇〇〇人の条件を満たすゴシック様式の教会堂を求めている。ただし、これは記念堂であって、宗教的な儀式と礼拝への配慮は求められていない。

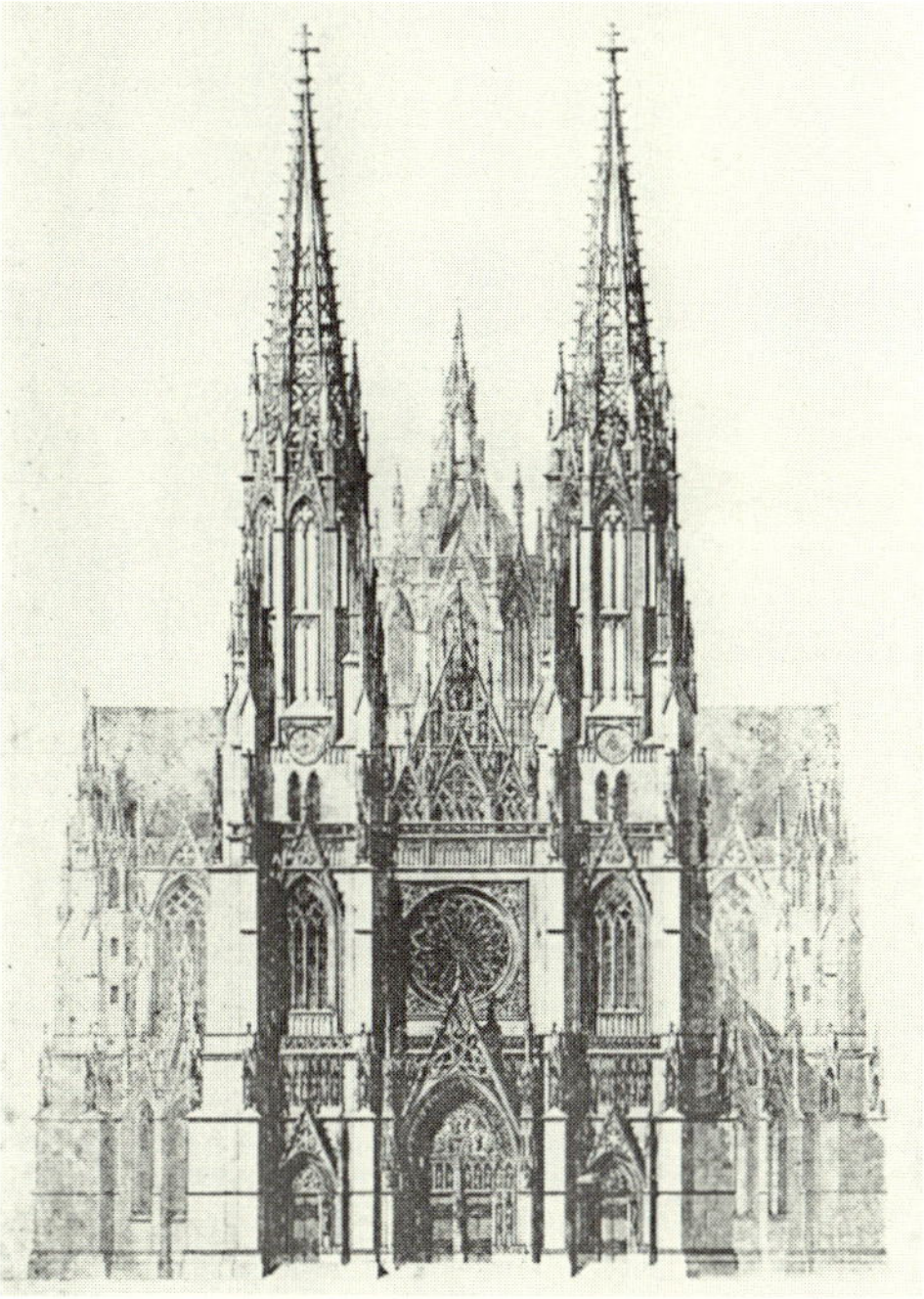

図 9-4. 奉納教会コンペ案、フェルステル、正面立面図、1854／55 年

この奉納教会の設計競技には七五案が寄せられ、選考委員会はまず八案を選出し、最終的にフェルステルの案が採用されることになった。フェルステルの案は、ベルベデーレ宮の近くの高地という建設予定地に合わせて、イタリア風に交差部にドーム状のものを載せ、身廊が短く求心性の強いもので、記念碑性を前面に打ち出していた（図9-4）。しかも彼はドームの下に特別な記念碑を納めて、ドームが一つの象徴的表現となることを求めた。ところが、実施の段階になって敷地が現在のリンクシュトラーセ沿いに変更された。一八五六年四月二四日に着工の運びとなるが、ここで内

部に納める予定だった記念碑が拒否される。フェルステルは一八五七年に身廊を延長し、交差部にはドームに代えて尖塔飾りを置くだけとした。この時に、全体の様式がフランスのカテドラル・ゴシックに一変する。「一変する」というのが厳格な歴史主義の最大の特徴で、最初の案にはまだ残っていたロマン主義的歴史主義の要素が一掃された。

このフランスのカテドラル・ゴシック様式を選択する際に、ヒュプシュが、「ゴシックというのは百年も早くフランスに成立したのだから、ドイツによる芸術上の国家業績とは言えまい」と、初期キリスト教の教会堂の形態を選ぶように勧めた。それに対して、フェルステルは、「ゴシック様式には、図式的装飾や過度の壮麗さに陥ることなく、構造システムが様式によって完全に貫かれている建築の理想的な姿を見ることができる」とゴシック選択の理由を述べて、設計変更に応じなかった。(6) これは、先に国家様式の理解に関連して紹介したハンゼンの主張とともに、厳格な歴史主義の、「様式」というものに対する態度を窺わせる興味深いエピソードである。「考える建築家」の時代になって、彼らの場合、建築様式の選択にそれなりの確固とした裏付けがあったのである。

ハンゼンの楽友協会ホール（一八六四設計、一八六六—七〇施工）（写真9-12）はコンサートホール、音楽学校、会員集会室、レストランなどを内包する複合建築である。この建築を人々は、「ギリシア＝ルネサンス様式」と呼んだ。(7) ハンゼンのもつ平面・立面構成における隅々まで神経の行き届いた完璧な組織力が、典型的に出ている例である。

ハンゼンの建築にしばしば感じられ、この建築が典型的に示す特徴は、実態は煉瓦組積造であるにもかかわらず、蛇腹や角形付柱がファサードの壁面からくっきりと浮び上がっているために、柱・梁を用いた楣式構造《まぐさしき》であるかのように見えることである。それほどに水平と垂直の二方向の秩序が建築全体を支配している。正面の三連アーチの中に立つ人像、そのスパンドレルを埋める彫刻、屋上欄干の上に立つ童子像、その他全ての装飾要素が、水平・垂直のグリッドの中に位置付けられている。

彼はコペンハーゲンの王立アカデミーで学び、アテネに八年間（一八三八—四六）住んで設計の実務を行い、四六年にフェルステルの招聘に応じてウィーンに移った。そして、四八年からウィーン造形芸術アカデミーのメンバーとなり、六八年にファン・デア・ニュルの後任として教授に就任した。彼はギリシア神殿のモチーフを可能な限り自分の建築表現に活かそうとしたが、ある一定の比例関係を有するこのモチーフは、適用するにも規模に限界がある。従って、このモチーフを活かそうとすれば、建築をいくつかの棟に分割して、その個々の棟にギリシア神殿の形態を与え、その後で相互に繋ぐという手順を踏まなければならなかった。たとえばウィーンの国会議事堂（一八七四—八三）（写真9-13、9-14）では、この分棟形式すなわちパピリオン・システムを採用している。

写真 9-12. 楽友協会ホール、ハンゼン、1866-70 年

写真 9-13. 国会議事堂、ハンゼン、1874-83 年

写真 9–14. 国会議事堂、外観細部

写真 9–15. アカデミー・ギムナジウム、シュミット、1863–66 年

アカデミー・ギムナジウム（Akademisches Gymnasium, 一八六〇設計、一八六三—六六施工）（写真9—15）を設計したフリードリヒ・フォン・シュミット（Friedrich von Schmidt, 1825–91）は、ウィーン建築における最も重要なゴシック主義者である。彼がウィーンに残している建築は、この建築以外には、例えばウィーン市庁舎（一八七二—八三）（写真9—16）、オーストリア国立銀行増築（一八七三）などがある。彼の存在によって、ウィーンの都市景観に非常に水準の高いネオ・ゴシック様式が出現することになった。よく観察すると彼の建築は、イタリア・ルネサンスの形態を持たない代わりに、所謂ドイツ・ルネサンスの構成を持っている。

この建築の前に立つと、まず屋上に並ぶ十字花を載せた七つのゴシック風ペディメント、盛期ゴシックのトレーサリーを伴う尖頭アーチ窓、壁面を垂直に秩序付ける控え柱などの要素が目につく。これらの要素がファサードに垂直性を与えるが、窓の下枠と控え柱の冠石を結ぶ蛇腹が、それに対抗するかのように、水平性を打ち出している。わずかに前方に迫り出した中央部はこれらの諸要素に飾られ、ファサード側部では縦長の双窓が調子を引き立てるだけの謙虚な相貌を見せる。水平性と垂直性が均衡を保ち、静的で、かつ明晰で、格調すら感じさせる。屋根が姿を見せ、煉瓦が堅牢さと温かさを伝えて、イタリア・ルネサンスとは一味違う北方特有のルネサンス精神を感じさせる。つまり、北方のルネサンス精神による全体構成に、精選された純粋なゴシックの要素が統合されているのである。

フェルステルによる工芸（応用芸術）博物館（一八六七計画提出、一八六八—七一）（写真9–17）と工芸（応用芸術）大学（一八七五—七七）（写真9–18）は、同時に計画されて一つの通路で結ばれている。このファサードの薄肉の蛇腹と角形付柱による構成は、同じくフェルステル設計によるウィーン大学（一八七三—八四）（写真9–19）が盛期ルネサンスの重厚さと生まじめさを見せているのとは対照的で、この博物館・学校には、フィレンツェの初期ルネサンスの軽やかさと明るさ、そしてラファエロの感覚的な悦びを好んだフェルステルの一面が出ている。

写真 9–16. ウィーン市庁舎、シュミット、1872–83 年

写真 9–17. 工芸（応用芸術）博物館、フェルステル、1868–71 年

ゼムパーは、皇帝フランツ・ヨーゼフの依頼を受け

て、王宮拡張計画を構想した。彼は、この構想を古代ローマの皇帝たちのフォルムに因んで「皇帝フォールム（Kaiser-Forum）」と呼んだ(8)。一八六九年一二月二〇日の皇帝フォールム配置図・平面図（図9-5）には既に、新王宮（一八七〇―九四）（写真9-20）、二つの宮廷ミュージアム（美術史美術館と自然史博物館、一八七一―八一）（写真9-21）、そしてこの宮廷劇場（ブルク劇場、一八七四―八八）（写真9-22）が、ほぼ実現した建築形状で描き込まれている。ただし、英雄広場をはさんで左右対称に構想された新王宮は、その構想の半分のみ建設され、現在のフォルクスガルテン（庭園）側に予定された棟は実現

写真9-18. 工芸（応用芸術）大学、フェルステル、1875-77年

写真9-19. ウィーン大学、フェルステル、1873-84年

されなかった。また、宮廷劇場は、この皇帝フォールム構想から切り離されて、フォルクスガルテンの向こう側、ネオ・ゴシック様式のウィーン市庁舎と向き合う位置に建設された。いずれにせよ、皇帝フォールム関係の建築の実現には、ゼムパーの意を十分に汲んで動く協働者カール・ハーゼナウアー（Karl von Hasenauer, 1833–94）が関与している。

ゼムパーは一八三八年から四一年にかけてドレスデンに宮廷劇場を建てたが（写真9–23）、この宮廷劇場が一八六九年に火災に合い、一八七一年から七八年にかけて再建された（写真9–24）。最初の劇場は、イタリア・ルネサンス様式を意識した静的で明快な格調高い建築だった。スカイラインの美しい半円形で観客席とホワイエの輪郭が外観に現れて、連続的に並

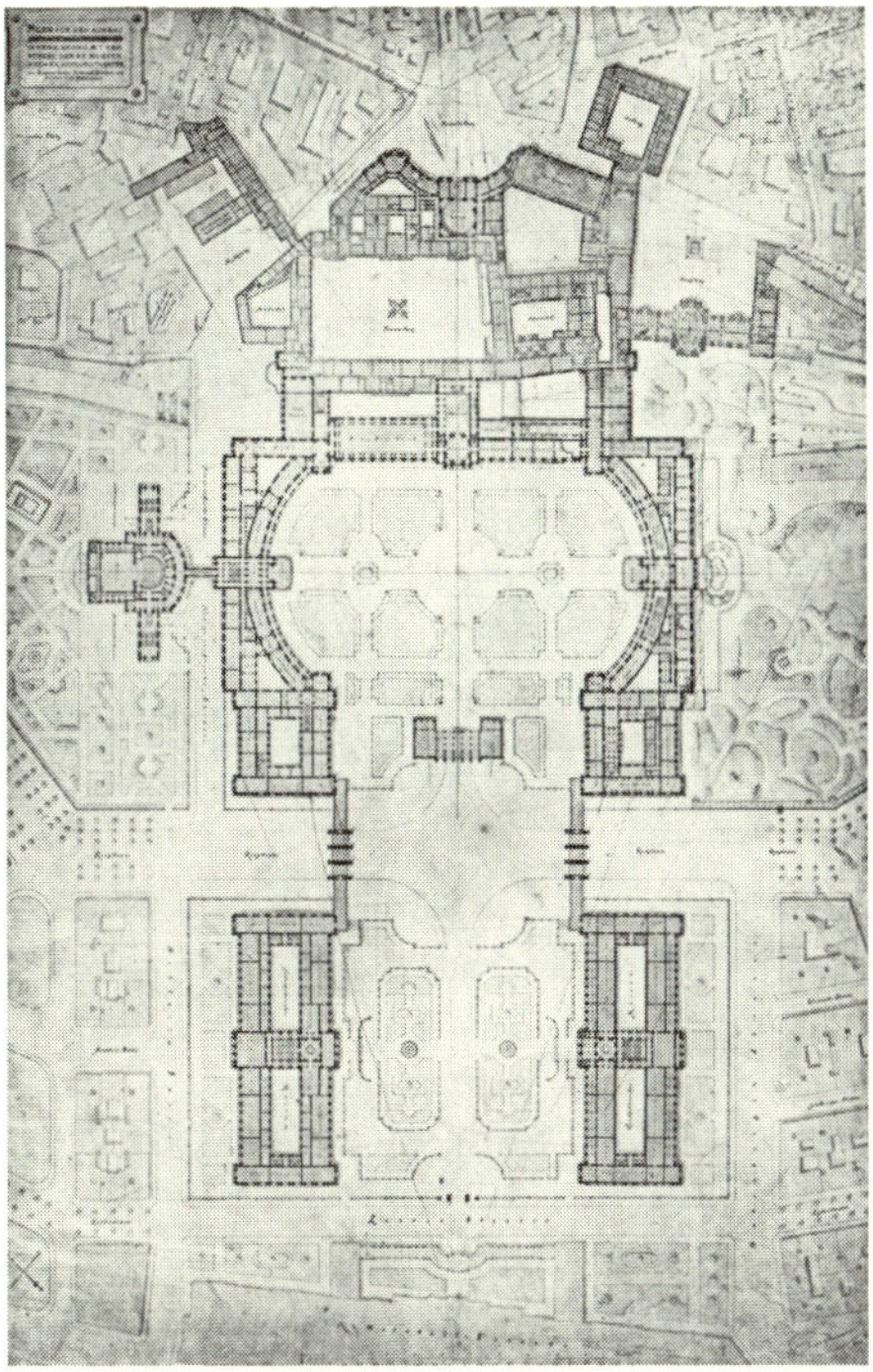

図9–5．皇帝フォールム配置図・平面図、ゼムパー＆ハーゼナウアー、1869年12月20日

写真9–20．新王宮、ゼムパー＆ハーゼナウアー、1870–94年

写真 9-21. 自然史博物館、ゼムパー＆ハーゼナウアー、1871-82 年

写真 9-22. ブルク劇場、ゼムパー＆ハーゼナウアー、1874-88 年

べられた大きな半円アーチ窓が開放的な表情をこの建物に与えていた。一段後退する上層と両側の階段室は無窓に近く、半円形の開放的なファサードを、枠となって引き締める役割を果たしている。

ところが、一八七一年から七八年にかけて再建された新宮廷劇場（「ゼムパー・オペラ」）では様相が一変して、動勢・対比・豊饒のネオ・バロック様式に変わっている。まず、観客席とホワイエの入る中央部は、半円形だったものが扁平な弓形に変わった。窓間の付柱が二本ずつになって、連続する半円アーチが生み出す軽快なリズムが寸断されている。一層目に現れるルスティカ仕上げの石積みの表面は粗く溝は深くなり、さらに人像が到る所に立って、全体の調和よりも部分部分の強い表現を求めるものに変わっている。

ドレスデンの新宮廷劇場と比較すると、ウィーンの宮廷劇場は、豊かな彫塑性の中にバロックの相貌を窺わせつつ、全体

写真 9-23. ドレスデン宮廷劇場、ゼムパー、1838-41 年

写真 9-24. 新ドレスデン宮廷劇場（ゼムパー・オペラ）、ゼムパー、1871-78 年

構成を整然と維持することによって盛期ルネサンスに留まっている。この宮廷劇場は、実施の段階で「皇帝フォールム」から切り離されて、市庁舎とリンクシュトラーセをはさんで対峙する位置に移された。この段階で、正面玄関と柱廊が、ファサードの弓形の面に吸収されて対比が一層弱められた(9)。

この時代になると、ウィーンにおいてもファサードに巨大な独立円柱や人像が多用され、全般的にファサードの彫刻的傾向が強くなる。ティーネマン（Otto Thienemann, 1827-1905）とオットー・ヴァーグナーのグラーベンホーフ（一八七三）（写真9-25）が、そのよい例であろう。「純粋要素」を最優先するこの時代の様式観あるいは創作観を極端に突き詰めると、建築は種々の様式形態の寄木細工と化してしまうであろう。ところが現実は、この厳格な歴史主義にも独創的な建築家が数多く含まれて、芸術性を湛《たた》えた建築作品も少なくない。

一八八〇年を過ぎると、建築造形の重点はほぼ完全にファサードに移り、しかもファサード面の絵

写真9-25．グラーベンホーフ、ティーネマン＆ヴァーグナー、1873年

画的かつ印象派的な解体へと進んでいく。装飾のきらきらした輝きや波動が雰囲気を決定し、そこでは建物本体のみならず仮面としてのファサードの実体性までもが消し去られていく。

それに対して、厳格な歴史主義においては、なお建築の実体性が生きている。ロマン主義的歴史主義が示していた、量塊を組み合わせてより大きな統一体を形成しようという傾向が、一層押し進められる。確かに、ファサードの装飾は、ロマン主義的歴史主義のように表層に留まっていない。とはいえ、本体に食い込んで解体現象を引き起こすには至っていない。むしろ、建築全体がグリッド状の街区分割に従い量塊性を維持しているのと同様に、ファサードの装飾もまた、全体の垂直と水平の秩序を守りつつ、その中で自己表現に努めているのである。

厳格な歴史主義がルネサンス様式にシンパシーを抱く理由も、全体の秩序と、その中での部分の自由な自己表現とのバランスにあるように思われる。この時代の造形には、拡大し続ける全体の秩序を尊重しながらも、ある時は全体であり、ある時は部分でもある社会という実体を、必要な諸形態で構築しようとする精神の現れが感じられる。狂熱とは距離をとった寛容の精神、遊びの精神、自制とルールを弁《わきま》えた精神を、この時代のウィーンの建築家たちはなお保持していたと言えるであろう。

たとえば、ゼムパー・デポ（Semper Depot）と呼ばれる宮廷所属の劇場の舞台装飾などを制作・収納する倉庫（一八七五―七七）（写真9-26）は、新王宮・ブルク劇場などと同様にゼムパーとハーゼナウアーの協働によってつくり出されたものだが、装飾を抑えつつも実におおらかで伸びやかさを感じさせる建築である。[10] 基本は、ゼムパー好みのネオ・ルネサンス様式と言ってよいであろう。だが、内部にある四層吹き抜けの、鋳鉄柱で支えられたギャラリーが各層を巡る空間（写真9―27）は、その自制とルール、にもかかわらず自ずと滲み出る軽やかさと斬新さの点で、あのオットー・ヴァーグナーの設計によるオーストリア連邦銀行（一八八二―八四）の鉄とガラスの天井で覆われた馬蹄形の中央窓口ホール（写真9―28）に近い。

「近代建築」を標榜する世紀末のオットー・ヴァーグナーのような建築家が、つい、そこまで近づいてきている。

注記

（1）Renate Wagner-Rieger, *Wiens Architektur im 19.Jahrhundert* (Wien, 1970). 第三章注（1）で触れたニコラウス・ペヴスナー『新版ヨーロッパ建築序説』（小林文次・山口廣・竹本碧訳、彰国社、一九八九）の第八章（pp.299–346）がHistori-

写真 9–26. 宮廷劇場舞台装置倉庫（ゼムパー・デポ）、ゼムパー＆ハーゼナウアー、1875–77 年

写真 9–27. 同、吹き抜けホール（ギャラリー付き）

写真 9–28. オーストリア連邦銀行、ヴァーグナー、1882–84 年、中央窓口ホール

cism を論じているが、「歴史主義」ではなく「復古主義」と和訳されている。なお、本研究では、後者の原書として、前者との関係を見ながら第五版に当たる Nikolaus Pevsner, *An Outline of European Architecture*（Harmondswcrth, 1957）を参照している。第八章の章題は "Romantic Movement, Historicism, and Modern Movement: From 1760 to the Present Day" である。

（2）Rudolf von Eitelberger, *Gesammelte Werke I*（Wien, 1879）p.358.

（3）Ibid., p.268.

（4）G.Niemann & Ferdinand Fellner von Feldegg, *Theophilos von Hansen und sein Werk*（Wien, 1893）p.20.

（5）Wagner-Rieger, *Wiens Architektur*, p.151.

（6）Ibid., pp.162–63.

（7）Griechische Renaissance. Ibid., p.174.

（8）Wagner-Rieger, *Wiens Architektur*,pp.192–93.

（9）Ibid.,p.195.

（10）Ibid.

第十章　オットー・ヴァーグナーの「近代建築」と被覆

都市を構成する「賃貸宮殿（Zinspalast）」と呼ばれる巨大な中庭型の賃貸集合住宅において、十九世紀末に近づくほど鮮明になってくるのは、歴史様式の形態によってファサードの壁面が過剰に装飾される一方で、そのファサードの壁体に、同じ縦長窓が垂直・水平方向に画一的・機械的に開けられる傾向である。

興味深いことに、オットー・ヴァーグナーもまた、レナーテ・ヴァーグナー＝リーガーが末期歴史主義と呼ぶ十九世紀末の傾向から逃れられず、壁体に同形の窓を水平・垂直に画一的に並べながら、その壁面にほどこす装飾を刷新して新様式を創出するところに、建築家の主要な役割を見ていた。それは、被覆デザインの刷新によって新様式の創出を構想したゼムパー理論の実践に他ならない。

ヴァーグナーの都市像から

オットー・ヴァーグナーの巾広い設計活動の根底にある都市像は、街路に面して整然と並ぶ賃貸集合住宅と、その連続性・均一性を破る、対照的に大規模で豊かな輪郭をもつ公共建築という、この二者によって構成されている。この二元的な都市像は彼の著書『近代建築』（一八九六）に現れ、[1]後のウィーン二二区計画案（一九一一）ではさらに明瞭に視覚化された（図10-1）[2]。ここに見られる街路をグリッド状に走らせ、中庭のある巨大な賃貸集合住宅で各街区を構成する手法は、十九世紀後半に、リンクシュトラーセ沿いのみならずウィーン市内で広く採用されるようになっていたものである。カミロ・ジッテやアドルフ・ロースとは対照的にヴァーグナーは、ランドマークとなる個性豊かな公共建築の周囲を埋めるこの種の中

図 10-1. ウィーン 22 区計画案、ヴァーグナー、1911 年

庭形式の大規模な集合住宅を、近代都市の基本的な住宅類型として受け入れるべきだと考えていた。

ヴァーグナーによれば、「人びとの生活方式が日毎に似てくることによって」、つまり「近代生活が画一化することにより」、「集合住宅も画一化せざるを得なかった」。また集合住宅が完全に賃貸化した結果、「他階とは異なる外観を有する、所有者の住む主階《ピアノ・ノビレ》のあるタイプが消え」、しかもエレベーターの普及によって階の上下に価値の差がなくなったので、「階を際立たせた外観の造形は、もはや無意味である」。

社会経済的・技術的な条件の変化にともない、住空間は上下方向においても画一化の度合いを深めている。注目すべきは、ヴァーグナーが近代化の本質とも言えるこの画一化現象を受けいれ、この現状認識に基づいて、「(近代の)建築芸術は、多くの等価な窓をあけた一つの滑らかで平らな面を必要としている」と論を進める点である。時代に固有の「必要」と、そこから生ずる基本的な形態を認めるべきで、この認識から芸術が始まる、と彼は考えた。芸術の課題は「流れに逆らうのでも、それを嘘で蔽うのでもなく、考慮に入れて表現するところにある」と言うのである。(3)

公共建築には広範囲の自由な造形が許される。だが、住宅は平面・立面のいずれにおいても均質なグリッド・システムに支配される。加えて、十九世紀半ばにゼムパーたちがルネサンス様式の復興を通して都市住居にもたらした「階を際立たせる外観の造形(4)」が否定されることで、建築は十九世紀の初頭すなわちシンケル、さらにはデュランの時点にまで戻ったかに見える。

ヴァーグナーは『近代建築』の中で、続けて、街路景観の大部分を構成するようになった賃貸集合住宅に関して、建築家がなすべきことは「互いに対比し合うように壁面を装飾し、単純で正しい細部を選び、構造を明白に強調することによって、効果を得るように努めることだ」と言う[5]。これはデュラン流のグリッド・システムを基本とする構造の表現と細部の尊重、さらにその基本構造への装飾付加を、「建築芸術」が成立する要件と見ていたシンケルと同じ考え方である。ヴァーグナーは七〇年代半ばから、しばしば自ら施主となって住宅を設計・建設した。自ら施主となることにより、妥協せずにコンセプトを実現する環境を整えることができた。

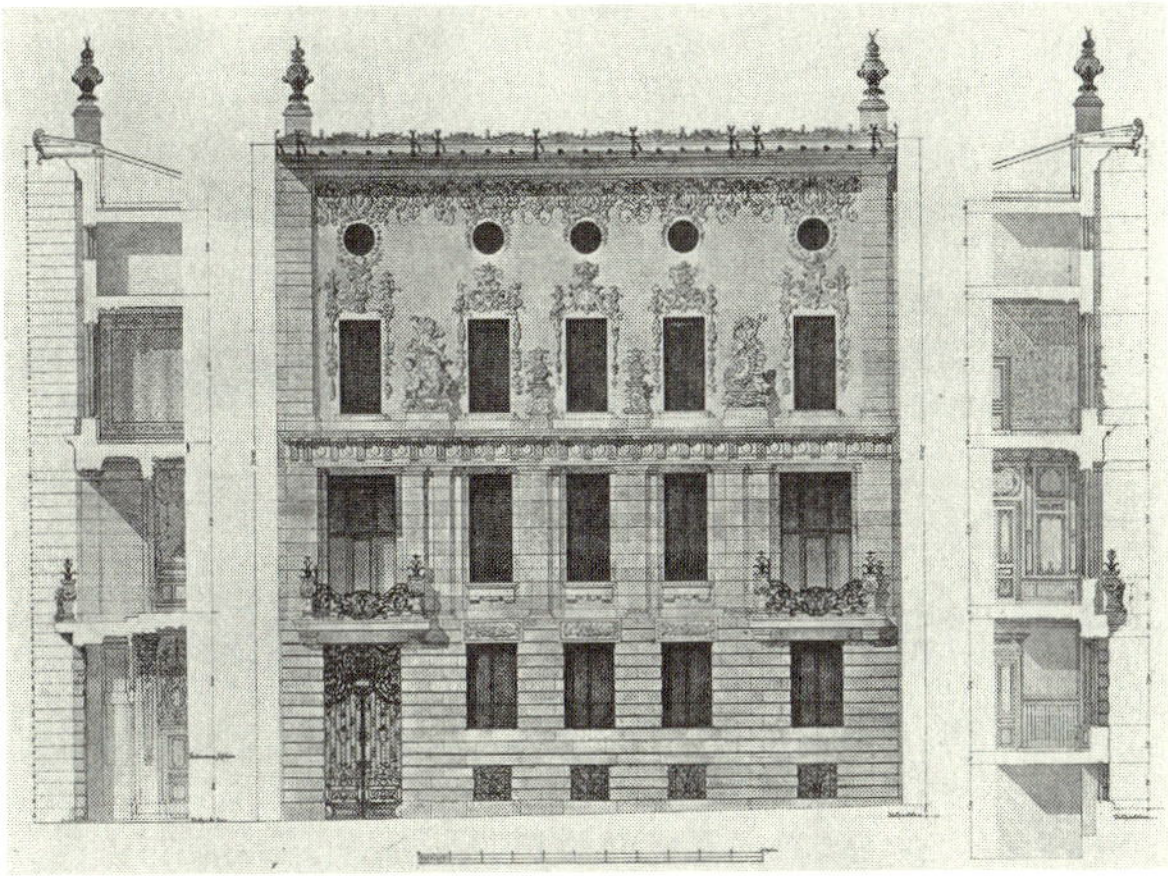

図10–2. パレ・ホヨース（レンヴェーク3番）、ヴァーグナー、1890–91年

写真10–1. 同、ファサード見上げ

　後で詳しく述べるように、その実作で見ると、彼のアトリエのあったパレ・ホヨース（1890–91、Rennweg 3、両側の一番と五番も賃貸用として同時に建設）（図10–2、写真10–1）ではまだ、「階を際立たせる外観の造形」が生きている。「多くの等価な窓をあけた一つの滑らかで平らな面」を「面同士が互いに対比をなす

写真 10−2. リンケ・ヴィーンツァイレ 40 番（マジョリカハウス）、ヴァーグナー、1898−99 年

写真 10−3. リンケ・ヴィーンツァイレ 38 番、ヴァーグナー、1898−99 年

ように装飾する」彼のデザイン思想が実現するのは、『近代建築』後になる。それは、ウィーン・セセッションの新芸術運動が急激に展開する一八九〇年代末のことで、作品で言えば、リンケ・ヴィーンツァイレ四〇番（マジョリカハウス）、同三八番、ケストラーガッセ三番という連続する三棟の賃貸集合住宅（一八九八―九九）が誕生した時のことである（写真10−2、10−3）。

インテリア

ファサードが内部（構造や機能）から自立した平面と化した時、内側にある各住戸は都市に向けて自己表現する道を閉ざされ、それ自体もまた、孤立した小宇宙となる。そして賃貸集合住宅の全体は、孤立した小宇宙、当時批判的に使われた表現によれば「細胞（房）」の集積となる。都市貴族・大市民層が所有者として自ら住んでいた時代の玄関から階段へ、そして主階（広間・食堂）と続く空間構成はまだ、前時代の壮麗な貴族の邸宅に倣うもので、建築家がデザインの腕をふるう場となっていた。ところが賃貸化が徹底すると単なる「細胞」の集合となり、空間を飾ることがその「細胞」のインテリアと、残る動線空間すなわち極めてコンパクトに収められたエレベーター・階段・廊下、とくにエレベーター周りに限定されていく（写真10−4）。

　しかし、それでも状況を積極的に受け止めて、「われわれの芸術創造」は住宅内部での「近代生活」にコミットし、「近代人の要求に適合していく」[6]ことだと考えるヴァーグナーは、住宅の中でも最も私性の高い浴室・寝室のインテリアにまで踏み込んで、「われわれの芸術創造」の可能性を探ろうと試みた。皇帝の治世を祝賀する重要な博覧会（一八九八）に、ケストラーガッセ三番に入る自邸のガラス製浴槽のある浴室と、セセッ

写真 10−4. リンケ・ヴィーンツァイレ 40 番（マジョリカハウス）、エレベーター・階段室

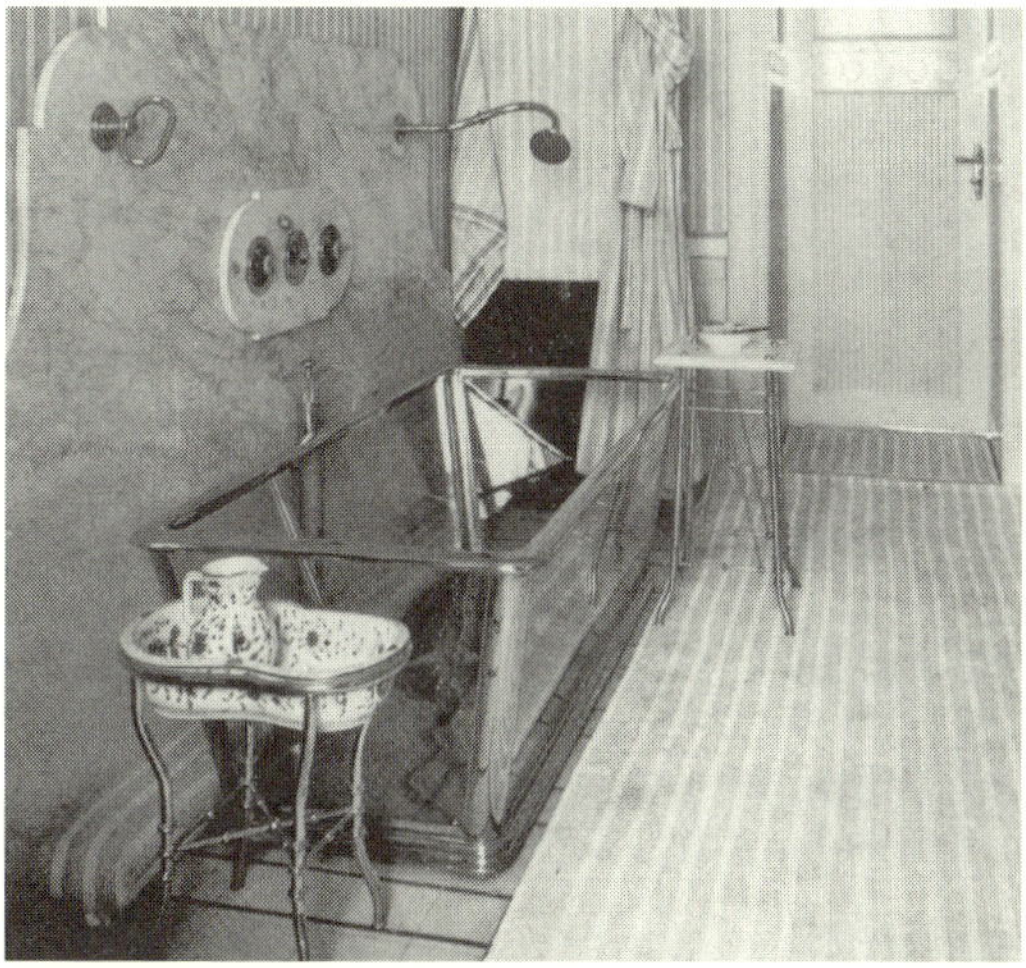

写真 10−5. ケストラーガッセ 3 番の自邸のガラス製浴槽、ヴァーグナー、1898 年

ションを思わせる大胆な手法で花柄模様を壁面に配した寝室を出展したことは、彼の意気込みを窺わせる（写真10-5）。

少なくとも都市住居に関する限り、一八九〇年代にヴァーグナーの目指すところが急速に実現されていく。そこに浮上するのは、近代化に潜む画一化とその反面で深まる個別化の傾向、そして、そこにどう建築が芸術として関与すべきかという「建築芸術」の位置付けの問題であった。この建築芸術復興の立場を堅持している点で彼は歴史主義者であり、シンケル、ゼムパーと同様に激しい時代の変化の中で「建築芸術」のあるべき姿を考え続けたのである。

実用様式―様式の泡沫現象との訣別

オットー・ヴァーグナーは、一八九〇年に刊行された自選集『いくつかのスケッチ・プロジェクト・実作品』第一巻の序文に、七〇年代・八〇年代の建築界でさまざまな時代様式が泡のごとく現れては消えゆく状況を、批判を込めて次のように描いている。

「この二〇年間、ほぼ建築界をあげて繰り返されたいろいろな様式の実験は、過去数千年の建築様式を多かれ少なかれ戯画化し、われわれの生活特有の慌ただしさで消費して、ほとんど跡形もなく消え去った。(7)」

ヴァーグナーは、ウィーン工科大学、ベルリン王立建築アカデミー、そしてウィーン造形芸術アカデミーで学んで、まさに十九世紀建築の真髄を吸収して、一八六〇年代から建築家としての自立を求めて格闘する。その格闘は七〇年代、八〇年代と進むにつれて、自らの生きる道と同時に建築（芸術）が進むべき道を模索するものへと変わっていく。

それは、ゼムパーがそうであったように、一言で表現すれば、「建築はどのような様式を確立すべきか」という問いに結び付くものだった。ヴァーグナーは、この問いへの回答として「将来の様式は実用様式だ」という。(8) 様式思考を狭い建築の世界から生活の「用」に移さねばならないという意味である。彼は、プラグマティックな響きに満ちた「実用様式」という造語によって、どの過去様式からも距離を取り、その形態を自由に扱えるようになった。

　では、実用様式とは具体的にどのような形態を帯びるものなのか。同じ序文で彼は、求める様式は結局「ある種の自由ルネサンス様式」とでも呼ぶべきものだと言う。たとえば彼自身の実作を見ると、ウニヴェルジテーツシュトラーセ一二番の賃貸集合住宅（一八八八）では、大オーダーの付柱を用いてファサードに都市的スケールを与える試みをしており（写真10–6、10–7、10–8、10–9）、アンカーハウス（一八九四―九五）（写真10–10）にも同様に、ある種の自由ルネサンス様式の名残

写真 10–6.　ウニヴェルジテーツシュトラーセ 12 番、ヴァーグナー、1888 年

写真 10–7.　同、玄関ホールの天井見上げ。天井全体が柔らかい織物の天蓋のように感じられる

写真 10-8. ウニヴェルジテーツシュトラーセ 12 番、エレベーター・階段室

写真 10-9. 同、住戸内観

がある。だが、ある種の自由ルネサンス様式が具体的にルネサンス様式の形態をどう扱うものなのかについて、その説明がない。同じ序文で彼がこの様式に加えた説明は、以下のようなものである。

「それは、われわれのゲニウス・ロキ genius loci を同化し、素材と構造における近代の成果と同時に、われわれの全ての生活条件にも最大限の配慮を払う[9]」。

彼のいう様式がウィーンの建築的伝統とか都市化した生活状況を配慮するものであって、過去のルネサンス様式の単純な模倣でないことは明らかであろう。とはいえ、発明改良された素材・構造技術の成果に着目すること自体は、十九世紀の歴史主義建築家の誰もが心がけていた。鉄を用いて大スパンの空間を実現させることなどが良い例である。近年の研究では、ゼムパーがすでに一八五〇年代に、明らかにパクストンのクリスタルパレスに刺激されて、ロンドンのサウス・ケンジントンに計画されていた「文化フォーラム」（設計一八五五）（図10-3）に巨大な鉄とガラスの屋根を考えていたことが明らかにされている[10]。大規模な中庭式建築の中庭部分に鉄とガラスの大屋根をかける手法は、十九世紀後半には都市建築を設計する際の常套手段となっていった。

一八九〇年の段階では、「実用様式」の言葉を用いながらも、「ある種の自由ルネサンス様式」という用語が示すように、ヴァーグナーの思考はまだ漠然としており、一般的にネオ・ルネサンス様式を好む末期歴史主義者と区別しがたいものを残していた。そのヴァーグナーの新様式探求が、一八九〇年代に入ると時代のうねりの中で急速に深化していく。

あくまでも芸術のなかの様式思考

たとえば、前出のアンカーハウスでは一、二階にガラスのカーテンウォール、そして屋上にはガラスの温室のようなペントハウスが載り、それらが直《じか》に都市に顔を出している。もはや現存しない同時期のノイマン百貨店でも一、二階がカーテンウォールとなり、店舗内部の華やいだ雰囲気が街路にも溢れ出ていた。スレンダーな鉄骨と広いガラス面は、世紀末のモダン指向の都市感覚にぴったり合った。だが、それでもファサード全体から、細部には相変わらず繊細な歴史主義的装飾が施されて、どこか過去様式を鉄とガラスという新しい素材と構造技術で先練させただけだという印象が拭えない。

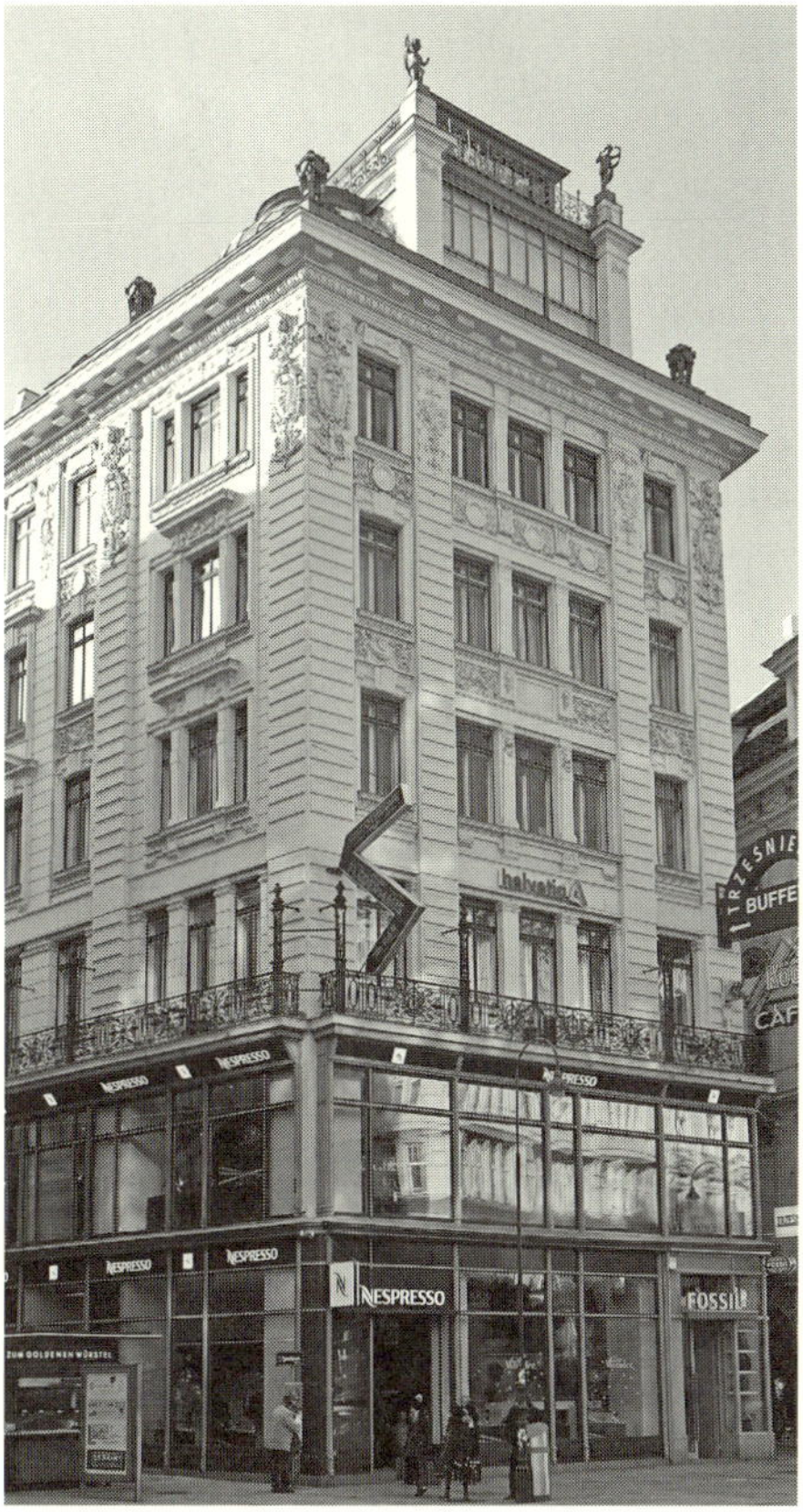

写真 10-10. アンカーハウス、ヴァーグナー、1894-95 年

その意味で、新様式の誕生を印

図 10–3. ロンドン「文化フォーラム」計画案、ゼムパー、1855 年

象付けるエポック・メイキングなファサードは「マジョリカハウス」(一八九八—九九)であった。壁面全体をおおう生き生きとしたバラの花模様は、過去様式の装飾モチーフとは全く関連をもたない独創的なものである。パレ・ホヨース(一八九〇—九一)のようにファサードを上下に二分割する段階を超えて、壁面全体を一つの装飾がおおっており、前例のない大胆なファサード・デザインが誕生している。

九〇年代における作風の急速で、あまりに大きな変化を見るにつけ、改めて注目されるのが、一八九五/九六年に書きあげられる彼の主著『近代建築(Moderne Architektur)』との関係である。同書は、ウィーン造形芸術アカデミーの建築教授となったヴァーグナーの一八九四年の就任記念講演を骨子とするものだった。

彼の思想の展開を理解する上で重要なのは、書名が示すように、「近代建築」という概念が明確に示されたことである。しかもそれは「近代芸術」、「近代生活」、「近代的人間」と結び付きつつ核となる「近代」概念と関係づけられている。たとえば本の序文に、「われわれの芸術的仕事の唯一の出発点は近代生活である(11)」という宣言があって、近代という一つのトータルな世界のなかに建築が位置づけられている。

だが、ここに新たな難問が生じてくる。建築における「芸術的なもの」と「技術的なもの」をどう関係づけるかという問題である。この問題が一層深刻に現れるのも、ヴァーグナーのなかで建築の芸術的側面が俄《にわか》にクローズアップされてきたからだと考えてよい。先の引用でも、彼は建築を「芸術的仕事」と規定している。様式の泡沫現象を批判するだけで、秩序を内包した真の芸術様式を提示しないのでは、カオス(混沌)が放置されたままである。九〇年代のヴァーグナーは、このジレンマから抜け出せないでいた。

様式を生み出すのは結局「芸術的なもの」だという考えに、もはや疑いはない。だが、再び泡沫現象に戻らないために、それをどう「近代」という時代に根付かせるか。『近代建築』は、この問いを巡って彼がさまざまな角度から検討を重ねた成果だった。同じ問題が、角度を変え、表現を変えて、繰り返し論じられている。

「近代の創り出すあらゆるものが、近代の人間にふさわしいものであろうとするならば、新しい素材と現在の要求に対応しなければならず、われわれ自身のより良い、民主的で、自覚した、理想的あり方を具現化し、巨大な技術的・科学的な成果と人間のあらゆる実際的な動向を考慮するものでなければならない。確かに、これは自明のことである(12)」。

あるいはまた、彼は「建築家は常に、芸術形態（Kunstform）を構造（Konstruktion）から発展させなければならない(13)」とも言う。芸術形態あるいは芸術様式は、さまざまな条件を活かし、それらに対応するところから、結果的に現象してくる。これは、ゼムパーが主張した内容でもあった。

一八九〇年以降の彼の建築観を明確に捉えるために明らかにしておくべき点は、彼が、建築芸術の「理想」とそれを支える「現実」の諸条件という二元的世界の統合を「建築家の実践」に求めていることである。『近代建築』の最初の章題が「建築家」になっていることを想起してほしい。章の冒頭に彼が書くように、建築家の中で「理想と現実がみごとに調和」するのであって、そのことによって「建築においては、神の能力にも近づく人間の能力の最高の表現が見られる」のである。

九〇年代の後半、ちょうどウィーン市電の駅舎群を設計していた頃の彼が、芸術的才能に溢れるオルブリヒ（Joseph Maria Olbrich, 1867–1908）やヨーゼフ・ホフマン（Josef Franz Maria Hoffmann, 1870–1956）らの若手を積極的に登用したのも、この若手建築家たちが一八九七年に創設した新芸術運動ウィーン・セセッションに参加してゆくのも（オルブリヒは創設会員、ホフマンは一八九七年夏に、ヴァーグナーは一八九九年に加入）、新しい建築芸術の創出を目指す実践運動の主旨に賛同したからである。

写真 10-11．ウィーン市電駅舎ホーフパヴィリオン、ヴァーグナー、1894-98 年

写真 10-12．ウィーン市電駅舎カールスプラッツ、ヴァーグナー、1897-98 年

この時期のヴァーグナー事務所の若い力は、芸術性に富むいくつかの市電駅舎（写真10-11、10-12）、リンケ・ヴィーンツァイレ四〇番の「マジョリカハウス」、隣接する三八番の建築などの実作品のみならず、数多くの彩色された美しい設計図面に窺うことができる（図10-4、10-5）。

永遠化というテーマ

ところが一九〇〇年を超える頃からヴァーグナーの中で、さらに新たな課題が意識され始める。建築芸術論の大筋は、一九〇〇年を過ぎても『近代建築』の中でほぼ言い尽くされていると、彼は考えていたはずである。というのも一八九八年、一九〇二年と版を重ねる度に、彼はごく部分的だが削除したり言い回しを変えたりと、その内容を相当厳密にチェックしているのである。それでも、少なくとも大きく変更される一九一四年版までは、理論的に同一性を保っていたと考えてよい。

一九〇二年版の序文は前年一〇月に書かれたが、そこで彼は、「近代派は、あらゆる反論・障害を乗り越えて勝利を獲得した。この勝利は将来も続くだろう。(14)」と、「近代運動」の勝利を宣言している。それは、彼の二つの大作、アム・シュタインホーフ教会（一九〇五―〇七）と郵便貯金局（一九〇四―〇六）の設計が始まる直前の時期のことである（前者は一九〇二年に、後者は一九〇三年に設計開始）。勝利宣言を出した今、新しい課題は「近代建築」の可能性を広げていくことである。

その残された課題とは、近代建築の「永遠化」であった。近代建築の芸術様式は明確な姿を取り始め、理念が美しく現象化していると言えるであろう。だが、過去の名建築と同じように遠い未来まで美しい現象を維持するには、どうすればよい

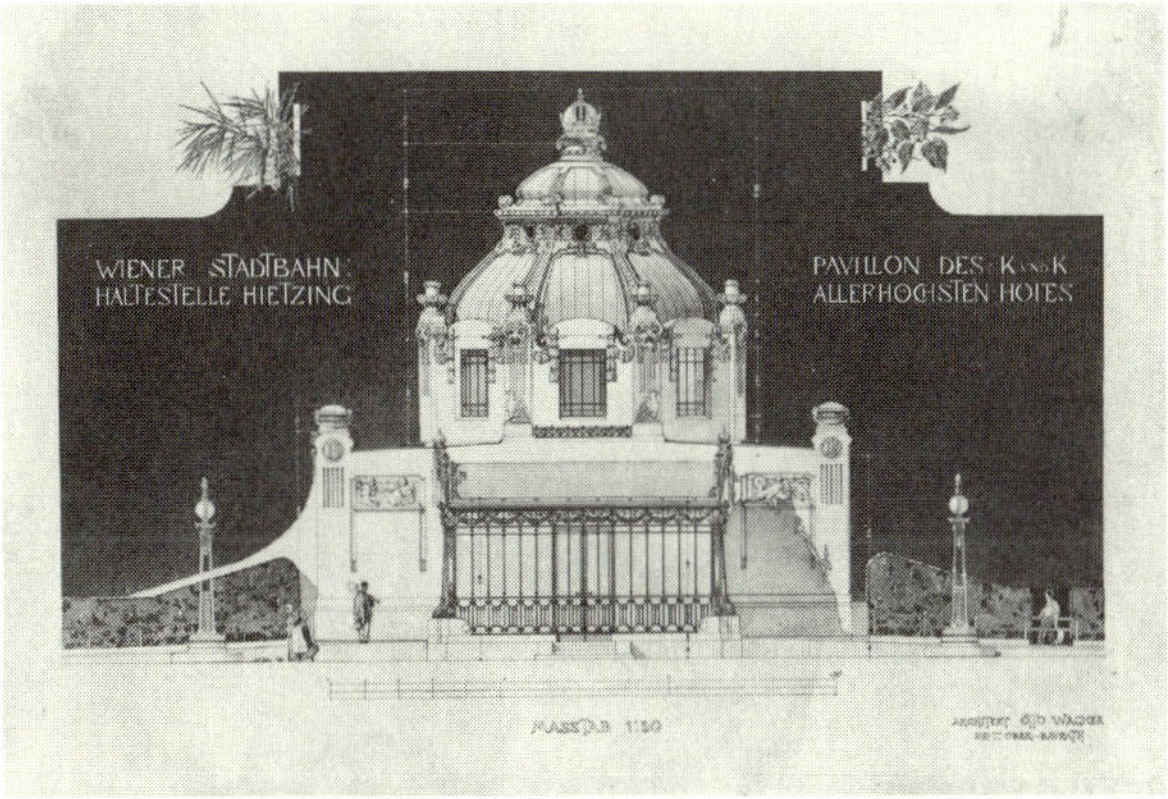

図 10-4.　ウィーン市電駅舎ホーフパヴィリオン、最初の計画案、ヴァーグナー、1896 年

図 10-5.　カールスプラッツ駅舎とウィーン市電構内の透視図、ヴァーグナー

か。

この問いに対する答えとしてヴァーグナーが取り組むのが、それ自体が近代的な諸条件に適合し、かつ永続性を具えた素材による「被覆」の創出である。ヴァーグナーにとって「被覆」は、決して姑息《こそく》な技術的手段ではなく、むしろ「芸術形態」の理念を望ましい姿で現象させるという建築の本質に関係するものであった。この点で彼は、十九世紀建築芸術論、具体的にはゼムパーの被覆論の最も本質的部分を受け継いでいたのである。

もともと、ヴァーグナーがよく使う「芸術形態」は、十九世紀半ばのベルリンでシンケル学派の第一級の建築理論家として名を馳《は》せたカール・ベッティヒャーが、「核形態（Kernform）」と「芸術形態（Kunstform）」の対概念で用いたものである(15)。彼はこの対概念を用いて、ギリシア建築に見られる芸術形態（すなわち装飾）の象徴的現象を解明しようとした。ギリシア建築では全ての部分が構造的機能を有する核形態として構想され、その核形態はみずからの目的・機能を象徴的に視覚化する芸術的被覆（芸術形態）を帯びると彼は主張した。ベルリンでも学んだヴァーグナーは、ゼムパー理論と矛盾しない、このベッティヒャーの思想も吸収していたに違いない。

ベッティヒャーのギリシア建築研究をも統合し、何よりも実践論として構築されたのが、ゼムパーの被覆論であった。彼の「被覆」概念は、ベッティヒャーの「芸術形態」概念と比較すると、はるかに建築実務に応用しやすいものだった。それは建築の現象、すなわち突き詰めれば、内でも外でも壁体ではなく壁面（外皮とか皮膜とも言い換えられる）を対象とする思想であり手法であって、対象ははっきりしていて、実践し易いものだった。

すでにマジョリカハウスの自立したファサードが登場した時点で、ヴァーグナーの被覆論は十分に実践可能なものに練り上げられていたが、同時に彼は、芸術形態の「永遠化」という課題を意識するようになり、被覆の素材、組み立て・取り付けの方法、そのための工法の詳細な検討に進むのである。

その結果、彼は、かなりの厚みをもった石板を同じく恒久性のある金具で固定する被覆方法に到達した。たとえば、ウィーン郵便貯金局では、二階までの外壁は花崗石のプレートで、三階以上は白大理石のプレートで被覆し、しかも鋲《びょう》留めの表

写真 10-13. ウィーン郵便貯金局、ヴァーグナー、1904-06 年

写真 10-14. 同、中央窓口ホール

写真 10-15. 同、外壁の被覆

写真 10-16. アム・シュタインホーフ教会、ヴァーグナー、1905-07 年

写真 10-17. 同、外壁の被覆

現とした。最上階には黒色のガラス・プレートを張る。金属部分はアルミニウムを使い、鋲も外に出る頭部はアルミニウムとする。ガラスも含めてどの被覆材も耐候性があり、入手と施工が容易であり、コストの抑制が可能と彼が考えた素材である（写真10-13、10-14、10-15）。シュタインホーフ教会も白大理石のプレートで被覆されたが、ここでは金属被覆材として銅を選んでいる。窓枠の鉄ですら銅で被覆され、さらにドームの銅屋根は金箔で被覆された（写真10-16、10-17）。

ハーグの平和記念館（Friedenspalast）の第二案（一九〇六）（図10-6）とか、あるアメリカ都市を予定した「栄光の館（House of Glory）」案（一九〇七）（図10-7）などにも、同じ被覆の理念が現れている。

「近代建築」は芸術形態が生命であって、そこにこそ永遠性の理念、言い換えれば、理念の永遠性が求められる。コンクリートや煉瓦の軀体が残っているだけでは、生き生きとした建築芸術は、もはや存在しない。幸い、「近代」という時代が

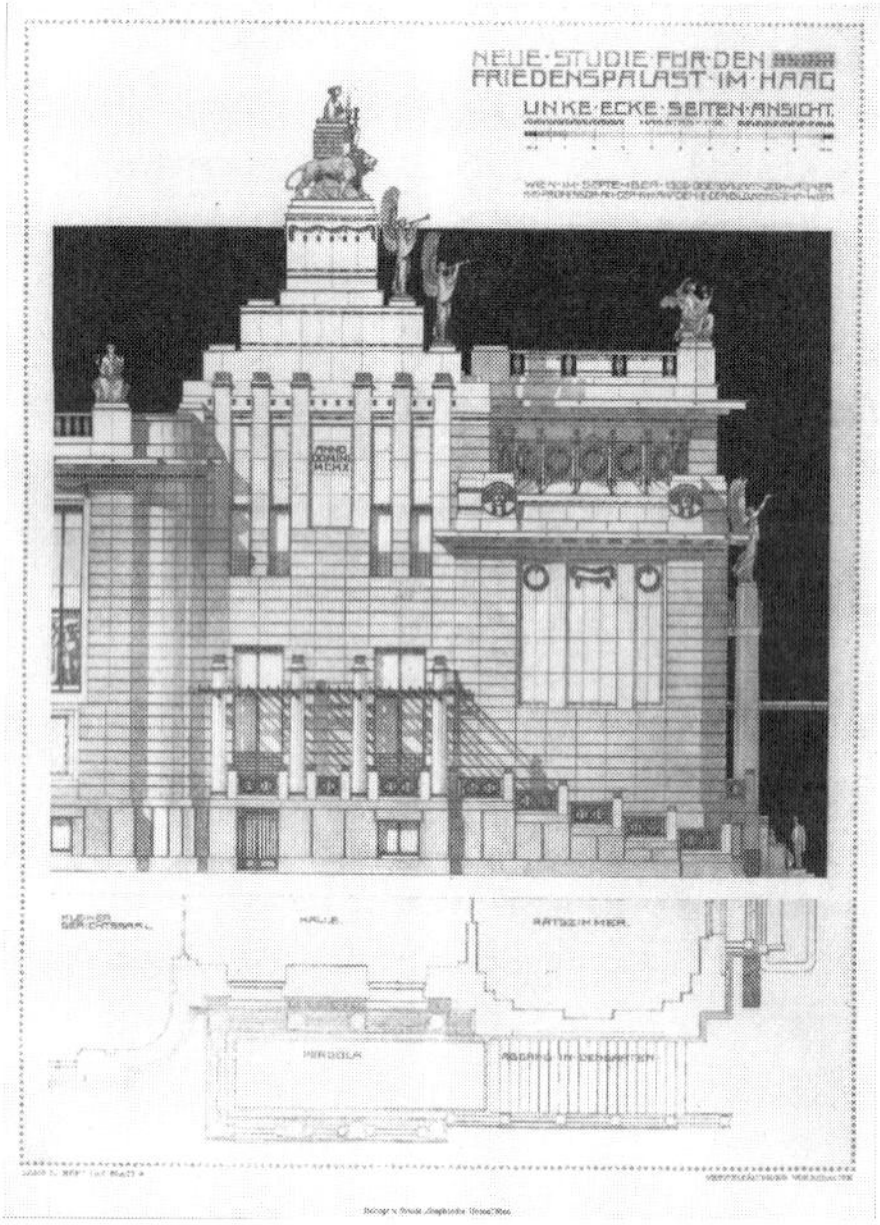

図 10-6. ハーグ平和記念館第 2 案、ヴァーグナー、1906 年

図 10-7. 栄光の館、ヴァーグナー、1907 年

ふさわしい素材も技術も提供してくれる。という具合にヴァーグナーは、観念から実践への回路を着実に辿っていったのである。

美の輝きの永遠性を求めるならば、当時の多くの記念碑のように煤煙にまみれた醜悪な姿を晒《さら》すことを防がねばならない。「文化」と呼ばれる記念碑計画案（一九〇九）（図10–8）では、ガラス製プレートで被覆して、水洗いなどで簡単に「洗浄」できることを彼は強調している。汚れを落とせて、陽光を受けてキラキラと輝きもする、まさにゼムパーがポリクロミーに見たような特性をもつ有色ガラスによる装飾は、ヴァーグナーの晩年の作品にしばしば使われて、その例として、ノイシュティフトガッセ四〇番の賃貸集合住宅（一九〇九—一一）（写真10–18）やヴァーグナーの第二ヴィラ（一九一二—一三）（図10–9、写真10–19）などを挙げることができる。

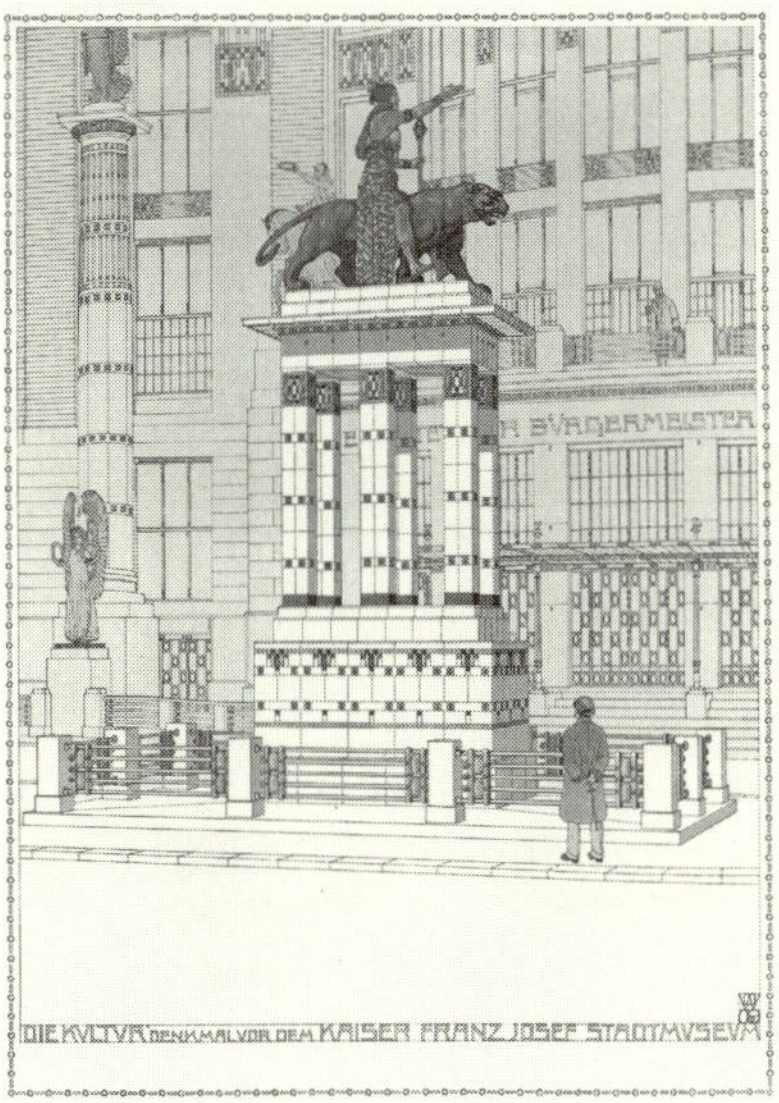

図 10–8. 記念碑「文化」計画案、ヴァーグナー、1909 年

写真 10–18. ノイシュティフトガッセ 40 番、ヴァーグナー、1909–11 年

図 10–9. 第 2 ヴィラ・ヴァーグナー、ヴァーグナー、1912–13 年

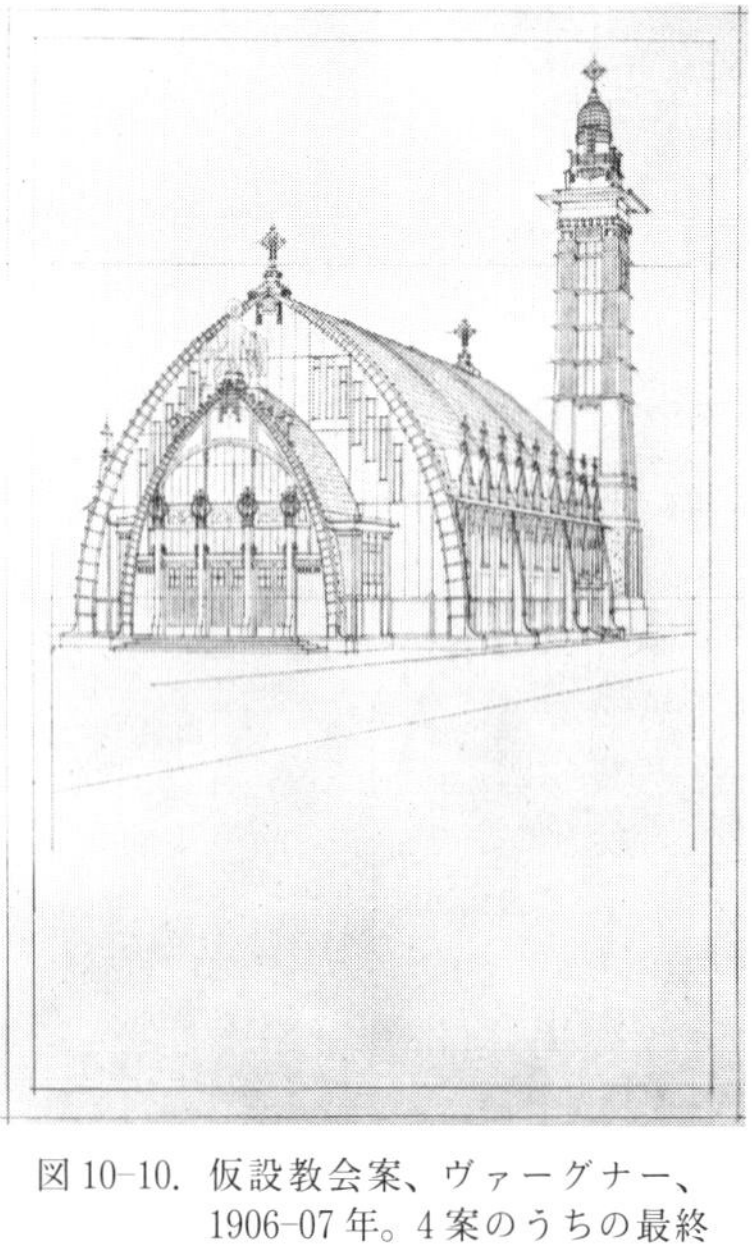

図 10–10. 仮設教会案、ヴァーグナー、1906–07 年。4 案のうちの最終案

写真 10–19. 同、玄関外観、ヴァーグナー、1912–13 年。玄関扉上のステンドグラスは、コーロ・モーザーのデザインによる

組み立て式の空間被覆

建築軀体を被覆する技術の発達は、建築空間を直接「被覆」することも可能にする。組み立てて、取り外しもできる空間境界（被覆）である。

ヴァーグナーは、一九〇六―〇七年にかけて、解体できる仮設的な建築としての教会「仮設教会（Interimskirche）」を四案も考えている。それぞれが架構形態を極端に変えて、彼が実現の可能性をかなり真剣に探っていた様子が、残された図面から窺われる（図10-10）。「究極の教会建築（definitiver Kirchenbau）」とも呼ばれたこの教会案が、どのような経緯で生まれたかは今のところ不明だが、時期的に見てあの二つの大作の設計を終えた頃のものと考えられるから、彼はさらに新しい領域への一歩を考えていたようである。

注記

（1）Otto Wagner, *Moderne Architektur* (Wien, 1896). Eng. trans. by Harry Francis Mallgrave, *Otto Wagner, Modern Architecture, a Guidebook for his Students to this Field of Art* (Santa Monica, 1988). 邦訳にオットー・ヴァーグナー『近代建築』（樋口清・佐久間博訳、中央公論美術出版、一九八五）がある。オットー・アントニア・グラフ編『オットー・ヴァーグナー―ポートフォリオ原寸復刻版』（文献社、一九九八）と川向正人監著『オットー・ワーグナー建築作品集』（写真・関谷正昭、東京美術、二〇一五）も併せて参照されたい。

（2）Otto Wagner, *Die Grosszstadt, eine Studie über diese von Otto Wagner* (Wien, 1911). August Sarnitz, *Realism versus Verniedlichung, the Design of the Great City*, in H. F. Mallgrave ed., *Otto Wagner, Reflections on the Raiment of Modernity* (Santa Monica, 1993) pp.85–112.

（3）ヴァーグナー『近代建築』七七頁。

（4）ゼムパーの建物は、ＥＴＨ本館ではファサードの二層構成に到達しており、ファサードの基礎階―主階―屋階という三層構成を崩す点で、決定的な影響を与えたと考えられる。

（5）ヴァーグナー『近代建築』七七頁。

（6）同一一、三七頁。

（7）Otto Wagner, *Einige Skizzen, Projekte, und ausgeführte Bauwerke, vol.1*（Wien, 1890）. *Sketches, Projects and Executed Buildings by Otto Wagner*（New York, 1987）p.17.

（8）Wagner, *Sketches*（1987）p.18.

（9）Ibid., p.17.

（10）Winfried Nerdlinger & Werner Oechslin, *Gottfried Semper 1803–79, Architektur und Wissenschaft*（Zürich & München, 2003）pp.295–97.

（11）ヴァーグナー『近代建築』一一頁。

（12）同三七頁

（13）同五六頁。

（14）同六頁。

（15）Karl Bötticher, *Die Tektonik der Hellenen*（Potsdam, 1844–52）.

第十一章　被覆／サーフェス—アドルフ・ロースから現在まで

ヴァーグナーとロース

オットー・ヴァーグナーが、どのようにゼムパーの様式論と被覆論を実践しつつ新境地に到達したかを、前章で見たところで、アドルフ・ロースは、どうだったのかを簡単に述べておきたい。

　被覆が施されるのは壁体の表層、すなわち壁面である。歴史主義の時代には、被覆を形づくるのは、古代ギリシア、ローマ、ゴシックなどの歴史様式を写し取った形態であって、それは全体としても部分としても、西洋建築史のキーワードである「装飾《オーナメント》」に他ならなかった。実際に建築家たちは、施主の注文に応じるために種々の歴史様式を細部にわたって正確に使いこなす技術力・表現力を身につけた。このような歴史主義に後押しされて、ゼムパーの被覆論は伝播力をもち、影響力も大きかった。

　十九世紀末にウィーンで建築家・建築理論家として活躍するロースは、エッセイ「被覆原理」（一八九八）の中で、ゼムパーの主張した被覆原理が「建築において最も重要な役割を果たす原理、建築家にとってのａｂｃともいうべき原理」になっていると書いている[1]。だが、「被覆原理」と題するエッセイの内容は、同時代の建築家たちの被覆に関する誤りを批判するものだった。被覆が内実を隠し、偽物《にせもの》の代用品をつくる口実になっているという批判だが、彼の批判はゼムパーの被覆原理そのものに向けられたものかと問えば、実はそうではなく、むしろ、その正しい解釈を教えるものだった[2]。

　ロース自身、実際の設計では、被覆に大理石を使って人気を博していた（写真11-1、11-2）。彼は、木のパネルを用いた格調高い被覆もインテリアに導入していた（写真11-3）。被覆は、人間の感覚に直接訴えかけるものであって、建築表現としてこうあるべきだという客観的基準があるわけではないので、審美眼を欠けば非常に安っぽくなってしまう。それは、ある作品を見て、それが芸術かあるいは全くその域に達しないものかを判断するのに似ている。現実に被覆がチープな偽物づくりの口実になっていることを批判し続けていたロースの場合、みずからの建築作品では徹底して、素材も技術も「本物指向」だった。

被覆が建築表現にいかに有効であるかを大理石・花崗岩などの板《プレート》を壁体の表面に貼って示したのは、オットー・ヴァーグナーだった。なんと言ってもヴァーグナーの功績は、あくまでも歴史様式の装飾形態を使おうとする歴史主義を脱して、近代にふさわしい新様式を創出したところにあるが、それが実現できたのも、彼が被覆原理の本質を捉え、さらに、大胆に

写真 11–1. ヴィラ・カルマ、ロース、1903–06 年。いろいろな色と文様をもつ大理石や金モザイクで被覆が試みられた楕円空間（玄関ホール）

写真 11–2. 同、白文様のある黒大理石やマホガニーの板で被覆された浴室。大理石もマホガニーも磨かれて光沢が出ている

それを実践したからだった。様式は一つの現象だが、どう現象するかを決するのは被覆である。この点に関しては、ゼムパーも、ヴァーグナーも、ロースも共通して、正確に被覆を理解している。マジョリカハウス（一八九八―九九）、ウィーン郵便貯金局（一九〇四―〇六）、アム・シュタインホーフ教会（一九〇五―〇七）など、ヴァーグナーが次々に生み出した名作は、いずれも被覆原理を最大限に活かしたものだった。ただし、マジョリカハウスやウィーン市電カールスプラッツ駅舎（一八九七―九八）では、その被覆材にバラや向日葵《ひまわり》の文様を象徴的に描き出す努力をしていたが（絵画的であって、それはゼムパーの言うポリクロミーの手法そのものだった。写真10―12）、二十世紀に入ってからは、大理石・花崗岩・アルミ・銅・ガラスなどの被覆材の繊細な組み合わせだけでファサード全体を構成するようになっている。つまり、ロースは最初からそうだったが、ヴァーグナーの場合は、二十世紀に入ると被覆材の表面に「絵画的に」文様を描かなくなったのである。

この被覆材の表面に絵画的に模様を描かないことは、ロース流の被覆が示す最大の特徴だった。ロースもまた、好んで大理石を被覆に用いたが、その大理石は有色であって大理石特有の文様が浮き出たものだった。ここがヴァーグナーと決定的

写真 11–3.　同、木による空間被覆が試みられたジュネーブ湖を望む図書室（書斎）

写真 11–4.　アメリカン・バー、ロース、1908 年

に異なる点だった。ロースは、大理石の表面を磨き上げて光沢を出すことを好んだ。光沢を出したほうが、大理石という素材を活かすからだ。しかも彼のデザインでは、いくつもの被覆材を繊細に組み合わせるヴァーグナーとは違って、大理石・木・鏡などが空間に及ぼす効果を尊重して建築の内でも外でも中心となる被覆材を絞り込み、複数の被覆材が互いに効果を打ち消し合わず、逆に最大限に効果を発揮するように努めている。ウィーンのアメリカン・バー（一九〇八）（写真11-4、写真11-5）、ロース・ハウス（一九〇九―一一）、紳士服飾店クニーシェ（一九一〇―一三）（写真11-6、写真11-7）、そしてプラハのミュラー邸（一九二八―三〇）（写真11-8）に至るまで、このデザイン手法は一貫している。空間に対して最大限に効果を発揮させることを意識しながら、文様のある艶やかな有色の大理石面を用いる点で、ミースのバルセロナ・パヴィリオン（一九二九）（写真11-9）やトゥーゲントハート邸（一九二八―三〇）（写真11-10）は、ロースの切り拓いたデザイン手法の延長上に立つものである。ただし、ロースと比較するとミースの場合は、薄い大理石板の被覆ではなく、無垢の大理石を厚板、あるいは一枚の壁のように使っている。

ロースは「装飾と罪悪」（一九〇八）を発表して装飾批判を展開し、「近代建築」への扉を一気に開け放った。このことによって国外にも名を知られ、ル・コルビュジエらの近代主義運動の先駆と見なされるようになった。だが、ロースが実際に設計した建築を見てみると、最後まで被覆を使い続け、歴史様式の装飾も、限定的にだが使い続けている。ロースは、古代ローマの様式形態を何気なく空間のどこかに使うことを好んだ。ロースが装飾批判を展開しつつ実際の設計では装飾を使い、被覆を批判しつつ被覆を用いているのは、矛盾しているように思われるかもしれない(3)。だが、ゼムパーの被覆論から十九世紀末のヴァーグナーやロースの実践を分析してみると、思想と実践との間にある一見矛盾と思えるものが、実はそうではないことが分かってくる。

これまで繰り返し述べてきたように、理念とかモチーフにしたがい有意味な一つの体系として装飾を用いたのが被覆である。だから突き詰めれば、被覆にも、その内部の個々の装飾形態にも、存在する意味があり必然性がある。決して建築家や彫刻家や画家の思い付きで恣意的に生み出されたものではない。しかも、大理石や木などの被覆素材の持ち味を最大限に活

写真 11–7. 同、1階から上階への階段に見られる桜材を使った空間被覆。大きな鏡張りのドアの後に店主のための小部屋がある

写真 11–5. アメリカン・バー、内観。大理石・木・ガラスなどの素材の組み合わせで、豊かで濃密な空間を構築している

写真 11–6. 紳士服飾店クニーシェ、ロース、1910–13 年。スウェーデン産花崗岩と桜材によるファサードの「空間的」造形によって人を内部に誘導する

写真 11-8. ミュラー邸、ロース、1928-30年。この大広間では、柱も壁も波紋のある緑がかった大理石によって被覆されている

写真 11-9. バルセロナ・パヴィリオン、ミース、1928-29年（1986年復原）。トラバーチンの基壇上を流動する空間は、多様な色と文様の大理石、灰色・緑色・白色・透明のガラス壁、縞瑪瑙（しまめのう）などの空間境界で秩序付けられ、クロム被覆の十字柱が水平屋根を支える

かすのは、ロースにとっても、建築家の果たすべき重要な役割の一つだった。

問題は、必然性がなく恣意的に装飾・被覆が施されることであり、しかも人を欺くために装飾・被覆が施されることだった。ヴァーグナーとロースとの決定的な相違点は、ここにある。ヴァーグナーもまた、装飾が恣意的であって良いとは考えなかったが、彼にとっては、壁面に芸術性を求め、絵画的に描き出す被覆方法も存在し得るものだった。ゼムパーと同様に彼にとっても、目指すのは彫刻・絵画・建築の統合であり、その成果が象徴的に現われるのが被覆の層だった。理念・モチーフによって初期形態を決め、より質の高い彫刻や絵画を積極的に導入して、それを新様式にまで昇華させるべきだと考えるのが、ヴァーグナーだった。

ロースは、意図を理解していたので直接ヴァーグナーを批判しなかったが、建築家・工芸作家などによって「創作される」装飾（その装飾のほとんどがロースには恣意的なものに思えた）が被覆となって建築の表面をおおう傾向を強く批判したのである。

これは「理念」とか「モチーフ」に立ち返り、種々の「条件」に応え、結果として「現象」するというゼムパーの被覆原理をいかに忠実に実践するかという問いに帰着するものだった。この問いを深めることによってヴァーグナーも二十世紀に入ると、前述のように、被覆を絵画や彫刻によって創作し「総合芸術作品」としての建築を目指すという十九世紀的でロマン主義的でもある思考から離れていく。このようなプロセスを辿りながらヴァーグナーとロースによって、二十世紀に入って新しく誕生してくる「近代建築」の中核に、被覆原理が批判的に継承され、そして組み込まれていったのである。(4)

サリヴァンとライト

二十世紀になって新しく誕生してくる「近代建築」の中核に被覆原理を批判的に継承して組み込む役割を果たした建築家として、オランダのベルラーへを挙げなければならないが、ウィーン以外の動きとして、ここでは、ゼムパーも求めていた「有機性」をさらに探究して被覆原理をより展開させたアメリカのサリヴァンとライトを見ていきたい。

写真 11-10. トゥーゲントハート邸、ミース、1928-30 年。居間ではバルセロナ・パヴィリオン同様に、縞瑪瑙・黒檀・ガラス・絹カーテンなどが空間境界に使われ、必要最小限の断面の十字柱にはクロム被覆が施されている

写真 11-11. ギャランティ・ビル、サリヴァン＆アドラー、1894-95 年。サリヴァンは当時彼の標榜していた「装飾的構造体」の概念に従って、金銀細工のように繊細な有機的文様の装飾で建物外部の全体を覆っている

被覆原理は、アメリカでもシカゴ派の建築家たちの間に多くの賛同者を得ていた。その中でもサリヴァンは、被覆として素晴らしく繊細な有機的装飾を生み出し、彼の手にかかればオフィスビルも百貨店も建築芸術に仲間入りした（写真11-11）。被覆原理のアメリカ移入の背景には、ドイツ・オーストリアからの移民がつくるドイツ系コミュニティの存在があった。単に被覆らしく見えたのではなくて、ゼムパーの被覆論がドイツ系移民によって積極的に移入され、アメリカで実践されたのである。[5]

写真11-12．S. フリーマン邸、F.L. ライト、1923年。ゼムパーの被覆論の影響を示すテキスタル・ブロックの壁

アメリカ建築に関してさらに注目すべきなのは、サリヴァンとライトの活躍によって、この新大陸にヨーロッパの旧世界以外の、もう一つの二十世紀建築運動の核が生まれたことである。一九一〇―一一年には、ベルリンのヴァスムート社からライトの作品集が刊行されて、すでに指摘されているように、当時のヨーロッパの建築家たちに強い刺激を与えた。世界の建築界をリードする運動・概念・理論がアメリカから発信されるようになったのである。私たち日本人も、ライト建築の影響力がどれほど強かったかをよく知っている（写真11-12）。師であるサリヴァンとの関係がサーフェス（表面、surface）を巡って簡潔に書かれているライトの『自然の家』（一九五四）から、次の一節を引用しておきたい。

「眼にすることができたのは、ただ我が愛する師の装飾だけだった。そのことを装飾以外のやりかたで建物に導入する道筋は、まだ発見されていなかったのだ。だが、いまやその特質は、私がつくる建物へと取り込まれ、その線や表面の表現となって、眼に見える形になった。あなたの手をご覧になっていただきたい。ひとつずつ区切られつなぎ合わされた骨とは対照的に、それを一体的に包み込んでいる表面。そこにこの特質があらわれているのを見ることができるはずだ。この理念は、建物の表現へと深まるとともに、まもなく次なる自覚的前進へとつながり、新たな美学を体現する形へと歩を進めた。私はそれを連続性と名付けた（この特質は「折れ曲がりつつ連続する面」によくあらわれている）」[6]。

この文章でも特に、建築の特質が「その線や表面の表現となって（略）一体的に包み込んでいる表面」に現れ、それが「次なる自覚的前進へとつながり、新たな美学を体現する形へと歩を進めた」という下りを読むと、オットー・ヴァーグナーが十九世紀末に探求していた新様式としての「近代建築」の本質が、ライトにも正確に理解されていたことが分かるであろう。もう一人、「近代建築」の特質が表面（サーフェス）にあることに着目した人物がいた。アメリカの建築史家・建築評論家のヘンリー＝ラッセル・ヒッチコック（Henry-Russell Hitchcock, 1903–87）である。そのヒッチコックは、一九二〇年代には国際的な様式になりつつあった、ヴァーグナーの言った「近代建築」に関する大規模な建築展覧会の企画に加わる。

インターナショナル・スタイル

ヒッチコックたちの建築展は、壁面と被覆に関する二十世紀の動きを辿るうえでメルクマールとなるものだった。一九三二年のニューヨーク近代美術館での建築展「近代建築（Modern Architecture）」開催と同年の『インターナショナル・スタイル――一九二二年以降の建築』の刊行である。「インターナショナル・スタイル」の概念をつくったのはディレクターのアルフレッド・バー（Alfred H.Barr, 1902–81）だったようだが、実際に展示内容を固めたのがヒッチコックと、もう一人のアメリカ人、建築家・建築評論家のフィリップ・ジョンソン（Philip C.Johnson, 1906–2005）だった。ここで問題になっているのが「様式」だということに注目していただきたい。バーは、同書の序文を次のように書き出している。

「ヒッチコック氏とジョンソン氏は、古典期あるいは中世に対して通例払われるような学問的注意と批評的厳密さをもって、現代建築を研究した。本書は彼らの結論を表明したものであるが、それは私から見ると並々ならぬ、おそらく画期的な重要性をもつもののように思われる。というのは、いかなる筋の通った疑問も超えて、過去のいかなる様式にも匹敵する独自性と一貫性と論理性と広域性をもった近代様式が、今日存在することを彼らが証明した、と私は信ずるからである。著者たちはそれをインターナショナル・スタイルと呼んだのである[(7)]」。

この新様式に顕著な美学的原理が、三つ挙げられている。その第一原理が「ヴォリュームとしての建築」だが、このヴォリュームとしての建築が成立するには「外側に連続的な被覆」が必要である。まさにゼムパーが、壁体と壁面を区別した時と同じ論理で、次のように説明される。

「現代の建設方式は籠、つまり支持体骨組を現出させる。（略）天候からの保護のために、この骨組はなんらかの方法によって壁で囲われる必要がある。伝統的な組積造においては、壁はそれ自体で支持体であった。いまや壁は、支持体の間にスクリーンのように嵌め込まれ、あるいはそれらの外側で貝殻のように支持される、単なる従属的要素となった。このようにして建物は、その内側に強い支持体をもち、外側には連続的な被覆（a continuous outside covering）をもつ船か傘のようなものになった[(8)]」。

このヴォリュームを包む被覆について、章題を「表面をつくる素材（Surfacing Material）」と改めて、同書の説明はさらに続いていく。ここでは、構造体の表面に貼る被覆が問題ではない。中身がヴォリュームで、そのヴォリュームの周囲に皮膜として張られる被覆が問題なのである。ゆえに、偽りの構造体を表現する恐れはないが、その被覆の素材そのものを活かすことが、ロースの場合と同様に何度も強調される。「表面自体の実際の素材こそが、きわめて重要なのである」と強調して、続けて、次のように表面のつくり方が説明される。

「いかなる種類のプレート張りにおいても、表面ができるかぎり分断されないで接合されることが重要である。さらに、表面をざらざらにすることは、壁面全体の連続性を強調するようになされるべきであって、過去におけるようにシンメトリー状のパターンを生み出すために用いられるべきではない。表面が凹凸のない平坦な面であることも重要である。さもなければ、効果はピクチャレスクとなり、全方向にわたる等しい緊張が破壊されてしまう。（略）窓はその性格において独立のものであるべきだが、表面全体の一体感を引き裂いてはならない(9)」。

そして、第二原理に「規則性」、第三原理に「装飾付加の忌避《きひ》」が挙げられている。窓のあけ方も重要であって、できるだけ壁面の平滑な面としての一体性を壊さないように窓を穿《うが》つべきことが強調されている。

菊竹清訓の「か、かた、かたち」

理念・条件・現象という三段階で構成された理論が、時代の変化にともなって、それぞれの建築家によって特有の解釈をされているのを見てくると、そこで見逃せないのは菊竹清訓（一九二八―二〇一一）の三段階理論である。

菊竹自身は「か」を「構想（理念）」、「かた」を「技術」とか「条件」、「かたち」を「形態」とか「現象」として説明している。また、「か」から「かた」へ、そして「かたち」に向かうのが設計の実践のプロセスであり、逆に「かたち」から「かた」、そして「か」と向かうのが認識のプロセスだと説明する(10)。この点では、理念、条件（技術）、そして現象によって自らの様式論・被覆論を実践論として構築したゼムパーと、基本的に同じである。

「か」は、「かた」を媒介として「かたち」に至るプロセスの原点であり、すべての現象の「根原」と呼んでよい。菊竹は、この「か」で新しい普遍的機能が発見できると言っているが、それは「機能」というよりは、誕生すべき建築とか空間の「理念」とか「モチーフ」と呼ぶべきものであって、ゆえに、それは図式化できず、ただ言葉によってのみ表現可能なものである。

　たとえば菊竹は、出雲大社の庁《ちょう》の舎《や》（一九六三）（写真11-13）を設計する場合に、設計条件として通常示される機能の他に、「か」に立ち戻って、神域を照らす「あかり」とか、出雲大社本殿を倉として庁の舎を「稲掛《いなか》け」として着想するに至った状況を、次のように説明する。

「日本建築における空間的実体は柱と床であり、壁はない。柱と床の構造をどこまでも詰めていくと、その奥に「いなかけ」が浮かんでくる。「あかり」であり「いなかけ」であるべきだとする判断は、けっして出雲にのみ言えることではない。広く、一般的に言えることであり、普遍的機能につながるものをもっていると言える(11)」。

写真11-13. 出雲大社庁の舎、菊竹清訓、1963年。稲掛けをモチーフにした側壁の内観

「いなかけ」とは現在でも日本の各地で、たんぼの中や倉の軒下などに設けられる、刈った稲穂を束にし、穂を下にしてかけておく仕掛けのことで、菊竹は理念として、モチーフとして、この「いなかけ」を着想したのである。

　ゼムパーの「理念・モチーフ、条件、現象」という様式と被覆を巡る三段階の実践論を知ったときに、筆者がまず思い出したのが菊竹の「か、かた、かたち」の三段階方法論であった。この両者に関して、「理念・モチーフ」が「か」に、「条件（素材・技術・道具など）」が「かた」に、そして「現象」が「かたち」に対応することに、異論を唱える者はいないであろう。

このゼムパーと菊竹の方法論のように、機能や構造といった建築の「物」としての仕組みに関する議論とは異なる、幅の広い宇宙・自然・歴史文化・人間心理などに発する「理念・モチーフ」からアプローチする方法論の登場によって、プロセスだけではなく最終的に得られる建築現象（被覆、様式）すら一変してしまうことは、一九八〇年代以降の現代建築が証明している。特に、この新しい動きを顕著に示すのがスイスと日本の現代建築であって、日本国内にあって思想でも実作でも中心となってきたのが伊東豊雄（一九四一―）である。

「か」あるいは「理念」から流動的な一体空間へ

ゼムパーの「囲い」「被覆」は構造から自立し、純粋に空間を分離したり接続したりする建築思考を可能にするものである。「理念・モチーフ」の次元で、特定の機能や構造に束縛されずに、本当に必要な、そこに真に存在すべき空間を自由に発想する。そもそも、理念の次元で直観を活かして原型《タイプ》とか基本形態（あるいは初期形態）を決めなければ、条件の段階に進めない。条件のない議論はまさに抽象的な議論であって、その抽象的な議論ばかりではこの後の展開がない。ゼムパーが繰り返し強調するのは、理念・モチーフ⇓条件⇓現象と進むプロセスの重要性であった。

菊竹が目指すのも、狭義の機能や構造の制約を超えた空間のあり方であり、もし敢えて機能という概念を使うならば、目指すべきは「普遍的機能につながるもの」であった。菊竹は筆者との対談で、一九六〇年頃の機能主義的方法論を克服することが「か、かた、かたち」の方法論探究に至った最大の理由であることを強調した。

「私は機能さえちゃんと押さえれば〈かたち〉は出来ると思って、そう信じて機能主義の勉強をしてきましたから、一生懸命、ここは何に使いますか、どう利用されるのでしょうか、と宮司様に訊きます。ところが、宝物館だとか、ある一つの儀礼をやる建物だとか、あるいは、宮司さんの居間に相当するものだとか、来訪される方、ＶＩＰ用の応接スペースだとか、行く度、訊く度にどんどん変わるのです。これは、機能は非常に変化するものだということを教えられているのかもしれない。だとすれば、設計の方法を根幹から変えなければならない。何を頼りに設計すればよいか[12]」。

この菊竹事務所に在籍した時代に、構想を練る「か」のグループに所属した伊東は、機能に「部屋」を割り当てるのではなく、「か」から境界が曖昧なままの空間へと直に進んでいく方法論を考えていた。著書『透層する建築（Blurring Architecture）』（二〇〇〇）で伊東は、この種の空間境界を曖昧にすることを意味するblurという英語表現をタイトルに取り入れた経緯を説明しつつ、機能毎に個々の部屋を割り当てるだけの現代の公共施設を、以下のように批判している。

「既に述べたように現代の公共施設は、分割され、完結した〈部屋〉を羅列する。閉ざされれば閉ざされるほどコントロールしやすし、特定の機能に対する性能を確保しやすいからである。開いて境界を曖昧にすれば、それだけ管理しにくくなるのである。それは「部屋」に限らず「建築」という単位についても全く同様である。その結果現代都市には完結した建築が並列し、相互に全く脈絡のない外部が露呈されている。（略）〈Blurring Architecture〉はそうした内部―外部の関係を多少なりとも曖昧でルーズにしていこうとする試みである[13]」。

境界が曖昧にされるのは、同じ階にある空間同士だけではない。上下の階も、外と内を隔てる外周壁も、その全てをblurringすることについて、彼は〈せんだいメディアテーク〉（写真11-14）を例に、次のように説明する。

通常のオフィスビルのように上下は無関係なのではなく、チューブの介在によって視覚的にも、聴覚的にも、また垂直交通の空間としても相互に関係づけられる。（略）フロア相互はBlurringなのである。さらに外皮としてのスキンも、先に述べたように個の建築を表現するのではない。現実に立つ建築は敷地という物理的制約の下で領域を限定されざるを得ないのだが、本来それは無限定に

写真 11-14. せんだいメディアテーク、伊東豊雄、1995–2001 年。編み物のように見える鋼管を組んだチューブが何本も、床スラブの穴を突き抜ける

拡張されるべき空間システムで成立しているのである。外皮はその現実的な仮囲いの表現でしかない」[14]。

「外皮は仮囲いの表現でしかない」というのは衝撃的だが、正鵠をつく表現であって、伊東の建築では、かつての機能主義建築のように「外皮は内部機能の現れ」とはならない。彼の建築では、相互に間仕切られない「流動する自由な空間」が、敷地境界のところで切断されて突然に終わる。外皮は、その内外の境界に現われる仮囲いに過ぎず、あるいは伊東がよく言うように、「切断面そのものが外皮の表現となる」のである。

伊東の求める、間仕切りで分断されずに自由に流動する空間のあり方は、住宅でも公共施設でも機能毎に間仕切って種々の部屋の寄せ集めにしてしまう近代の機能主義を、徹底的に批判するところから生れてきたものだった。それは、中野本町の家（一九七五—七六）（写真11-15）で姿を現し、一九九〇年代には下諏訪町立諏訪湖博物館・赤彦記念館（一九九〇—九三）、せんだいメディアテーク（一九九五—二〇〇一）などで急速に顕在化していき、まつもと市民芸術館（二〇〇〇—〇四）（写真11-16）、台中国立歌劇院（二〇〇五—一六）では、さらに意識的に探究されている。伊東は、みずからの建築に顕在化してきたこの内向性の強い流動空間を、「洞窟」「子宮」「森」などのメタファを使って説明する[15]。

だが、その流動空間を敷地境界で切断した場合、内部が剥き出しの状態で終わるわけではなく、切断面には「外皮」、ゼムパーの表現を借りれば、「被覆」が設けられる。その際、同じ「被覆」でもゼムパーの建築とは対照的に、決してモニュメンタルなファサードとはならず、単なる切断面か仮囲いのように実に素っ気ない表現に抑えられているのが、伊東の建築の特徴でもある。

その伊東の建築にも、「外皮」すなわち「被覆」が、自立するファサードとなって、外に向かって何かを表現するタイプがある。流動する内部空間を、なんらかの表現を意図されたファサードで囲い込むタイプであって、このタイプには、まつもと市民芸術館（写真11-17）の他に、TOD'S 表参道ビル（二〇〇二―〇四）（写真11-18）、MIKIMOTO Ginza2（二〇〇三―〇五）（写真11-19）などがある。

写真 11-15.　中野本町の家、伊東豊雄、1975-76年。U 字形平面の白一色の流動的な空間

写真 11-16.　まつもと市民芸術館、伊東豊雄、2000-04 年。流動する内部空間

写真 11-17. まつもと市民芸術館、既存の市街地に面する壁面は湾曲し、そこに配された大小のガラスをはめ込んだ穴が独特の表情を生んで、見る者を楽しませ、そして癒す

写真 11-18. TOD'S 表参道ビル、伊東豊雄、2002-04 年。表参道のケヤキ並木をパターン化した被覆は構造体でもあり、床スラブはこの被覆に支えられる。コンクリート面とガラス面が同一で、被覆は一つの面となって周囲を巡る。伊東が言う「楽しい建築」の例

現代建築における被覆の復活—人間疎外の克服

スイス現代建築でも、聖ベネディクト教会（一九八七—八九）、キルヒナー美術館（一九九一—九二）（写真11-20）、バーゼル・シグナルボックス（一九九四）（写真11-21）、ヴィンタートゥア美術館増築（一九九五）（写真11-22）などで被覆が復活してくる。できるだけ同一の素材・技術・細部形態を反復使用することによって、その被覆は、連続的で、分断されず一体的で、凹凸のない面《プレーン》となっている。近代の機能主義建築のように、機能に対応する多様な空間が寄せ集められて凹凸の激しい輪郭になった場合には、この種の被覆によって、その全体が包み込まれる。その結果、壁も屋根も薄く軽やかな皮膜と化し、その建築と周辺環境との関係が、皮膜の素材・色彩・形態などによってストレートに表現される。

『インターナショナル・スタイル』で一度、原理にまとめられた被覆／サーフェスが、ペーター・ツムトー（Peter

Zumthor, 1943–）、ヘルツォーク（Jacques Herzog, 1950–）＆ド・ムーロン（Pierre de Meuron, 1950–）、ギゴン（Annette Gigon, 1959–）＆ゴヤー（Mike Guyer 1958–）らによって、新しい素材・技術・形態を用いて再生されたわけだが、彼らが望むのは、被覆／サーフェスが「直接的な経験の場」となり「視覚的・触覚的な喜び」をもたらすことである。それは、まさにゼムパーの被覆原理の復活に他ならないが、現在、この動きの中心にあるのがチューリヒのＥＴＨ（スイス連邦工科大学）であることも、ゼムパーと創設当初のこの大学との結びつきと無関係ではないであろう。(16)

写真 11–19.　MIKIMOTO Ginza2、伊東豊雄、2003–05 年。鉄筋コンクリートの構造体でもある被覆に、ランダムに穴があけられ、その不思議な表情が見る者の心を和ませる

写真 11–20.　キルヒナー美術館、ギゴン＆ゴヤー、1991–92 年。リズミカルにサッシュ割されたフロスト・ガラスで全体が被覆され、要所で透明ガラスにして眺望を取り入れる

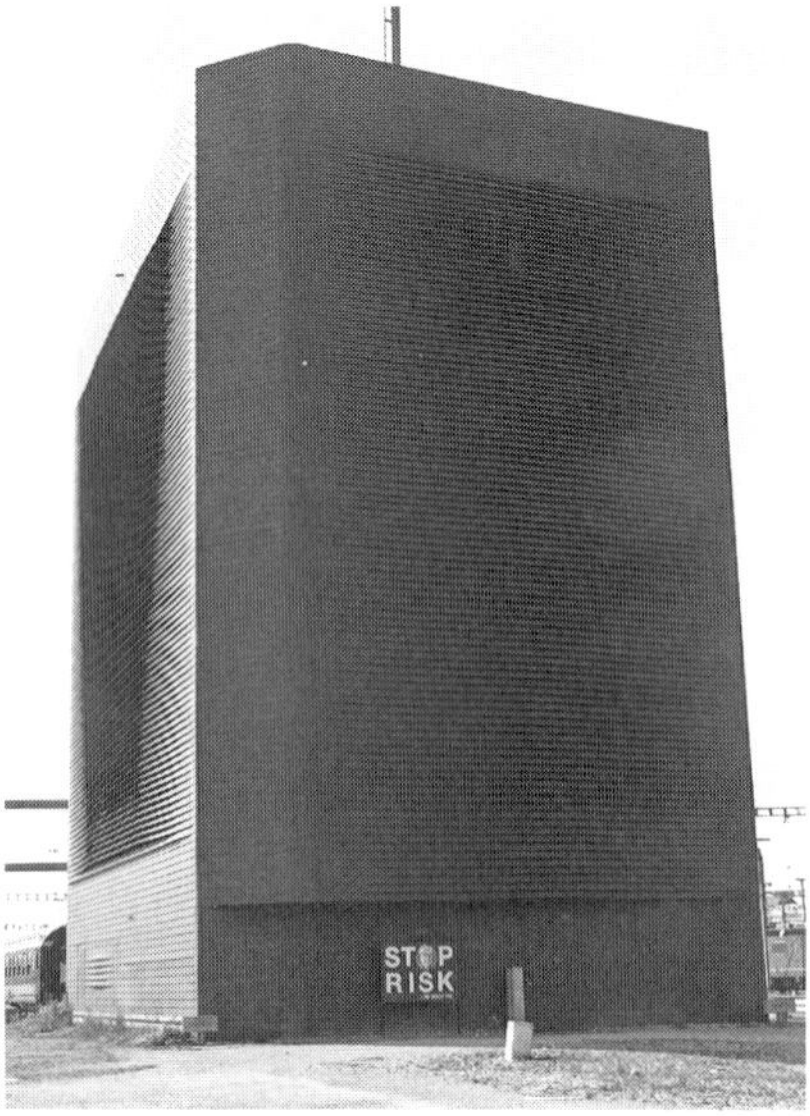

写真 11–21. バーゼル・シグナルボックス、ヘルツォーク＆ド・ムーロン、1994年。バーセル駅構内のポイントや信号を切り換える信号所で、内部の空間・機器が幅20センチほどの銅板のボックスで被覆されている。銅板の角度が変えられているため、見る位置によって全体が異なる表情を示す

写真 11–22. ヴィンタートゥア美術館増築、ギゴン＆ゴヤー、1995年。キルヒナー美術館と同様に、ガラス被覆に特徴がある。駐車場となる1階は、換気スリットを取りながら細幅のガラスを連立させて、半ば閉じ、半ば開く。2階の展示空間は鉄筋コンクリート造だが、ガラスで被覆することで、汚れが洗い流されて常に輝きを保っている

我が国でも、一九九〇年代以降、既に述べた伊東の例に限らず、壁も屋根も薄く軽やかな被覆／サーフェスとなり周辺環境との関係を素直に表現する建築が次々に誕生している。それはまさに、被覆／サーフェスが「直接的な経験の場」となり「視覚的・触覚的な喜び」となるような建築である。たとえば座・高円寺（二〇〇八）などが良い例で、伊東は、直接的な経験と喜びとなる場をつくることの重要性を、「流れの中の杭と渦」に準えつつ、以下のように説明する。

「建築を、水面に立てる杭ではなく、杭の後ろにできる渦そのものとして捉えるような考え方を試そうとしていたとも言えます。（略）今でも建築家は、建築は杭をつくるものだと言う人が多いと思いますが、渦は絶え間なく形が変わりますが、周りの流れといつも相対的な関係を維持している。流れそのものとも若干違います。そういう渦のような建築がつくれないかと、あの頃考えていました(17)」。

われわれが建築に真に望むのは、直接それを経験できて、五感で楽しみ、喜びとする「渦」そのものの方であって、「杭」の方ではない。「渦」という現象は、流れと相対的関係を維持しながら絶え間なく変化するが、変化にも原理・法則があって、それを捉え現代の素材や技術を用いて、望むものを現象させることは可能である。原理・法則を捉え、時代の素材・技術を適切に用いれば、「渦」にあたるものを現象させることができる。ゼムパーが指摘したのも同じことであり、十九世紀末のヴァーグナーもまた、それを理解し実践しようとしたのだった。

だが、いつの時代でも圧倒的多数の建築家たちは、伊東の言葉を借りれば、「渦」ではなく「杭」をつくることが自分たちの仕事だと思い込んでいる。彼らにとっては、「渦」のような現象は二次的で付随的に発生するものであって、決してそれ自体が主題にはなりえない。

結果として、建築家のほとんどが、人が何を感じ、何を思い、何を記憶に刻むかということに正面から取り組まず、実のところ、その術《すべ》を知らない。一九七〇年代にモダニズム建築、あるいは機能主義建築が形骸化し、建築がもはや人々の望むものに応えられず人間疎外の状況に陥った後、その状況を克服しようという動きが徐々に出始める。改めて十九世紀、特に

写真 11-23. RISE、北川原温、1986 年。外部にも内部にもドレープをモチーフとする被覆が多用される

写真 11-24. 海の博物館、内藤廣、1992 年。耐久性・コスト・塩害の対策としての瓦屋根や板壁、雨・潮風に対する地形・庇・植栽など、「被覆」が幾重にも施されている

一八三〇年頃から六〇年頃を振り返ってみると、ゼムパーの被覆論は同じ問題に正面から取り組み実践するためのものだったのではないか。この十九世紀半ばのゼムパーの取り組みと、一九八〇年代、九〇年代と進むにつれて広がるスイス・日本の現代建築での被覆への取り組みが、筆者には重なって見えてくる。

日本における例としては、伊東の一連の建築の他に、青木淳（一九五六—）の雪のまちみらい館（一九九九）、ルイ・ヴィトン表参道ビル（二〇〇二）、白い教会（二〇〇六）、北川原温（一九五一—）のＲＩＳＥ（一九八六）（写真11-23）、Metrotour（一九八九）、INVINCIBLE 2（一九九二）、ビッグパレットふくしま（一九九八）、不知火文化プラザ（一九九九）、稲荷山養護学校（二〇〇七）、赤坂フェニックス（二〇〇八）、早稲田社会教育センター（二〇〇九）、内藤廣（一九五〇—）の海の博物館（一九九二）（写真11-24）、島根県芸術文化センター（二〇〇五）、隈研吾（一九五四—）の川／フィルター（一九九六）、安藤広重美術館（二〇〇〇）、石の美術館（二〇〇〇）、ONE表参道（二〇〇三）（写真11‐25）、妹島和世（一九五六―）の鬼石多目的ホール（二〇〇五）、犬島「家プロジェクト」（二〇一〇）（写真11‐26）、SANAAの飯田市小笠原資料館（一九九九）、ディオール表参道（二〇〇三）（写真11‐27）などが挙げられる。[18]

現代建築における伊東豊雄、隈研吾、妹島和世そしてSANAA、青木淳、北川原温、内藤廣たちが被覆／サーフェスに着目する動機は、ゼムパーが「囲い」すなわち被覆／サーフェスに着目して、それが建築の第一の構成要素だと主張した時

写真 11‐25. ONE 表参道、隈研吾、2003 年。スラットによる被覆を都市的スケールで展開した例。機能的に発生する小さな建築ヴォリュームの複雑な集合と、都市のスケールに合わせた大きくシンプルなファサードを対比する

写真 11‐26. 犬島「家プロジェクト」、妹島和世、2010 年。大小の花模様が展開する、民家の家並みにスケールを合わせたアクリル壁面（被覆、空間境界）だけで、かつての集落の祝祭的現象が再現されている。ある「現象」を建築的に、かつ直に視覚化した典型

写真 11–27. ディオール表参道、SANAA、2003 年。建築の内部に広がる世界を既存の「様式」「シンボル」に頼らず、ロースに似て、奥行きのある斬新な「被覆」で都市に向かって表現する。それは、ゼムパーやヴァーグナーが求めたものの実現でもある

のものと驚くほど似ている。つまり、時代の変化の中で人間を疎外したものへと建築が変質していることに対する抵抗が、両者に共通する動機である。本来、人間が見て触れて楽しみ、癒され、心地良さを感じ、また、他の人々と共に同じ体験をすることで喜びを得る場として、建築はある。被覆／サーフェスとは、見て、触れて、包み込まれるという直接的な経験の場に他ならず、人は、そこで視覚的・触覚的な喜びを感じる。建築に限らず彫刻・絵画・工芸品をつくる場合も、逆に規模を大きくして、まちづくりに取り組む場合も、そこに、この種の直接的な経験とそれに伴う喜びという、きわめて人間的な動機が働いているはずである。

ところが、二十世紀に入ってモダニズムが展開するにつれて、ゼムパーやヴァーグナーらが唱え、そして実践した被覆／サーフェスの思想と手法は、途中で「インターナショナル・スタイル」に関連して再評価されるものの、形骸化の一途を辿った。無意識のうちに、建築の思考と実践から「視覚的・触覚的な喜び」とか「直接的な経験の場」を求める人間的な動機が排除されて、効率良く生産でき、物として丈夫で、使い手の思いとは無関係に長持ちするような素材・技術が幅を利《き》かせるようになっていったのである。被覆を導入するにしても、錆びないようにペンキを塗るとか、コンクリート壁を守るためにタイルを張るといった類のものでしかなかった。木・土・茅・紙などの人にやさしい自然系素材やその技術が、建設の現場から排除されていく。前述のように建築家の関心は、しっかりと倒れない「杭」を立てることに向かい、「渦」そのものは関心

外という状況が広がっていった。

青木淳の表現を借りれば、ガラスやアクリルの透明性は素材として、物自体の透明性であって、それは「建築（芸術）」という行為がなくても既に存在するという意味で「建築以前」の、「リテラルな（字義通りの）」透明性である。それに対して、素材・技術を駆使して「建築」によって現象として生み出されるものは、「フェノメナル（現象的）な」透明性である。(19)

写真 11-28. ひたち野リフレ、妹島和世、1998 年。一つの大きな平面となったガラスルーバーで構成されるファサードだが、ガラスを二重に使った個々のスラットが陽光や周囲の風景を複雑に透過・反射して、後のディオール表参道につながる、多様で、かつ厚みと深みをもって現象する被覆／サーフェスとなっている

フェノメナルな透明性は同じ透明性でも、適度に条件設定を変えて、微妙な差異を伴う多様な透明性を生み出すことができる。こうして、人間の求めに繊細に対応する建築が登場してきた。それは一種の革命と言えるほど、建築のあり方に大転換をもたらすものだった。

たとえば、妹島、あるいは彼女が西沢立衛（一九六六―）とユニットを組んだＳＡＮＡＡの建築が、この新しい「建築」が誕生するプロセスを分かり易く示している。妹島の建築は、ガラスを多用して、モダニズム建築の透明空間をそのまま継承したように思われようが、銀座の大通りに面した商業施設のファサードを改修したオペーク・ギンザ（一九九八）では、透過・反射率が微妙に変化する大きなガラス面でファサード全体を被覆し、さらに、組み込んだ照明によって被覆全体が柔らかく発光する。ひたち野リフレ（一九九八）（写真11-28）になると、ファサードの全面がガラスルーバーの被覆となり、時間や天候によって表情が変化する。

SANAAのディオール表参道においては、ガラスの内側にドレープ状のアクリルを重ねたものが被覆に柔らかい厚みと深さを加えて、エレガントなドレスのようなイメージが生み出されている。単なる外皮に終わらず、ファサード自体が厚みと深さをもつヴォリュームとなり自立したイメージを帯びて、建築化されているのである。[20]

これが青木淳のいう「フェノメナルな透明性」であって、ガラスやアクリルという素材自体の持つリテラルな透明性を超越している。素材の状態では厚いガラスとアクリルの物質的存在感しか、そこにない。ところが、そこに折り曲げたり組み立てたりする建築的な操作が加わることで、あるイメージをともなう自立したヴォリュームが生まれ、そこにあるはずの、建物と周辺環境とを切断する境界面が消えている。むしろ、この厚みと奥行きのあるヴォリュームとしてのガラスとアクリルの被覆で、建物の内と外が一体的につながれたとも言えるであろう。切断ではなく接続して、被覆が建築自体のみならず周辺環境をも生き生きと華やいだものに変えてしまう。それほどの効果を生んだ例を過去に求めるならば、ヴァーグナーのあのマジョリカハウスであろうか。

構築された世界としての被覆―再び、テクトニクへ

あるイメージを伴う自立したヴォリュームとして被覆を現象させる、「折り曲げたり組み立てたりする建築的な操作」。それによって、被覆は、建物内部に広がる空間とも建物外部に広がる空間（自然、あるいは都市空間）とも恐らく原理・法則を共有するようになり、実体は建物の内外を分断する外皮であるにもかかわらず、見かけ上はその外皮が存在せず内外が連続しているかのように感じられる。つまり被覆が、「物自体VS現象」とか「実体VS見かけ」といった素朴な二元論では捉えられないものになっているのである。

これが、伊東、SANAA、青木、隈などが探究し続ける被覆のあり方だが、改めて、ゼムパーの被覆論を思い起こせば、確かに一八五〇年頃は未だ、壁体（Mauer）と壁面（Wand）というように物自体と現象に分ける素朴な二元論だったように思われる。だが一八五〇年代の半ばから後半にかけて、彼は「テクトニク（Tektonik）」の概念を導入して、その素朴な二

元論の克服を図っている。装飾と世界秩序は一つであって、個々の装飾はすなわち世界秩序の現われでもあるという一元論への転換である。ゼムパーは「テクトニク」を次のように説明していた。

「テクトニクは、真の宇宙的芸術（kosmische Kunst）である。ギリシア語のコスモスは現在生きているどの言語にも同義語のないもので、世界秩序と装飾を同時に意味する。テクトニクな芸術像が示す、普遍的な自然法則とのハーモニーが、その装飾に他ならないのである。つまり、多かれ少なかれ意識的行為によって、人は装飾する対象に、自然の法則性を視覚化して浮かび上がらせるのである」（本書一七二頁）。

二十一世紀の現在では、ゼムパーのいう「装飾」を、過去様式の細部形態よりももっと広義に、つまり、全体と強く関係付けられ意味を与えられた部分とか構成要素といった、より一般化して捉えた方が理解し易いであろう。そのうえで、この定義を読むと、被覆に現われる「装飾」は全て、内であろうと外であろうと普遍的法則に貫かれて世界・宇宙とハーモニーをなす、とゼムパーが言っていることが理解できるようになる。だが、その際に被覆の素材をそのままではなく、ＳＡＮＡＡの建築で見たように、素材を折り曲げ組み立てるといった、建築とかテクトニクの本質につながる操作が必要である。ドイツ語で言えばテクトニッシュ（tektonisch）、英語で言えばテクトニック（tectonic）な操作である。建築と言っても、その建築があまりに変質して本来の意味が正しく伝わらない。つなぎ、織り、編むといった丁寧な手仕事によって建築が成り立つ時代ではなくなった。すべての素材が物の有する、今日的に言えばエコロジカルな連関の中にあり、どの細部も世界秩序を構成するという感覚も、建築から失われている。その喪失を、ゼムパーは深刻に受け止めていた。だから彼は、普遍的な自然法則あるいは世界秩序とのハーモニーを生む建築的営為を、敢えて「テクトニク」と呼ぼうとしたのである。そこでは装飾も、装飾の集合としての被覆も、さらに大きな集合としての建築も、実体であると同時に「普遍的な自然法則とのハーモニー」という現象でもある。被覆が、ひいては建築が、鈍重な実体としての装飾の集合で終わらないためには、物自体であると同時に現象であり、実体であると同時に見かけでもあるという一元論的状況が不可欠だったのである。
物自体であると同時に現象でもある。実体であると同時に見かけでもある。これが何を意味し、また、いかに被覆のあり方というよりも建築のあり方として重要であるかを、青木淳が「化粧の顔、本当の顔」と題して次のように書いている。

「化粧は、まず素顔という実体があって、それが隠蔽され、虚構の素顔に見せかけられている、というような素朴な出来事ではなく、素顔に対する化粧という作用によって、ひとつの、実体に裏付けられていない、それでもリアリティが生れている、という複雑な状況なのである。化粧の裏にはたしかに素顔があるだろう。しかし、その素顔が「本当の顔」なのではない。素顔と化粧の両方が相まって、「本当の顔」という現前が生起しているのだ[21]」。

化粧の裏には確かに素顔があるが、その素顔が「本当の顔」なのではなく、素顔と化粧の両方が相まって「本当の顔」という現前が生起している、という最後の下りが決定的に重要である。装飾や被覆を単純に隠蔽や虚構に結びつける二十世紀モダニズムと訣別するには、この青木の化粧論が特に重要な意味を帯びてくる。
隈研吾のいう「粒子化」も、「テクトニク」の一つと考えてよいであろう。青木が「リテラル」と「フェノメナル」で捉えた差異が、隈の場合は「絶対的」と「相対的」の対概念で表現される。「変わることのない固有の色、固有のテクスチュア、固有の透明度を持っている素材を絶対的素材」とするならば、粒子化（テクトニク）の作用によって、それは、より大きな全体を構成する「相対的素材」に変わる。「相対的な素材」は、テクトニクの作用によって、全体と部分という相対的関係に置かれるだけではなく、「デザイナーや計画者がすべてを決定するのではなく、受け手に委ねられた素材であり、受け手が参加する素材であり、受け手の自発性に開かれている素材」となるからである。デザイナーや計画者によって全てが決められたモダニズム建築とは違って、「受け手」との相対的関係に置かれ、むしろ「受け手に委ねられた」、いわば弱い素材、弱い建築となる。だが、このような関係に置かれることによって、「そのような相対的な存在を、受け手は、生き生き

写真 11–29. 石の美術館、隈研吾、2000 年

としたもの、キラキラしたものと感じる」と彼は言うのである。[22]

たとえば、隈によれば、石は欧米では建築素材の代表的なものであり、重厚で威圧感のあるオブジェクトとしての建築を生み出す絶対的素材として使われてきたものだが、その石を粒子化して相対的素材とすることが「石の美術館」（写真11–29）のテーマだった。第一に、オブジェクトとしての建築をつくらないこと。そのために、空間の「垣根」すなわち被覆を石でつくることが、ここでの設計の主題となった。どう石を粒子化するか。そして、石の粒子で「垣根」を構成することで、どう弱さや曖昧さを生み出すか。隈は「既存のオブジェクト（石蔵）の輪郭を曖昧にしてしまい、オブジェクトがその周囲の空気に融けだしたような状態をつくり出すこと、それが目的であった」と書いている。

興味深いのは、石の垣根（被覆）をつくる粒子化（テクトニク）をどう実践したかを、この後、隈が具体的な寸法や断面形状まで挙げて詳しく書いていることである。

「石を、より軽くより稀薄な存在へと転換するディテールを模索した。辿りついたのは石を木製の格子のように、軽くスライスしてしまう方法である。四〇ミリ×一五〇ミリの断面形状が、石の強度の限界であった。（略）物質と空隙とが同寸法で繰り返される。（略）主体とこの曖昧な壁との間の角度、距離。光の順光、逆光。それらをパラメーターとして、振動が開始される。客体が、主体とは無関係に振動しているわけではない。身体と客体とが、共振を起こすのである」[23]。

粒子が生れる限界の寸法、断面形状、そして木製格子のような全体システムの採用。物質・実体・不透明の石の被覆は、粒子化して空隙・虚・透明の世界と融合し共振して、自然光を受けてキラキラと輝きながら自己運動を始める。石という素材が、完全に相対化された弱い存在へと転換する一瞬である。しかも、存在の相対化が、それを見たり触れたりして直接経験する人々と無関係などころか、粒子化した石の被覆は受け手の身体とも共振すると、隈は書くのである。受け手の自発性に開かれた空間境界という隈の試みは、二十一世紀に入っても、国内、国外の建築で続けられている。[24]

空間を生き生きさせるのは、空間そのものというよりも膨大なエネルギーを注ぎ込んで入念につくられる空間境界であり、そのディテールに関わる小さな行為の無限に近い積み重ねに他ならない。だが隈が言うように、ディテールの決定に「一日に何十回ものコミュニケーションをとり」、そのために「(事務所の)階段を上下してエンドレスに往復する」[25]。ディテールは膨大に集積されて、最後には大きな雲《クラウド》のような全体をつくり上げる。空間境界(被覆/様式)を問うとは、本来、こういうことなのである。

それはどこか、様式の生成と変形の過程を無数の小さな実例を集めて実証的に描き出そうとして分厚い二巻の本に膨れ上がった、あのゼムパーの主著『様式』に似ている。

注記

(1) Adolf Loos, *Sämtliche Schriften 1.* (Wien-München,1962) p.104. アドルフ・ロース『装飾と罪悪―建築・文化論集』(伊藤哲夫訳、中央公論美術出版、一九八七)、一八頁。
(2) Loos, *Das Prinzip der Bekleidung* (4.September 1898), in *Sämtliche Schriften 1.*,pp.105-20. ロース『装飾と罪悪』二九―三七頁。
(3) 川向正人『アドルフ・ロース―世紀末の建築言語ゲーム』(住まいの図書館出版局、一九八七)一二四―一二九頁。
(4) 川向正人(監著)&関谷正昭(写真)『オットー・ワーグナー建築作品集』(東京美術、二〇一五)八八―九〇頁。
(5) ケネス・フランプトン『テクトニック・カルチャー―十九―二十世紀建築の構法の詩学』(松畑強&山本想太郎訳、TOTO出版、二〇〇二)一三三―一三六頁。

（6）Frank Lloyd Wright, *The Natural House* (New York,1954) pp.18-19. フランク・ロイド・ライト『自然の家』（富岡義人訳、ちくま学芸文庫、二〇一〇）二一頁。
（7）Hitchcock & Johnson, *The International Style: Architecture Since 1922* (reprint 1966) p.11. ヒッチコック&ジョンソン『インターナショナル・スタイル』（武澤秀一訳、鹿島出版会、一九七八）一八頁。
（8）同五〇頁。
（9）同六二―六三頁。
（10）菊竹清訓『代謝建築論　か・かた・かたち』（彰国社、一九六九）二―六、十三―三一頁。
（11）同一八頁。
（12）川向正人『現代建築の軌跡―建築と都市をつなぐ思想と手法』（鹿島出版会、二〇〇五）五三―五四頁。
（13）伊東豊雄『透層する建築』（青土社、二〇〇〇）五六六―六七頁。
（14）同五六七頁。
（15）GA『伊東豊雄最新プロジェクト（Toyo Ito Recent Project）』（A.D.A.EDITA Tokyo, 二〇〇八）一五頁。
（16）Nerdlinger & Oechslin, *Gottfried Semper* (2003), pp.342-51.
（17）川向正人&オカムラデザインスペースR『Collaboration ―アート、建築、デザインのコラボレーションの場』（彰国社、二〇一五）二八頁。
（18）青木淳『Atmospherics』（TOTO出版、二〇〇〇）、同『原っぱと遊園地』（王国社、二〇〇四）、JA Japan Architects vol.8, *Atsushi Kitagawara Associates*（新建築社、一九九二）、Masato Kawamukai et al., *Atsushi Kitagawara Associates* (Berlin, 2013), 内藤廣『内藤廣の建築一九九二―二〇〇四』（TOTO出版、二〇一三）、隈研吾『隈研吾読本―一九九九』（A.D.A.EDITA Tokyo, 一九九九）、同『マテリアル・ストラクチュアのディテール』（彰国社、二〇〇三）、Kengo Kuma, *Selected Works* (New York, 2005), 同『自然な建築』（岩波新書、二〇〇八）、同『小さな建築』（岩波新書、二〇一三）、西沢立衛『建築について話してみよう』（王国社、二〇〇七）、妹島和世&西沢立衛『特集SANAA』（美術手帖、二〇一〇）、伊東豊雄『伊東豊雄読本―二〇一〇』（A.D.A.EDITA Tokyo, 二〇一〇）。
（19）青木淳『原っぱと遊園地』（王国社、二〇〇四）四六頁。
（20）妹島和世&西沢立衛「ディオール表参道―アクリルのドレープを高透過ガラスで覆う」（日経アーキテクチャー、二〇〇四、二―二三）一二―一八頁。
（21）青木淳『原っぱと遊園地二』（王国社、二〇〇八）一一六頁。

(22) 隈研吾『反オブジェクト——建築を溶かし、砕く』（筑摩書房、二〇〇〇）二二四頁。
(23) 同二六六頁。
(24) 隈研吾『オノマトペ　建築』（エクスナレジ、二〇一五）参照。
(25) ソフィー・ウダール＆港千尋『小さなリズム——人類学者による「隈研吾」論』（鹿島出版会、二〇一六）二一〇—一一頁。

主要参考文献／図版出典など

まえがき

H.-R. Hitchcock & P. Johnson, *The International Style—Architecture Since 1922* (New York-London, 1932, 1960, 1966).［H・R・ヒッチコック&P・ジョンソン『インターナショナル・スタイル』（武澤秀一訳、鹿島出版会、一九七八）］

川向正人『境界線上の現代建築——〈トポス〉と〈身体〉の深層へ』（彰国社、一九九八）。

N. Pevsner, *A History of Building Types* (Princeton-London, 1976).［N・ペヴスナー『建築タイプの歴史Ⅰ、Ⅱ』（越野武訳、中央公論美術出版、二〇一四—一五）］

第一章

H. F. Mallgrave, *Gottfried Semper, Architect of the Nineteenth Century* (New Haven-London, 1996). ➡写真9-24、図1-2、1-3

N. Pevsner, *Some Architectural Writers of the Nineteenth Century* (Oxford, 1972).［N・ペヴスナー『十九世紀の建築著述家たち』（吉田鋼市訳、中央公論美術出版、二〇一六）］

F. C. Gau, *Antiquités de la Nubie, ou monuments inédits des bords du Nil, situés entre la première et la seconde cataracte* (Paris, 1822).

H.-W. Kruft, *A History of Architectural Theory from Vitruvius to the Present* (New York-London, 1994).［H・W・クルフト『建築論全史Ⅰ、Ⅱ』（竺覚暁訳、中央公論美術出版、二〇〇九—一〇）］

N・ペヴスナー『美術アカデミーの歴史』（中森義宗・内藤秀雄訳、中央大学出版部、一九七四）。

J. J. Winckelmann, *Gedanken über die Nachahmung der Griechischen Werke in der Malerei und Bildhauerkunst* (Dresden, 1755).［ヴィンケルマン『ギリシア美術模倣論』（澤柳大五郎訳、座右宝刊行会、一九七六）］

J. J. Winckelmann, *Geschichte der Kunst des Altertums* (Dresden, 1764).［J・J・ヴィンケルマン『古代美術史』（中山典夫訳、

中央公論美術出版、二〇〇一)]
N. Pevsner, *An Outline of European Architecture* (Harmondsworth, 1957, 1963). [N・ペヴスナー『新版ヨーロッパ建築序説』(小林文次・山口廣・竹本碧訳、彰国社、一九八九)]
A.-C. Quatremère de Quincy, *Le Jupiter olympien, ou l'art de la sculpture antique considéré sous un nouveau point de vue* (Paris, 1815).
R. Middleton ed., *The Beaux-Arts and Nineteenth-Century French Architecture* (Cambridge, Massachusetts, 1982).
Vitruvius, *On Architecture*, 2 vols (Loeb Classical Library, trans. by Frank Granger, Cambridge, Massachusetts, 1998). [森田慶一訳『ウィトルウィウス建築書』(東海大学出版会、一九六九)]
R. & F. Etienne, *The Search for Ancient Greece* (London, 1992). [R&F・エティエンヌ『古代ギリシア発掘史』(青柳正規監修、創元社、一九九五)]
W. Nerdinger ed., *Leo von Klenze 1784–1864—Architekt zwischen Kunst und Hof* (München, 2000).
R. Middleton & D. Watkin, *Neoclassical and 19th Century Architecture 2* (Milan-New York, 1980). [R・ミドルトン&D・ワトキン『新古典主義・一九世紀建築二』(土居義岳訳、本の友社、二〇〇二)]

第三章

G. Semper, *Vorläufige Bemerkungen über bemalte Architektur und Plastik bei den Alten* (Altona, 1834).
K. Milde, *Neorenaissance in der deutschen Architektur des 19.Jahrhunderts, Grundlagen, Wesen, und Gültigkeit* (Dresden, 1981). ➡写真3–1、9–23、図3–1、図3–2、図3–3
D.Watkin & T. Mellinghoff, *German Architecture and the Classical Ideal* (Cambridge, Massachusetts, 1987). ➡写真3–2
G. Semper, *Der Stil in den technischen und tektonischen Künsten oder Praktische Ästhetik. Ein Handbuch für Techniker, Künstler, und Kunstfreunde*, 2 vols. (Frankfurt& München, 1860–63). ➡図7–1
J.-N.-L. Durand, *Précis des leçons d'architecture données à l'École Polytechnique*, 2vols. (Paris, 1802–05, reprint: Nördlingen,

1985).［J・N・L・デュラン『建築講義要録』（丹羽和彦・飯田喜四郎訳、中央公論美術出版、二〇一四）］⬇図2-1、図3-4

Staatliche Kunstsammlungen Dresden ed., *Gottfried Semper 1803–1879—Baumeister zwischen Revolution und Historismus* (München, 1980).⬇図2-2

大倉三郎『ゴットフリート・ゼムパーの建築論的研究』（中央公論美術出版、一九九二）。

第三章

H. Hübsch, *In welchem Style sollen wir bauen?* (Karlsruhe, 1828, reprent 1984).

世界の名著三八『ヘルダー／ゲーテ』（中央公論社、一九七九）。

W. Herrmann, *Gottfried Semper im Exil, Paris London 1849–1855* (Basel-Stuttgart, 1978).

R. W.-Rieger & W. Krause ed., *Historismus und Schlossbau* (München, 1975).

W. Hager & N. Knopp ed., *Beiträge zum Problem des Stilpluralismus* (München, 1977).

F. Meinecke, *Die Entstehung des Historismus* (München, 1965).［F・マイネッケ『歴史主義の成立』（菊盛英夫・麻生建訳、筑摩書房、一九六八）］

K. R. Popper, *The Poverty of Historicism* (London, 1957, 1960).［K・R・ポパー『歴史主義の貧困—社会科学の方法と実践』（久野収・市井三郎訳、一九六一）］

関雅美『歴史主義の擁護』（勁草書房、一九八三）。

川向正人『二〇世紀モダニズム批判—建築の二一世紀、世界と自己の破壊をこえて』（日刊建設通信新聞社、一九九八）。

シラー『美学芸術論集』（石原達二訳、冨山房百科文庫、一九七七）。

G. Semper, *Kleine Schriften* (Berlin & Stuttgart, 1884, reprint: Mittenwald, 1979).

A. M. Vogt, *Boullées Newton-Denkmal, Sakralbau und Kugelidee* (Basel-Stuttgart, 1969).

第四章

A. M. Vogt et al. ed., *Gottfried Semper und die Mitte des 19.Jahrhunderts*（Basel-Stuttgart, 1976）.

W. Herrmann, *Zur Entstehung des Stil 1840–1877*（Basel-Stuttgart, 1978）.

ディルタイ『近代美術史』（澤柳大五郎訳、岩波文庫、一九六〇）。

H. Laudel, *Gottfried Semper—Architektur und Stil*（Dresden, 1991）.

ゲーテ『自然と象徴—自然科学論集』（高橋義人編訳・前田富士男訳、冨山房百科文庫、一九八二）。

W. Herrmann, *Gottfried Semper, Theoretischer Nachlass an der ETH Zürich, Katalog und Kommentare*（Basel-Stuttgart, 1981）.

第五章

H. F. Mallgrave & W. Herrmann, *Gottfried Semper—The Four Elements of Architecture and Other Writings*（New York, 1989）.

G. Semper, *Die Vier Elemente der Baukunst—Ein Beitrag zur Vergleichenden Baukunde*（Braunschweig, 1851）.〔G・ゼムパー「建築芸術の四要素—比較建築学への寄与、一八五一」、河田智成編訳『ゼムパーからフィードラーへ』（中央公論美術出版、二〇一六）収録〕

ヘロドトス『歴史』青木巌訳（新潮社、一九六八）、松平千秋訳（岩波文庫、一九七一）。

プリニウス『博物誌』縮刷版Ⅵ（第三四巻—第三七巻）（中野定雄・中野里美・中野美代訳、雄山閣、二〇一三）

J. Reade, *Assyrian Sculpture*（British Museum, London, 1983）.

P. Matthiae, *Ninive—Glanzvolle Hauptstadt Assyriens*（München, 1999）. ⬇写真5−1

W. Herrmann, *Gottfried Semper—In Search of Architecture*（Cambridge, Massachusetts, 1984）.

J. Rykwert, *On Adam's House in Paradise—The Idea of the Primitive Hut in Architectural History*（Cambridge, Massachusetts, 1981）.〔J・リクワート『アダムの家—建築の原型とその展開』（黒石いずみ訳、鹿島出版会、一九九五）〕

第六章

G. Semper, *Wissenschaft, Industrie und Kunst—Vorschläge zur Anregung nationalen Kunstgefühles. Bei dem Schlusse der Londoner Industrie-Ausstellung*（Braunschweig, 1852).
S・ギーディオン『機械化の文化史—ものいわぬものの歴史』（栄久庵祥二訳、鹿島出版会、一九七七）。

L・ベネヴォロ『近代建築の歴史』（武藤章訳、鹿島出版会、一九七八—七九）。

松村昌家『水晶宮物語—ロンドン万国博覧会一八五一』（リブロポート、一九八六）。

J・マッキーン『クリスタル・パレス』（星和彦監訳、同朋舎出版、一九九五）。➡図6-1、6-2
W. Friebe, *Architektur der Weltausstellungen 1851 bis 1970*（Stuttgart, 1983).

第七章
G. Semper, *Outline of a System of Comparative Style-Theory*, RES: Journal of Anthropology and Aesthetics 6, Fall 1983（London lecture, 11. Nov. 1853).
A. v. Humboldt, *Kosmos—Entwurf einer physischen Weltschreibung*, 4 vols.（Stuttgart-Tübingen, 1845–1858).
フムボルト『自然の諸相—熱帯自然の絵画的記述』（木村直司編訳、筑摩書房、二〇一二）。

ゲーテ『形態学論集—植物篇』（木村直司編訳、筑摩書房、二〇〇九）。

ゲーテ『形態学論集—動物篇』（木村直司編訳、筑摩書房、二〇〇九）。
E. Panofsky, *Idea—Ein Beitrag zur Begriffsgeschichte der älteren Kunsttheorie*（Berlin, 1960).〔E・パノフスキー『イデア』（中森義宗・野田保之・佐藤三郎訳、思索社、一九八二）、同『イデア—美と芸術の理論のために』（伊藤博明・富松保文訳、平凡社、二〇〇四）〕
K. Bötticher, *Die Tektonik der Hellenen*, 2 vols.（Potsdam, 1844–52).

第八章
J・G・ヘルダー『言語起源論』（大阪大学ドイツ近代文学研究会訳、法政大学出版局、一九七二）。

和辻哲郎『風土―人間学的考察』（岩波書店、一九三五、一九六三）。
G. Semper, *The Development of the Wall and Wall Construction in Antiquity*, RES: Journal of Anthropology and Aesthetics 11, Spring 1986（London lecture, 18. Nov. 1853）.
G. Semper, *On Architectural Symbols*, RES:Journal of Anthropology and Aesthetics 9, Spring 1985,（London lecture）.
M・A・ロージェ『建築試論』（三宅理一訳、中央公論美術出版、一九八六）。

第九章

R. W.-Rieger, *Wiens Architektur im 19. Jahrhundert*（Wien, 1970）. ➡写真９–３、９–７、９–25、図９–１、９–２
R. K.-Mikula, *Heinrich von Ferstel—Bauten und Projekte für Wien*（Wien, 1983）. ➡図９–４
J. Summerson, *The Architecture of Victorian London*（Charlottesville, 1976）.
W. Nerdlinger & W. Oechslin, *Gottfried Semper 1803–79—Architektur und Wissenschaft*（Zürich-München, 2003）. ➡写真９–27、図１–１、６–３、６–４、６–５、９–３、９–５、10–３
A. M. Vogt, *19.Jahrhundert—Stilgeschichte 10*（Stuttgart, 1971）.［A・M・フォークト『一九世紀の美術―西洋美術全史一〇』（千足伸行訳、グラフィック社、一九七八）］
N. Pevsner, *Pioneers of Modern Design—From William Morris to Walter Gropius*（New York, 1949）.［N・ペヴスナー『モダン・デザインの展開―モリスからグロピウスまで』（白石博三訳、みすず書房、一九五七）］
N. Pevsner, *The Sources of Modern Architecture and Design*（London, 1968）.［N・ペヴスナー『モダン・デザインの源泉―モリス、アール・ヌーヴォー、二〇世紀』（小野二郎訳、美術出版社、一九七六）］

第一〇章

O. Wagner, *Moderne Architektur*（Wien, 1896）. Eng.trans. by H. F. Mallgrave, *Otto Wagner, Modern Architecture, a Guidebook for his Students to this Field of Art*（Santa Monica, 1988）.［O・ヴァーグナー『近代建築』（樋口清・佐久間博訳、中央公論美術出

版、一九八五)〕
岸田日出刀『オットー・ワグナー—建築家としての生涯及び思想』(岩波書店、一九二七)。
H. Geretsegger & M. Peintner, *Otto Wagner 1841–1918—Unbegrenzte Grosszstadt, Beginn der Modernen Architektur* (Salzburg-Wien, 1983).〔H・ゲレツェッガー&M・パイントナー『オットー・ワーグナー—ウィーン世紀末から近代へ』(伊藤哲夫・衛藤信一訳、鹿島出版会、一九八四)〕➡図10-1、10-10
川向正人監著『オットー・ワーグナー建築作品集』(写真・関谷正昭、東京美術、二〇一五)。➡図10-2、10-4、10-5
O・A・グラーフ監修『オットー・ヴァーグナー—ドローイング・ポートフォリオ』(文献社、一九九八)。
O. A. Graf, *Masterdrawings of Otto Wagner* (New York, 1987).
O. A. Graf, *Otto Wagner—Das Werk des Architekten, 1:1860–1902, 2: 1903–1918* (Wien-Köln-Graz, 1985).
P. Haiko et al., *Otto Wagner—Möbel und Innenräume* (Salzburg-Wien, 1984).➡写真10-5
O. Wagner, *Einige Skizzen, Projekte und ausgeführte Bauwerke* (Wien, 1889, 1897, 1906, 1922). *Sketches, Projects and Executed Buildings by Otto Wagner* (New York, 1987).➡図10-7、10-8
H. F. Mallgrave ed., *Otto Wagner—Reflections on the Raiment of Modernity* (Santa Monica, 1993).
A. Sarnitz, *Otto Wagner 1841–1918—Forerunner of Modern Architecture* (Köln, 2005).➡写真10-13、図10-6、10-9
C. E. Schorske, *Fin-de-siècle Vienna—Politics and Culture* (New York, 1980).〔C・E・ショースキー『世紀末ウィーン—政治と文化』(安井琢磨訳、岩波書店、一九八三)〕

第一一章

V. M. Lampugnani, *Architektur und Städtebau des 20. Jahrhunderts* (Stuttgart, 1980).〔V・M・ラムプニャーニ『現代建築の潮流』(川向正人訳、鹿島出版会、一九八五)〕
K. Frampton, *Modern Architecture—A Critical History* (London, 1992).〔K・フランプトン『現代建築史』(中村敏男訳、青土社、二〇〇三)〕

A. Rukschcio & R. Schachel, *Adolf Loos—Leben und Werk*（Salzburg-Wien, 1982）. ➡写真11−8
L.v.Duzer & K. Kleinman, *Villa Müller—A Work of Adolf Loos*（New York, 1994）.
M. Cacciari, *Architecture and Nihilism—On the Philosophy of the Modern Architecture*（New Haven-London, 1993）.
A. Loos, *Sämtliche Schriften 1.*（Wien-München, 1962）.［A・ロース『装飾と罪悪—建築・文化論集』（伊藤哲夫訳、中央公論美術出版、一九八七）］
川向正人『アドルフ・ロース—世紀末の建築言語ゲーム』（住まいの図書館出版局、一九八七）。
Stadtplanung Wien & Architektur Zentrum Wien ed., *Architektur Wien—500 Bauten*（Wien, 1997）. ➡写真11−4、11−6
A.Sarnitz, *Adolf Loos 1870–1933—Architect, Cultural Critic, Dandy*（Köln, 2003）. ➡写真11−1、11−2、11−3、11−5、11−7
C. Zimmerman, *Mies van der Rohe 1886–1969—The Structure of Space*（Köln, 2006）.
K. Frampton, *Studies in Tectonic Culture—The Poetics of Construction in Nineteenth and Twentieth Century Architecture*（Cambridge Massachusetts, 1995）.［K・フランプトン『テクトニック・カルチャー—一九—二〇世紀建築の構法の詩学』（松畑強・山本想太郎訳、TOTO出版、二〇〇二）］
D. V. Zanten et al., *Louis Sullivan—The Function of Ornament*（New York-London, 1986）.
Frank Lloyd Wright, *The Natural House*（New York, 1954）.［フランク・ロイド・ライト『自然の家』（富岡義人訳、筑摩書房、二〇一〇）］
R. Mccarter ed., *On and By Frank Lloyd Wright—A Primer of Architectural Principles*（London-New York, 2005）. ➡写真11−12
H.-U. Khan, *International Style—Modernist Architecture from 1925 to 1965*（Köln, 1998）.
菊竹清訓『代謝建築論　か・かた・かたち』（彰国社、一九六九）。
SD編集部編『現代の建築家、菊竹清訓』（鹿島出版会、一九八一）。➡写真11−13
川向正人『現代建築の軌跡—建築と都市をつなぐ思想と手法』（鹿島出版会、二〇〇五）。
U. Schneider & M. Feustel ed., *Toyo Ito—Blurring Architecture*（Milano, 1999）.
伊東豊雄『透層する建築』（青土社、二〇〇〇）。

GA『伊東豊雄最新プロジェクト（Toyo Ito Recent Project）』（A. D. A. EDITA Tokyo, 二〇〇八）。

日経アーキテクチュア編『伊東豊雄』（NA建築家シリーズ01、日経BP社、二〇一〇）。➡写真11-14、11-15
二川幸夫企画・編集『伊東豊雄読本—二〇一〇』（A. D. A. EDITA Tokyo, 二〇一〇）。

川向正人&オカムラデザインスペースR『Collaboration—アート、建築、デザインのコラボレーションの場』（彰国社、二〇一五）。

青木淳『Atmospherics』（TOTO出版、二〇〇〇）。

青木淳『原っぱと遊園地一、二』（王国社、二〇〇四、二〇〇八）。
A.Kitagawara, *Atsushi Kitagawara Associates*（新建築社、一九九二）。
M. Kawamukai et al., *Atsushi Kitagawara Associates* (Jovis-Portfolio, Berlin, 2013). ➡写真11-23
内藤廣『内藤廣の建築 一九九二—二〇〇四—素形から素景へ』（TOTO出版、二〇一三）。

西沢立衛『建築について話してみよう』（王国社、二〇〇七）。

妹島和世&西沢立衛『特集SANAA』（美術手帖、二〇一〇—九）。

隈研吾『反オブジェクト—建築を溶かし、砕く』（筑摩書房、二〇〇〇）。
K.Kuma, *Materials, Structures, Details* (Basel, 2004).
隈研吾『自然な建築』（岩波書店、二〇〇八）。

隈研吾『小さな建築』（岩波書店、二〇一三）。

隈研吾『オノマトペ　建築』（エクスナレジ、二〇一五）。

筆者撮影写真
8-1、8-2、9-1、9-2、9-4、9-5、9-6、9-8、9-9、9-10、9-11、9-12、9-13、9-14、9-15、9-16、9-17、9-18、9-19、9-20、9-21、9-22、9-26、9-28、10-1、10-2、10-3、10-4、10-6、10-7、10-8、10-9、10-10、10-11、10-12、10-14、10-15、10-16、10-17、10-18、10-19、11-9、11-10、11-11、11-16、11-17、11-18、11-19、11-20、11-21、11-22、11-24、11-25、11-26、11-27、11-28、11-29

初出一覧

本書を構成する、書き下ろしではなく既刊論文の大幅な加筆によって成立した章や節に関して、初出の原題・場所（掲載誌名など）・年月を以下に示しておきたい。

第二章―原題「ゴットフリート・ゼムパーのポリクロミー観に関する研究」（日本建築学会計画系論文集、第五三〇号、二三五―二四二頁、二〇〇〇年四月）

第三章―原題「一八三〇年頃の新しい装飾観の生成について―ドイツ・オーストリアを中心とする一九世紀歴史主義の研究（その一）」（日本建築学会計画系論文報告集、第三七〇号、一〇二―一一一頁、一九八六年一二月）

第四章―原題「ゴットフリート・ゼムパーの始原への探究に関する研究」（日本建築学会計画系論文集、第五三七号、二七五―二八二頁、二〇〇〇年一一月）

第五章―原題「ゴットフリート・ゼムパーの『建築の四要素』に関する研究」（日本建築学会計画系論文集、第五三八号、二三五―二四二頁、二〇〇〇年一二月）

第六章―原題「ゴットフリート・ゼムパーの『科学・産業・芸術』に関する研究」（日本建築学会計画系論文集、第五八三号、一六五―一七二頁、二〇〇四年九月）

第八章―原題「ゴットフリート・ゼムパーの〈被覆論〉の形成過程について―ドイツ・オーストリアを中心とする一九世紀歴史主義の研究（その二）」（日本建築学会計画系論文報告集、第三七九号、一三八―一四七頁、一九八七年九月）

初出一覧

第九章―原題「ウィーン古典派建築――一八世紀末からオットー・ヴァーグナー盛期まで」（SD、二―五二頁、一九八〇年五月）

第十章―原題「様式を深め、様式を高める―オットー・ヴァーグナーの理論と実践」（SD、八一―八四頁、一九八九年一一月）、原題「歴史主義からの離脱―アール・ヌーヴォーとウィーン分離派からの刺激」（川向正人監著『オットー・ワーグナー建築作品集』写真・関谷正昭、東京美術、二〇一五年四月、五〇―五一頁）、原題「〈近代建築〉の永遠化を求めて」（同、八八―九〇頁）

あとがき

本書の目的は、近現代建築史を一つの新しい視座から叙述する可能性を探るところにあった。一つの新たな視座を提案し、その視座から近現代建築史が叙述できるか否かを検討する。該当する過去の事実を過不足なく年代順に挙げて近現代建築史を叙述することは次の機会としたい。

一つの視座から近現代建築史がどこまで全体的に描けるかを試みる、概容を描いてみる、という意味で近現代建築史序説というタイトルも考えたが、本書の場合は方法論を論じ、検討することが目的でもあるので、それを重視して「近現代建築史論」とした。

そして、副題「ゼムパーの被覆／様式からの考察」は、ここに言う近現代建築史の新しい視座がゴットフリート・ゼムパーの被覆概念と様式概念を核とするものだということを示している。この両概念は、ゼムパーの中では同義とも言えるもので相互に深く結びついている。

ゼムパーは、一八三〇年頃すなわちニコラウス・ペヴスナーが歴史主義の現れを指摘する重要な時代の転換点に、建築理論家としての活動を始めた。この時期の重要な著作が『覚書』（一八三四）である。一八三四年にドレスデン芸術アカデミーの建築スクールの教授に就任しながら、一八四九年のドレスデン革命に与《くみ》した結果、亡命を余儀なくされて、パリ、ロンドンと異国の地を転々としながら大著『様式』（一八六〇―六三）の刊行に至るまで、再び建築論を書き続けた。『覚書』を含む彼の建築論は、同時代及びその後の芸術・建築・工芸の世界に多大な影響を及ぼすものであった。本書は、彼のそうした思想の展開を辿ることに多くの頁を割いている。

ここでいう建築論は、「広義の」建築論と呼ぶべきであろう。ゼムパー自身が一八五〇年頃には比較建築論と訂正し、さらに工芸（当時の用語では産業芸術、実用芸術）を対象に加えて、諸芸術における被覆論あるいは様式論を構想したことについては、本論で詳しく論じた。

有《あ》り体《てい》に言えば、視座となるものを徹底的に解明すれば、周囲とその後に関連して生ずる個々の歴史的事例をたとえ限定的に示す方法であっても、近現代建築史に関する方法論的試みとしての一定の役割は果たせるであろうとの考えに立っている。

本書の考察対象とした時代は一八世紀後半からである。当時はまだヨーロッパ中で、理想とする古代ギリシアやローマの建築がさかんに模倣《もほう》されていた。キーワードは「模倣」である。というのも、当時主流だった複雑で表層的で装飾過剰な末期バロックあるいはロココから脱却して、単純で静謐《せいひつ》で崇高でもある造形の世界を早く確立したいとの思いが、理想とする社会の建築を模倣するという手段を選ばせたのである。模倣が、当時の教育の基本理念でもあった。この時代にヨーロッパ中で教本、手引書として使われたのがデュランの本だった。

すでに一八三〇年頃になると、古典古代の模倣に反旗を翻《ひるがえ》す動きがヨーロッパ各地の芸術アカデミーや設計の現場で起きる。異国に建てられた建築を模写して持ち帰り、それを使って建築を設計する方法を、才能ある学生たちが厳しく批判する。彼らは、全く別の、身近にある、何気ない建築や風景に美や個性を見出すようになっていた。それほどに、価値観の多様化が進んでいたのである。その反面で彼らは、なぜ選ぶのか、また、何がその美や個性を生み出しているのかを真剣に考えるようになっていた。単純な模倣論に代わる、思考と議論の新しい形式の誕生であった。それには新しい教本、手引書が必要である。ゼムパーの『覚書』は、建築・芸術に関する思考と議論のこの新しい形式の現れも感じさせる。

ドレスデン芸術アカデミー教授に就任（一八三四）したゼムパーは、その人選が正しかったことを実証して見せた。教授就任と同時に彼は教育改革案をまとめ、さらに芸術アカデミー改築（一八三六―四九）、「日本宮」古代ホール（一八三五―三六）、女性養老院（一八三六—三八）、宮廷劇場（一八三八—四一）、絵画館（一八四七—五五）などを次々に設計して、宮廷都市から近代的な市民都市へと転換するドレスデンの都市改造にその実力を発揮した。当時の講義ノートなどを見ると継続して思考を深めていたようだが、あまりに多忙で、彼には新たな建築手引書を執筆する時間がない。

どれほどゼムパーの思考が深まっていたのか。彼が獲得していた、建築・芸術に関する思考と議論の新しい形式がいかなるものであったか。それを実にわかり易く明快に書いたのが、ゼムパーから出版社主フィーヴェークに宛てた一八四三年九月二六日付の「第一書簡」（本書第四章参照）である。この書簡の主要概念を入れ替えては次の論への展開を図るという、一流の思想家には珍しい方法をゼムパーが取っていたことについては、本論に詳しく書いた。

第一書簡に書かれていたのは、近現代の建築を含む諸芸術に関する思考と議論の実に興味深い一形式であって、そのポイントは、複数の素材（物であるとは限らず、歴史様式も設計の素材となる）のどれでも選べる状況にあって、どれかを正しく選ぶための「理念」の確立にあった。あるいは、「動機《モチーフ》」を明確に意識化し言語化することだ、と言ってもよい。選ぶべき内容・方向性が、言葉によって明確に、かつ厳密に規定される。このような思考と議論を通して、理念に対応する最初の「形態《フォーム》」とか「タイプ」が浮上してくる。それは、設計における最初の素描のようなものである。ゼムパーによれば、始原に遡り「歴史的方法」によって「理念」あるいは「動機」を捉え、そこから最もふさわしい「素材」の選択に至り、同時に、これまでは言葉だけだった「理念」や「動機」が初めて形態を帯びて眼にも見えるものになる。いったん形態を帯びると、その後は敷地・素材・技術・施主・予算・気候などの様々な「条件」を受けて、単純で曖昧でもあった形態の細部が次第に「具体化」して、最終的に今《いま》・ここにしかない極めて独自性《オリジナリティ》の高い建築作品が「現象」してくる。この考えはドレスデンでの講義では語られていたようだが、まとめられるのは亡命生活に入ってからで、「比較建築論」という題で「セーブル、一八四九年七月二〇日」の日付のある序文が書かれた時が最初だった。だが残念ながら、これは原稿の状態に留まった。

この新しい思考と議論の形式が「比較建築学への貢献」という副題を付けて出版されたのが『建築の四要素』（一八五一）であり、さらに、最終的に現象するものを個々の「建築」、「芸術」、「形態」ではなく全て「様式」の概念で捉えるのが『科学・産業・芸術』（一八五二）である。第一回ロンドン講義（一八五三）になると、「様式」の現象する過程が、より厳密に言語化され理論化される。

これは、建築を含む芸術（ゼムパーは技術と一体のものと捉えている）とその歴史を書くための実践論に関する動きだが、本論でも示したように、たとえばウィーンの一九世紀建築において、一八五〇年頃に歴史主義が「厳格な」方向に転換する動きと見事に符合している。当時のヨーロッパの大都市では二一世紀のわれわれが想像する以上に国際化が進んでおり、ウィーンに限らず少なくともドイツ語圏の大都市では、ゼムパーの動向は建築・芸術の世界の関心事であり続け、彼の新刊書は多くの読者を引き付けたであろう。このように原理原則も細部も大切にする緻密で「厳格な」方向に進んだ思考が、理論書として生み出したのが彼の大著『様式』であり、それと同じ思考の投映を、一八七〇年前後からウィーンのリンクシュトラーセ沿いに建てられる盛期様式のモニュメンタルな公共建築群にも見ることができる。そこでは、どの建築も全体が一つの盛期様式で被覆されるという徹底ぶりであった。

ちょうど、この頃からウィーンで設計活動を始めて、厳格な歴史主義の精神を受け継いで建築の姿全体を真正の、だが「近代建築」様式でつくり上げるのがオットー・ヴァーグナーであった。その成果が、バラの模様がファサードの全面を覆うマジョリカハウス（一八九八―九九）であり、二〇世紀に入ってのウィーン郵便貯金局（一九〇四―〇六）、アム・シュタインホーフ教会（一九〇五―〇七）などである。これらが示すのは、模倣によらずに、「近代生活」という理念と動機を大切にし、「近代」という時代の与える条件を正確に大胆に読み込んだ結果、そこに現象した新しい被覆であり様式である。

当時のアメリカも、ヨーロッパからの移民が建築そして都市をつくっていった国なので、一九世紀半ばに形成されたヨーロッパでの思考と議論の新形式を母国から取り入れて、遅くとも一九世紀末までに受容を終えていたと考えられる。アドラーやサリヴァン、そしてフランク・ロイド・ライトらの建築に関する独自性《オリジナリティ》の強い思想と実践が、それをよく示している。『インターナショナル・スタイル』（一九三二）の刊行もまた、この思考と議論の新形式に基づいたアメリカからの発信として重要な意味をもつ。

改めて日本を見てみると、菊竹清訓の三段階論「か・かた・かたち」がゼムパーの「理念・条件・現象」と同じ方法論的仕組みを有していることに気付くであろう。この類似の理由については別の機会に論じたいが、同じ仕組みの方法論が伊東豊雄と彼のスクールにも受け継がれ、さらに展開されていることも本論で述べた。

こうして、過去様式の模倣によるのとは違う建築設計の実践論が形成され、受け継がれてきたのである。理念、条件、現象という三段階を経て「全体として現象したもの」が、本書副題に掲げた「被覆」あるいは「様式」だということである。ゼムパーがポリクロミーに関して強調したように、部分部分ではなく建築や工芸品の「全体に」芸術的、文化的な意味合いでの新しい被覆が施され、それが新しい様式と受け止められる。ヴァーグナーのマジョリカハウスが新しい被覆であり、同時に新しい様式だと言われるのも、全面に一つの理念・動機から具体化した被覆が現象していたからである。

あくまでも「今・ここ」に現象する被覆や様式の系譜。本書が描きたかったのは、この系譜としての近現代建築史である。スイスや日本の現代建築にも、全面に統一的に被覆が施されて、一つの理念・動機に発する様式現象と見なし得る例があって、それらを本論中に挙げている。ヴィンタートゥアの美術館増築や表参道のTOD'Sなどである。もし屋根のある建築で、被覆を統一的に用いて一つの様式と感じられるものにするには、屋根と壁を（途中に折り目があってもよいが）ひとつながりの面にして一体的に被覆を施す。そうすると、この場合にも、一つの被覆による一つの様式という現象が生まれる。

少し過去に遡って『インターナショナル・スタイル』の本を読み返すと、このような一体的な現象を生み出すために、どうサーフェスをつくっていくべきかという方法と注意点が、全編にわたって事細かに書かれている。

どのような「被覆」にせよ、それが建築の表面に現われて人間の意識や感覚に働きかけ何かを伝えるべきで、ゼムパーは終生、それが高度な芸術になっていることを望んだ。軽やかで、繊細で、透明感に富み、生き生きもしたものであってほしい。人の手が加わって技術が働き、さらに芸術にまで高められることで、物質としての建物や生活用品が、あたかも生命があるかのように軽やかで生き生きとして、人の心を浮き立たせ、癒しもする。そういう効果をゼムパーは「被覆」、「様式」

に願い、ヴァーグナーがその実現者となった。

それが物の塊であっても空《から》のヴォリュームであっても、粗雑につくられ投げ置かれたままでは、いずれも被覆に問題があり様式が欠けた状態に留まる。逆に、入念に被覆が施され、境界・サーフェスが芸術的効果をともなって現象すると、奥や背後にあるものの存在を何気なく感じさせ、切断しながらもなお連続の余韻を残し、同時に、存在する複数のものが孤立せず互いに引き立て合う関係を生じさせることができる。ゼムパーが被覆に願ったのは、このような効果であった。

被覆が単なる模倣、単なる器用仕事に終らないために、ゼムパーは、理念や動機を求め、諸条件に対応しつつ展開させ具体化させて、真に望ましい被覆あるいは様式が現象してくるように努めた。彼は、この意味で「考える建築家」であろうとしたのである。

最後の大著『様式』は、いわゆる工芸について論じる二巻で終わり、それらを統合した高次の芸術としての「建築」(あるいは「テクトニク」)に関する第三巻が刊行されなかった。その『様式』そのものの分析結果を本書に加えていないが、本書で詳しく分析したロンドン講義までで、ゼムパーの建築論の形成過程とそこでの主たる論点(主要概念の定義)については、ほぼ解明できたと筆者は考えている。そう考えて、これまでの各著作に関する研究成果を、本書の一冊にまとめた。『覚書』、『建築の四要素』、『科学・産業・芸術』、いくつかの「ロンドン講義」については、各々の主要な箇所を邦訳して本書に組み込んだが、そう遠くない将来に、筆者の手元にある邦訳の全てを一冊にまとめて刊行したいと考えている。

本書のゼムパー建築論に関する部分(第二、四、五、六章)は二〇一三年前期に、一九世紀ウィーン建築以降の近現代建築史に関する部分(第九、十、十一章)は二〇一五年前期に、東京大学大学院で講じたものである。非常勤講師としてのこれらの連続講義を機会に、もともと完結型で書かれた個別の論文をつなぐ作業と、足りないところを再度調べて講義ノートをつくる作業を行うことによって、本書の骨格が形づくられた。このような機会が持てたことを同大学院建築学専攻の伊藤毅教授、藤井恵介教授、加藤耕一准教授に感謝したい。二〇一五年の講義「被覆／サーフェスからの近現代建築の分析」(本書第十一章にほぼ対応)では隈研吾教授が貴重な時間を割いて討論の相手をしてくださったことに対して心から御礼を申し上げる。

相当な量の紙媒体に書かれた古い論文のデータ化に関して元助教（現西日本工業大学准教授）の水野貴博氏に、また、種々の基礎データ整理に関して元博士課程院生の高取万里子氏に謝意を表したい。

最後になったが、中央公論美術出版の小菅勉氏からゼムパー研究をまとめて本にすることを勧められて三年が過ぎようとしているが、時には大学研究室を訪ねて激励し、最後まで前へ前へと牽引して下さった同氏に、衷心より感謝の言葉を捧げたい。

二〇一六年一〇月

川向　正人

ワ　行

マ　行

ヤ　行

ラ　行

タ　行

ナ　行

ハ　行

サ　行

人名索引

（本文理解の一助となる注記の和文と写真・図のキャプションに出てくる人名の場合は，頁番号の前に「注」あるいは「図」と書く。その際，著作に関する人名は著者名のみとする。ただし，「主要参考文献／図版出典など」と「初出一覧」は，この人名索引の対象から外した。）

ア　行

カ　行

【著者略歴】

川向正人（かわむかい・まさと）

1950年香川県生まれ。1974年東京大学建築学科卒業、同大学院進学。1977–79年政府給費生としてウィーン大学美術史研究所留学。明治大学助手・東北工業大学助教授を経て、1993年東京理科大学助教授、2002年同教授、2005年より東京理科大学・小布施町まちづくり研究所長兼務。2016年定年、東京理科大学名誉教授。

主たる著書：『アドルフ・ロース』（1987、住まいの図書館出版局）、『ウィーンの都市と建築』（1990、丸善）、『境界線上の現代建築』（1998、彰国社）、『現代建築の軌跡』（2005、鹿島出版会）、『小布施まちづくりの奇跡』（2010、新潮社）の他、監著に『まちに大学が、まちを大学に』（2014、彰国社）、『Collaboration―アート・建築・デザインの協働の場』（2015、彰国社）、『オットー・ワーグナー建築作品集』（2015、東京美術）など。

主たる受賞：2016年日本建築学会賞（業績）、同学会教育賞（教育貢献）。

近現代建築史論
―ゼムパーの被覆／様式からの考察―

平成二十九年四月 十 日印刷
平成二十九年四月二十五日発行

著　者　川向正人
発行者　日野啓一
印　刷　理想社
製　本　松岳社
用　紙　北越紀州製紙株式会社

中央公論美術出版
東京都千代田区神田神保町一－十－一
電話〇三－五五七七－四七九七

ISBN 978-4-8055-0785-8

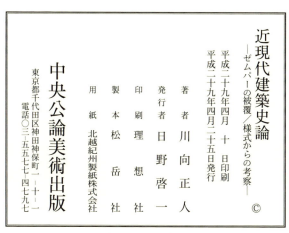